Heidelberger Taschenbücher Band 238

Volker Böhm

Arbeitsbuch zur
Mikroökonomik I

Dritte, überarbeitete Auflage

Mit 83 Abbildungen

Springer-Verlag Berlin Heidelberg GmbH

Professor Volker Böhm, Ph. D.
Universität Bielefeld
Lehrstuhl für Volkswirtschaftslehre,
Wirtschaftstheorie
Postfach 10 01 31
D-33501 Bielefeld

ISBN 978-3-540-58763-7

Die Deutsche Bibliothek – CIP-Einheitsaufnahme
Böhm, Volker:
Arbeitsbuch zur Mikroökonomik / Volker Böhm. –
Berlin; Heidelberg; New York; London; Paris; Tokyo; Hong Kong; Barcelona;
Budapest: Springer.
Früher u.d.T.: Böhm, Volker: Arbeitsbuch zur Mikroökonomie
1. – 3., überarb. Aufl. – 1995
(Heidelberger Taschenbücher; Bd. 238)
ISBN 978-3-540-58763-7   ISBN 978-3-642-57820-5 (eBook)
DOI 10.1007/978-3-642-57820-5

NE: GT

Dieses Werk ist urheberrechtlich geschützt. Die dadurch begründeten Rechte, insbesondere die der Übersetzung, des Nachdruckes, des Vortrags, der Entnahme von Abbildungen und Tabellen, der Funksendungen, der Mikroverfilmung oder der Vervielfältigung auf anderen Wegen und der Speicherung in Datenverarbeitungsanlagen bleiben, auch bei nur auszugsweiser Verwertung, vorbehalten. Eine Vervielfältigung dieses Werkes oder von Teilen dieses Werkes ist auch im Einzelfall nur in den Grenzen der gesetzlichen Bestimmungen des Urheberrechtsgesetzes der Bundesrepublik Deutschland vom 9. September 1965 in der Fassung vom 24. Juni 1985 zulässig. Sie ist grundsätzlich vergütungspflichtig. Zuwiderhandlungen unterliegen den Strafbestimmungen des Urheberrechtsgesetzes.
© Springer-Verlag Berlin Heidelberg 1984, 1989, 1995
Ursprünglich erschienen bei Springer-Verlag Berlin Heidelberg New York 1984, 1989, 1995

Die Wiedergabe von Gebrauchsnamen, Handelsnamen, Warenbezeichnungen usw. in diesem Werk berechtigt auch ohne besondere Kennzeichnung nicht zu der Annahme, daß solche Namen im Sinne der Warenzeichen- und Markenschutz-Gesetzgebung als frei zu betrachten wären und daher von jedermann benutzt werden dürften.
42/2202-543210 – Gedruckt auf säurefreiem Papier

Vorwort zur dritten Auflage

Die Arbeitsbücher zu den Vorlesungen Mikroökonomik I und II, die vor einigen Jahren an der Universität Mannheim entwickelt wurden, haben sich sowohl vom Aufbau als auch vom Inhalt seit längerem bewährt, so daß jetzt die dritte Auflage des Arbeitsbuches zur Mikroökonomik I erscheint. Aufgrund zahlreicher Anregungen aus der Studentenschaft konnte das Buch sowohl in didaktischer Hinsicht als auch bezüglich seiner Übersichtlichkeit deutlich verbessert werden. Alle Aufgaben und Lösungen wurden sorgfältig überprüft und gegebenenfalls korrigiert, wobei auch einige inhaltliche Erweiterungen vorgenommen wurden. Darüberhinaus bekam jede Aufgabe einen Titel und ihr Inhalt ist in Stichworten angegeben. Diese Stichworte sind in einem Register am Ende des Buches aufgeführt, so daß der Leser jedem in der Vorlesung Mikroökonomik I behandelten Thema die entsprechenden Aufgaben direkt zuordnen kann.

Für zahlreiche Vorschläge und Anregungen danke ich den Studentinnen und Studenten in Mannheim, meinen Assistenten Frank Heinemann, Dr. Ulrich Schwalbe und Hartmut Stein sowie den studentischen Hilfskräften an meinem Lehrstuhl. Ihre konstruktive Kritik und ihre engagierte Mitarbeit haben dazu beigetragen, das Arbeitsbuch in vieler Hinsicht zu verbessern. Mein besonderer Dank gilt Herrn Rolf Schumacher und Herrn Hartmut Stein. Herr Schumacher hat nicht nur alle Aufgaben und Lösungen durchgesehen, sondern auch die eigenen Anregungen mit den Beiträgen aller anderen Mitarbeiter abgestimmt und in das Buch eingearbeitet. Herr Stein entwickelte die TEX-Makros für die Layoutgestaltung und die Einbindung der Zeichnungen, die er in Zusammenarbeit mit den Hilfskräften am Rechner erstellte. Die Unterstützung und das Engagement meiner Mannheimer Lehrstuhlmannschaft haben mich in jeder Phase der Überarbeitung in meinem Enthusiasmus für eine wichtige pädagogische Aufgabe bestärkt. Selbstverständlich bin ich für alle verbleibenden Fehler und Unzulänglichkeiten allein verantwortlich.

Mannheim, im Dezember 1994   Volker Böhm

Vorwort zur zweiten Auflage

Der Erfolg des Arbeitsbuches zur Mikroökonomie (1984), aber auch eine konzeptionelle Neuorientierung, haben mich veranlaßt, das bisherige Werk in erweiterter Fassung in zwei Bänden herauszugeben. Mit der Fertigstellung dieses Bandes ist die Überarbeitung und Erweiterung des Arbeitsbuches 1984 abgeschlossen, das damit durch die Bände I (HTB 238) und II (HTB 250) vollständig ersetzt wird. Band I stellt eine umfangreiche Erweiterung und Überarbeitung der Kapitel 1 und 2 des Vorgängerbuches dar mit einer Übernahme einfacherer Zusammenhänge der Partialmarkttheorie aus Kapitel 3. Die Gebiete, aus denen die Übungsaufgaben stammen, gehören zu denjenigen, die typischerweise in einer Vorlesung zur Mikroökonomik im Grundstudium behandelt werden. Die einzelnen Aufgaben sind stets an bestimmten inhaltlichen oder methodischen Tatbeständen bzw. Aussagen der Mikroökonomik orientiert, die exemplarisch dargestellt werden sollen. Die Anwendung der methodischen Grundlagen der mikroökonomischen Analyse stehen dabei ebenso im Vordergrund wie die Vertiefung einzelner Resultate, die häufig in den Vorlesungen nicht genügend behandelt werden können. Damit werden neben der Aufbereitung von vorlesungsbegleitenden Übungen zur Verständniskontrolle für den Studenten auch teilweise die Inhalte der Vorlesung exemplarisch ergänzt.
Wie im Band II so gilt auch hier, daß bei der Erstellung der Musterlösungen bewußt der Systematik des Lösungsweges große Aufmerksamkeit geschenkt wurde. Aus der Erfahrung heraus, daß in einem Übungsbuch immer einige Aufgaben leichter andere hingegen schwieriger sind, habe ich diesmal einige der Aufgaben mit einem * versehen, um den höheren Schwierigkeitsgrad anzudeuten. Die Anregung dies zu tun, kam auch von einigen Tutoren der Veranstaltung im Sommersemester 1989, die durch Kritik und zahlreiche Verbesserungsvorschläge mit dazu beigetragen haben, Aufgaben und die zugehörigen Lösungen übungsgerecht zu gestalten. Meinen Mitarbeitern, Dipl.-Vw. Frank Heinemann, Dipl.-Vw. Ingo Pellengahr und Dipl.-Math. Rolf Schmachtenberg schulde ich Dank für ihre stete Bereitschaft, konzeptionell wie inhaltlich das Arbeitsbuch mitzugestalten. Bei der Erstellung und Überprüfung der Musterlösungen haben Frau cand. rer. pol. Katharina Michaelowa und Frau cand. rer. pol. Christiane Röhler mit großem Engagement mitgewirkt. Ihnen danke ich ebenso wie den Hilfskräften meines Lehrstuhls, denen die Erstellung der Dia-

gramme, das Korrekturlesen und Ausführen der Korrekturen zufiel. Mein besonderer Dank gilt Frau Sabine Wolter für ihre unbedingte Bereitschaft, beim Schreiben des Manuskripts zeitig die Herausforderung im Umgang mit einer neuen Technologie anzunehmen und in so hervorragender Weise zu bewältigen.

Mannheim, im August 1989   Volker Böhm

Inhalt

1 Produktionstheorie und Theorie der Unternehmung 1
2 Monopoltheorie 79
3 Partialmarkttheorie bei vollkommener Konkurrenz 105
4 Haushaltstheorie 137
   Index 207

Kapitel 1

Produktionstheorie und Theorie der Unternehmung

Die klassische Theorie der Unternehmung bei vollkommener Konkurrenz einschließlich der Produktions- und Kostentheorie ist methodisch und inhaltlich eines der wichtigsten Gebiete der Mikroökonomik. Sie nimmt deshalb auch im Rahmen des Arbeitsbuches einen breiten Raum ein. Die Aufgaben 1.1 und 1.2 behandeln Probleme der generellen Beschreibung von Technologien und der Bestimmung von effizienten Produktionsplänen. Die Aufgaben 1.3 bis 1.10 widmen sich ausschließlich der Untersuchung der Eigenschaften spezieller Produktionsfunktionen, darunter solche mit ertragsgesetzlichem Verlauf (1.3 und 1.4), homogene wie inhomogene Produktionsfunktionen (1.5 und 1.6), implizit gegebene Produktionsfunktionen (1.7 und 1.8), sowie eine ausführliche Untersuchung der CES-Produktionsfunktion (1.10). Die Aufgaben 1.11 bis 1.15 behandeln Fragen der Kostenminimierung für unterschiedliche Produktionsfunktionen, so z.B. für die CES-Funktion einschließlich ihrer Grenzfälle (1.11-1.13). In den Aufgaben 1.16 bis 1.19 werden unterschiedliche Kostenverläufe untersucht. Gewinnmaximierung sowie das Angebotsverhalten von Einproduktunternehmen bei unterschiedlichen Kostenfunktionen ist Gegenstand der Aufgaben 1.20 bis 1.23. Schließlich sind am Ende zwei Aufgaben (1.24 und 1.25) angefügt, die das Anwendungsspektrum produktionstheoretischer Fragestellungen beispielhaft aufzeigen sollen.

Aufgabe 1.1

Technologie und Produktionsfunktion: Eigenschaften und Zusammenhänge

(*Inputerfordernismenge, Isoquante, Produktionsfunktion, lineare Homogenität, Konkavität, Konvexität, Skalenerträge*)

Zur Produktion eines Gutes in der Menge $x \geq 0$ werden zwei Inputfaktoren in den Mengen $v_1 \geq 0$ und $v_2 \geq 0$ verwendet. Die Technologie Y ist gegeben durch

$$Y = \{(x, -v_1, -v_2) \in \mathbb{R}^3 \mid x \leq v_1 + v_2,\, 3x^2 \leq 16 v_1 v_2 \}.$$

a) Bestimmen Sie die Inputerfordernismengen $V(x)$ und die Isoquanten $I(x)$ für beliebiges Outputniveau x. Fertigen Sie eine möglichst maßstabsgetreue Zeichnung des Isoquantensystems an.

b) Bestimmen Sie die Produktionsfunktion. Geben Sie die Bereiche an, in denen die Produktionsfunktion stetig differenzierbar bzw. stetig ist.

c) Ist die Produktionsfunktion konkav, ist Y konvex?

d) Überprüfen Sie die Skaleneigenschaften der Produktionsfunktion.

Lösung:

a) Aus der Technologie erhält man unmittelbar als Inputerfordernismengen

$$\begin{aligned} V(x) &= \{(v_1, v_2) \in \mathbb{R}_+^2 \mid x \leq v_1 + v_2,\, 3x^2 \leq 16 v_1 v_2\} \\ &= \{(v_1, v_2) \mid x \leq v_1 + v_2\} \cap \{(v_1, v_2) \mid 3x^2 \leq 16 v_1 v_2\}. \end{aligned}$$

Zur geometrischen Darstellung von $V(x)$ empfiehlt sich eine getrennte Betrachtung der beiden Mengen

$$\{(v_1, v_2) \mid x \leq v_1 + v_2\}$$

und

$$\{(v_1, v_2) \mid 3x^2 \leq 16 v_1 v_2\}.$$

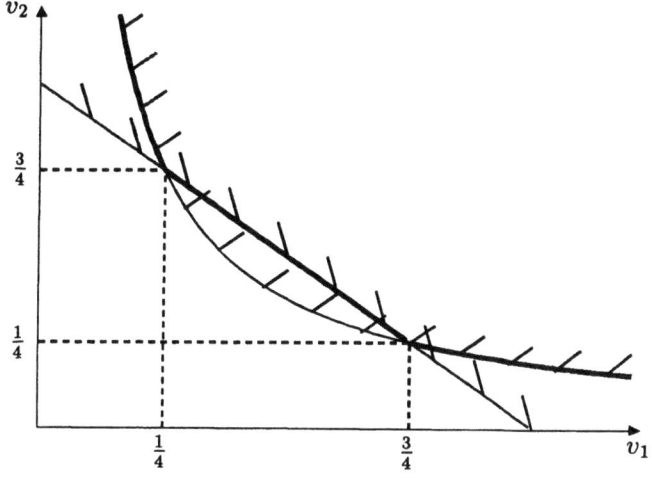

Abb. 1.1.1

Man überprüft direkt durch Elimination, daß die beiden Gleichungen

$$x = v_1 + v_2$$
$$3x^2 = 16v_1 v_2$$

für jedes $x > 0$ genau zwei Lösungen v^1 und v^2 haben. Aus

$$3x^2 = 16v_1(x - v_1)$$

erhält man diese als

$$v_1^1 = \frac{1}{4}x \quad \text{und} \quad v_2^1 = \frac{3}{4}x$$

sowie

$$v_1^2 = \frac{3}{4}x \quad \text{und} \quad v_2^2 = \frac{1}{4}x.$$

Dies bedeutet, daß sich die Niveaulinien der beiden Restriktionen jeweils in den Punkten

$$v^1(x) = \left(\frac{1}{4}x, \frac{3}{4}x\right) \quad \text{und} \quad v^2(x) = \left(\frac{3}{4}x, \frac{1}{4}x\right)$$

schneiden. Die erste Restriktion ist linear, während die zweite eine gleichseitige Hyperbel darstellt. Damit ist $V(x)$ gerade der Durchschnitt der beiden Mengen oberhalb der Geraden bzw. oberhalb der

Hyperbel bei gegebenem Outputniveau x. Die zugehörige Isoquante $I(x)$ ist die dick gezeichnete Kurve. Ihre Definition ist

$$I(x) = \left\{ (v_1, v_2) \in \mathbb{R}_+^2 \,\bigg|\, x = \min\left\{ v_1 + v_2 \,,\, \frac{4}{3}\sqrt{3v_1v_2} \right\} \right\}.$$

Als Darstellung des Isoquantensystems ergibt sich damit das nachfolgende Diagramm.

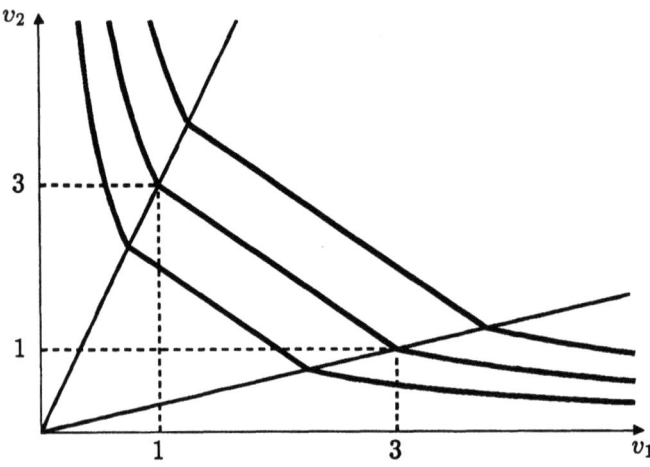

Abb. 1.1.2

b) Als Produktionsfunktion $f : \mathbb{R}_+^2 \to \mathbb{R}_+$ erhält man

$$f(v_1, v_2) = \min\left\{ v_1 + v_2 \,,\, \frac{4}{3}\sqrt{3v_1v_2} \right\}.$$

Als Minimum zweier stetiger Funktionen ist f selbst im gesamten $\mathbb{R}_+^2$ stetig. An den jeweiligen Eckpunkten der Isoquanten ist f jedoch nicht stetig differenzierbar. Diese Punkte gehören zu der Menge

$$\{(v_1, v_2) \in \mathbb{R}_+^2 \,|\, v_1 = 3v_2\} \cup \{(v_1, v_2) \in \mathbb{R}_+^2 \,|\, v_2 = 3v_1\}.$$

c) Als Minimum zweier konkaver Funktionen ist f selbst konkav. Daraus folgt auch unmittelbar, daß

$$Y = \{(x, -v_1, -v_2) \in \mathbb{R}^3 \,|\, x \leq f(v_1, v_2)\}$$

konvex ist. Um dieses zu beweisen, betrachtet man zwei Produktionspläne $y' = (x', -v_1', -v_2') \in Y$ und $y'' = (x'', -v_1'', -v_2'') \in Y$, wobei

$$x' \leq f(v') \quad \text{und} \quad x'' \leq f(v'')$$

mit

$$v' = (v_1', v_2') \quad \text{und} \quad v'' = (v_1'', v_2'')$$

gilt. Für beliebiges $\lambda, 0 \leq \lambda \leq 1$, ist $y = \lambda y' + (1-\lambda) y''$.
Da f konkav ist, ergeben sich die Ungleichungen

$$\begin{aligned} f[\lambda v' + (1-\lambda) v''] &\geq \lambda f(v') + (1-\lambda) f(v'') \\ &\geq \lambda x' + (1-\lambda) x'', \end{aligned}$$

so daß $\lambda y' + (1-\lambda) y'' \in Y$ folgt.

d) Zur Überprüfung der Skaleneigenschaften betrachtet man für beliebiges positives λ

$$\begin{aligned} f(\lambda v_1, \lambda v_2) &= \min\left\{\lambda v_1 + \lambda v_2, \frac{4}{3}\sqrt{3(\lambda v_1)(\lambda v_2)}\right\} \\ &= \min\left\{\lambda(v_1 + v_2), \lambda \frac{4}{3}\sqrt{3 v_1 v_2}\right\} \\ &= \lambda \min\left\{v_1 + v_2, \frac{4}{3}\sqrt{3 v_1 v_2}\right\} \\ &= \lambda f(v_1, v_2). \end{aligned}$$

Dies zeigt, daß f homogen vom Grade 1 ist und somit konstante Skalenerträge aufweist.

Aufgabe 1.2*

Leontief–Technologien und effiziente Substitution

(Leontief-Technologie, Effizienz, Aggregation)

Ein Unternehmen verfügt zur Herstellung von Mengen $x \geq 0$ eines Gutes über zwei getrennte Technologien Y^a und Y^b, die durch

$$Y^a = \{(x, -v_1, -v_2) \in \mathbb{R}^3 \mid x \leq \min\{a_1 v_1, a_2 v_2\}\}$$

und

$$Y^b = \{(x, -v_1, -v_2) \in \mathbb{R}^3 \mid x \leq \min\{b_1 v_1, b_2 v_2\}\}$$

gegeben sind. $v_1 \geq 0$ und $v_2 \geq 0$ bezeichnen die Mengen der beiden Inputfaktoren 1 und 2.

a) Beschreiben Sie die Mengen Y_{eff}^a und Y_{eff}^b der effizienten Produktionspläne sowie für ein beliebiges Outputniveau x die Inputerfordernismengen $V^a(x)$ und $V^b(x)$ und die zugehörigen Isoquanten $I^a(x)$ und $I^b(x)$.

b) Das Unternehmen ist in der Lage, beide Technologien gleichzeitig zu verwenden und damit zu einer Gesamttechnologie $Y = Y^a + Y^b$ zu verbinden. Es gilt $a_1 > b_1$ und $b_2 > a_2$. Zeigen Sie, daß unter dieser zusätzlichen Annahme die Menge Y_{eff} der effizienten Produktionspläne bezüglich Y gleich der Summe $Y_{\text{eff}}^a + Y_{\text{eff}}^b$ ist. Bestimmen Sie den effizienten Substitutionsbereich der Inputfaktoren und stellen Sie das Isoquantensystem in einer Skizze dar.

c) Zeigen Sie, daß für jeden Inputvektor $v = (v_1, v_2)$ im Inneren des effizienten Substitutionsbereichs bei gemeinsamer Verwendung der Technologien Y^a und Y^b mehr produziert wird, als ein solcher Inputvektor mit jeder der beiden Technologien getrennt produzieren würde.

Lösung:

a) Beide Technologien werden durch Leontief-Produktionsfunktionen beschrieben, so daß effiziente Produktion stets ein festes Verhältnis der Inputmengen zueinander voraussetzt. Für ein gegebenes Outputniveau x bedeutet dies, daß für die Technologie Y^a mindestens der Inputvektor

$$v^a(x) = \left(\frac{1}{a_1}x, \frac{1}{a_2}x\right) = x\left(\frac{1}{a_1}, \frac{1}{a_2}\right)$$

und für die Technologie Y^b mindestens der Inputvektor

$$v^b(x) = \left(\frac{1}{b_1}x, \frac{1}{b_2}x\right) = x\left(\frac{1}{b_1}, \frac{1}{b_2}\right)$$

benötigt wird. Aufgrund dieser Überlegung erhält man sofort die beiden Mengen effizienter Produktionspläne als

$$Y_{\text{eff}}^a = \left\{y^a \in \mathbb{R}^3 \mid y^a = x^a(1, -\frac{1}{a_1}, -\frac{1}{a_2}), \ x^a \geq 0\right\}$$

und

$$Y_{\text{eff}}^b = \left\{ y^b \in \mathbb{R}^3 \mid y^b = x^b(1, -\frac{1}{b_1}, -\frac{1}{b_2}),\ x^b \geq 0 \right\}.$$

Ferner ergeben sich die Inputerfordernismengen zu

$$\begin{aligned} V^a(x) &= \left\{ (v_1, v_2) \in \mathbb{R}_+^2 \mid x \leq \min\{a_1 v_1, a_2 v_2\} \right\} \\ &= \left\{ (v_1, v_2) \in \mathbb{R}_+^2 \mid v_1 \geq \frac{1}{a_1} x,\ v_2 \geq \frac{1}{a_2} x \right\} \end{aligned}$$

bzw.

$$\begin{aligned} V^b(x) &= \left\{ (v_1, v_2) \in \mathbb{R}_+^2 \mid x \leq \min\{b_1 v_1, b_2 v_2\} \right\} \\ &= \left\{ (v_1, v_2) \in \mathbb{R}_+^2 \mid v_1 \geq \frac{1}{b_1} x,\ v_2 \geq \frac{1}{b_2} x \right\}. \end{aligned}$$

Als Isoquanten erhält man

$$\begin{aligned} I^a(x) &= \left\{ (v_1, v_2) \in \mathbb{R}_+^2 \mid x = \min\{a_1 v_1, a_2 v_2\} \right\} \\ &= \left\{ (v_1, v_2) \in \mathbb{R}_+^2 \mid v_1 = \frac{1}{a_1} x,\ v_2 \geq \frac{1}{a_2} x \right\} \\ &\cup \left\{ (v_1, v_2) \in \mathbb{R}_+^2 \mid v_1 \geq \frac{1}{a_1} x,\ v_2 = \frac{1}{a_2} x \right\} \end{aligned}$$

bzw.

$$\begin{aligned} I^b(x) &= \left\{ (v_1, v_2) \in \mathbb{R}_+^2 \mid v_1 = \frac{1}{b_1} x, v_2 \geq \frac{1}{b_2} x \right\} \\ &\cup \left\{ (v_1, v_2) \in \mathbb{R}_+^2 \mid v_1 \geq \frac{1}{b_1} x, v_2 = \frac{1}{b_2} x \right\}. \end{aligned}$$

Man erkennt an dieser Schreibweise, daß die beiden Isoquantensysteme aus rechtwinkligen Kurven entlang des Fahrstrahls $v_2/v_1 = a_1/a_2$ bzw. $v_2/v_1 = b_1/b_2$ bestehen.

b) Durch die gleichzeitige Verwendung beider Technologien entsteht die Gesamttechnologie

$$\begin{aligned} Y &= Y^a + Y^b \\ &= \left\{ (x, -v_1, -v_2) \in \mathbb{R}^3 \mid x = x^a + x^b, v_1 = v_1^a + v_1^b, v_2 = v_2^a + v_2^b \right\}, \end{aligned}$$

wobei $(x^a, -v_1^a, -v_2^a) \in Y^a$ und $(x^b, -v_1^b, -v_2^b) \in Y^b$ gilt. Insbesondere können dabei beliebige positive Vielfache von effizienten Produktionsplänen beider Technologien verwendet werden, die alle von der Form

$$y^a = x^a \left(1, -\frac{1}{a_1}, -\frac{1}{a_2}\right) \quad \text{bzw.} \quad y^b = x^b \left(1, -\frac{1}{b_1}, -\frac{1}{b_2}\right)$$

sind.

Zunächst soll gezeigt werden, daß

$$Y_{\text{eff}} = Y^a_{\text{eff}} + Y^b_{\text{eff}}$$

gilt, d.h. jeder effiziente Produktionsplan läßt sich als Summe zweier effizienter Pläne aus Y^a bzw. Y^b schreiben.

Man macht sich leicht klar, daß die Summe von ineffizienten Plänen aus Y^a und Y^b nicht effizient bezüglich Y sein kann, so daß

$$Y_{\text{eff}} \subseteq Y^a_{\text{eff}} + Y^b_{\text{eff}}$$

folgt. Um die umgekehrte Inklusion zu zeigen, wird angenommen, daß es zwei von Null verschiedene effiziente Teilpläne y^a und y^b gibt, deren Summe $y^a + y^b$ nicht effizient bezüglich Y ist. Dies bedeutet, daß es zwei andere effiziente Teilpläne

$$\tilde{y}^a = \alpha \left(1, -\frac{1}{a_1}, -\frac{1}{a_2}\right) \quad \text{und} \quad \tilde{y}^b = \beta \left(1, -\frac{1}{b_1}, -\frac{1}{b_2}\right)$$

gibt, so daß

$$\tilde{y}^a + \tilde{y}^b \geq y^a + y^b \quad \text{und} \quad \tilde{y}^a + \tilde{y}^b \neq y^a + y^b.$$

Dies ist äquivalent zu

$$(\alpha - x^a)\left(1, -\frac{1}{a_1}, -\frac{1}{a_2}\right) > (x^b - \beta)\left(1, -\frac{1}{b_1}, -\frac{1}{b_2}\right).$$

Um diese Vektorungleichung zu erfüllen, muß $\alpha \neq x^a$ gelten. Ist $\alpha > x^a$, dann folgt für die erste Komponente

$$1 \geq \frac{x^b - \beta}{\alpha - x^a}$$

und damit für die dritte Komponente

$$-\frac{1}{a_2} \geq -\frac{x^b - \beta}{\alpha - x^a} \frac{1}{b_2}$$

bzw. $a_2 \geq b_2$. Dies steht aber im Widerspruch zu der Annahme $b_2 > a_2$. Ist $x^a > \alpha$, dann folgt aus der Vektorungleichung

$$(x^a - \alpha)\left(-1, \frac{1}{a_1}, \frac{1}{a_2}\right) > (\beta - x^b)\left(-1, \frac{1}{b_1}, \frac{1}{b_2}\right),$$

daß

$$\frac{\beta - x^b}{x^a - \alpha} \geq 1$$

und bezüglich der zweiten Komponente

$$\frac{1}{a_1} \geq -\frac{\beta - x^b}{x^a - \alpha}\frac{1}{b_1} \geq \frac{1}{b_1}$$

bzw. $b_1 \geq a_1$ gelten muß. Dies ist aber ein Widerspruch zur Annahme $a_1 > b_1$. Damit ist gezeigt, daß

$$Y_{\text{eff}} = Y_{\text{eff}}^a + Y_{\text{eff}}^b$$
$$= \left\{(x, -v_1, -v_2) \in \mathbb{R}^3 \,\middle|\, x = x^a + x^b, v_1 = \frac{x^a}{a_1} + \frac{x^b}{b_1}, v_2 = \frac{x^a}{a_2} + \frac{x^b}{b_2}\right\}.$$

Effiziente Substitution liegt dann vor, wenn die gleiche Outputmenge x effizient mit verschiedenen Inputvektoren produziert werden kann, wenn also zum Beispiel $(x, -v_1, -v_2) \in Y_{\text{eff}}$ und $(x, -v_1', -v_2') \in Y_{\text{eff}}$ und gleichzeitig $v_1 \neq v_1'$ und $v_2 \neq v_2'$ gilt. Man kann nun zeigen, daß diese Substitution durch unterschiedliche konvexe Kombinationen $\lambda y^a + (1 - \lambda)y^b$ erzeugt wird, wobei $y^a \in Y_{\text{eff}}^a$ und $y^b \in Y_{\text{eff}}^b$ gilt und das Outputniveau beider Pläne gleich ist. Ist also

$$y^a = \left(x, -\frac{x}{a_1}, -\frac{x}{a_2}\right) \quad \text{und} \quad y^b = \left(x, -\frac{x}{b_1}, -\frac{x}{b_2}\right),$$

dann ist für gegebenes x

$$I_{\text{eff}}(x) = \left\{(v_1, v_2) \in \mathbb{R}_+^2 \,\middle|\, v_1 = \lambda\frac{x}{a_1} + (1 - \lambda)\frac{x}{b_1},\right.$$
$$\left. v_2 = \lambda\frac{x}{a_2} + (1 - \lambda)\frac{x}{b_2}, \quad 0 \leq \lambda \leq 1\right\}$$

der effiziente Substitutionsbereich für das Niveau x, d.h. der effiziente Teil der Isoquante $I(x)$. Man erkennt daraus, daß das Faktoreinsatzverhältnis v_2/v_1 bei Effizienz nach oben und nach unten beschränkt ist, denn es folgt für beliebiges x

$$\frac{1/b_2}{1/b_1} \leq \frac{v_2}{v_1} = \frac{\lambda(1/a_2 - 1/b_2) + 1/b_2}{\lambda(1/a_1 - 1/b_1) + 1/b_1} \leq \frac{1/a_2}{1/a_1},$$

d.h.

$$\frac{b_1}{b_2} \leq \frac{v_2}{v_1} \leq \frac{a_1}{a_2}.$$

Diese Ungleichungen definieren aber gerade den effizienten Substitutionsbereich. Im nachfolgenden Diagramm ist dieser die schraffierte Fläche zwischen den beiden Fahrstrahlen a_1/a_2 und b_1/b_2, die durch Y_{eff}^a und Y_{eff}^b erzeugt werden. Ferner ist die Isoquante $I(1)$ zum Outputniveau eins eingezeichnet. Alle übrigen Isoquanten erhält man durch entsprechende Parallelverschiebungen.

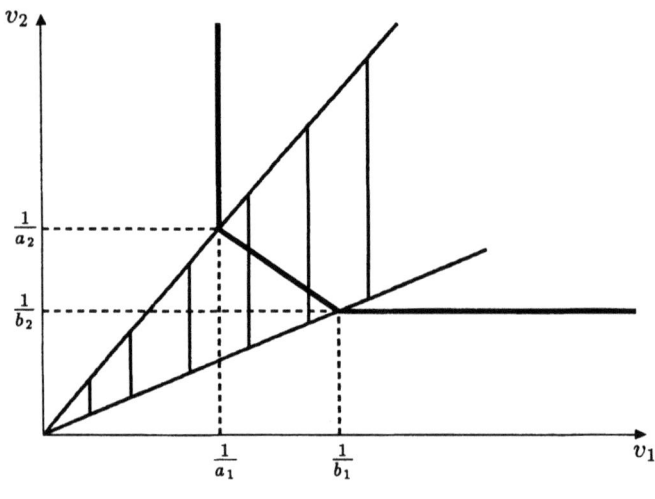

Abb. 1.2

c) (v_1, v_2) ist ein Inputvektor im effizienten Substitutionsbereich, d.h.

$$v_1 = x\left[\lambda\left(\frac{1}{a_1} - \frac{1}{b_1}\right) + \frac{1}{b_1}\right],$$

$$v_2 = x\left[\lambda\left(\frac{1}{a_2} - \frac{1}{b_2}\right) + \frac{1}{b_2}\right]$$

mit $0 < \lambda < 1$. Gemäß der Technologie Y^a ergibt dies den Output

$$x^a = \min\{a_1 v_1, a_2 v_2\}$$

$$= x \min \left\{ \lambda \left(1 - \frac{a_1}{b_1}\right) + \frac{a_1}{b_1}, \lambda \left(1 - \frac{a_2}{b_2}\right) + \frac{a_2}{b_2} \right\}$$

$$= x \min \left\{ \lambda + (1-\lambda)\frac{a_1}{b_1}, \lambda + (1-\lambda)\frac{a_2}{b_2} \right\}$$

$$= x \left(\lambda + (1-\lambda)\frac{a_2}{b_2} \right).$$

Da $a_2 < b_2$ ist, folgt daraus $x^a < x$.
In gleicher Weise erhält man bei Verwendung der Technologie Y^b

$$x^b = \min\{b_1 v_1, b_2 v_2\}$$
$$= x \min \left\{ \lambda \left(\frac{b_1}{a_1} - 1\right) + 1, \lambda \left(\frac{b_2}{a_2} - 1\right) + 1 \right\},$$
$$= x \left[\lambda \left(\frac{b_1}{a_1} - 1\right) + 1 \right].$$

Da $b_1 < a_1$ ist, folgt daraus $x^b < x$.
Dies zeigt, daß für Faktorkombinationen im effizienten Substitutionsbereich echte Produktivitätsgewinne durch die Kombination der beiden Technologien entstehen.

Aufgabe 1.3
Produktionsfunktion mit ertragsgesetzlichem Verlauf
(*Grenzprodukt, Durchschnittsprodukt, Konkavität, Konvexität*)

Gegeben ist die Produktionsfunktion $f : \mathbb{R}_+ \to \mathbb{R}_+$

$$f(v) = [\ln(v+1)]^2.$$

a) Analysieren Sie den Verlauf von f. Bestimmen Sie insbesondere die Bereiche, in denen f konvex bzw. konkav ist.

b) Analysieren Sie den Verlauf der Grenz- und der Durchschnittsproduktfunktion.

c) Stellen Sie die drei Funktionen in möglichst maßstabsgetreuen Skizzen dar.

Lösung:

a) Die Produktionsfunktion nimmt für $v=0$ den Wert $f(0)=0$ an. Da die Logarithmusfunktion streng monoton steigend ist und über alle Grenzen wächst, besitzt auch die Funktion f diese Eigenschaften. Als erste und zweite Ableitungen ergeben sich

$$f'(v) = \frac{2}{v+1}\ln(v+1)$$

$$f''(v) = \frac{2}{(v+1)^2}[1-\ln(v+1)].$$

Man erhält

$$f'(v)\begin{cases} =0 & \text{für} \quad v=0 \\ >0 & \text{für} \quad v>0 \end{cases}$$

und

$$f''(v)\begin{cases} >0 & \text{falls} \quad 0\leq v<e-1 \\ =0 & \text{falls} \quad v=e-1 \\ <0 & \text{falls} \quad v>e-1. \end{cases}$$

An der Stelle $v=e-1$ besitzt somit f einen Wendepunkt. Für kleinere Werte ist f streng konvex, und für größere Werte ist f streng konkav.

b) Die Grenzproduktfunktion

$$MP(v) = f'(v) = \frac{2}{v+1}\ln(v+1)$$

und die Durchschnittsproduktfunktion

$$AP(v) = \frac{f(v)}{v} = \frac{1}{v}[\ln(v+1)]^2$$

nehmen beide den Wert Null an der Stelle $v=0$ an, d.h. $MP(0)=0$ und $AP(0)=0$. Aus a) folgt, daß MP an der Stelle $v=e-1$ ein Maximum besitzt. Das Grenzverhalten von MP für $v\to\infty$ erhält man aus der Betrachtung von

$$\lim_{v\to\infty} MP(v) = \lim_{v\to\infty} \frac{2}{v+1}\ln(v+1)$$

$$= \frac{\lim_{v\to\infty} 2\ln(v+1)}{\lim_{v\to\infty}(v+1)}$$

Dies würde den unbestimmten Ausdruck ∞/∞ ergeben. Nach der Regel von de l'Hôpital erhält man deshalb

$$\lim_{v \to \infty} MP(v) = \lim_{v \to \infty} \frac{2}{v+1} = 0,$$

so daß $MP(v)$ für $v \to \infty$ gegen Null strebt.
Als Ableitung $AP'(v)$ der Durchschnittsproduktfunktion erhält man

$$\begin{aligned} AP'(v) &= \frac{\ln(v+1)}{(v+1)v^2}[2v - (v+1)\ln(v+1)] \\ &= \frac{2\ln(v+1)}{(v+1)v} - \left[\frac{\ln(v+1)}{v}\right]^2. \end{aligned}$$

Für $v \to 0$ konvergiert der zweite Summand gegen 1. Für den ersten erhält man durch Anwendung der Regel von de l'Hôpital

$$\lim_{v \to 0} \frac{2\ln(v+1)}{(v+1)v} = \frac{\lim_{v \to 0} 2/(v+1)}{\lim_{v \to 0} 2v+1} = 2,$$

so daß $AP'(0) = 1$ ist. Aus der ersten Gleichung für $AP'(v)$ erkennt man, daß $AP'(v)$ bis über den Wert $v = e - 1$ hinaus positive Werte annimmt, bei dem die Grenzproduktfunktion ihr Maximum annimmt. Für große Werte von v ist $AP'(v)$ schließlich negativ, so daß die Durchschnittsproduktfunktion ein Maximum hat. An dieser Stelle muß $MP(v) = AP(v)$ gelten. Danach gilt $AP(v) > MP(v)$. Für $v \to \infty$ strebt auch $AP(v)$ gegen Null, denn es gilt

$$\begin{aligned} \lim_{v \to \infty} AP(v) &= \lim_{v \to \infty} \frac{[\ln(v+1)]^2}{v} \\ &= \lim_{v \to \infty} \frac{2\ln(v+1)}{v+1} \\ &= \lim_{v \to \infty} MP(v) = 0. \end{aligned}$$

c) Aus den abgeleiteten Eigenschaften in b) ergeben sich die nachfolgenden Diagramme.

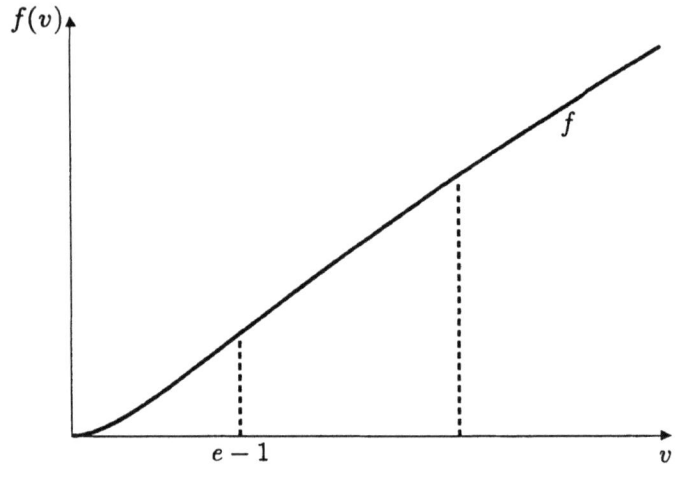

Abb. 1.3.1

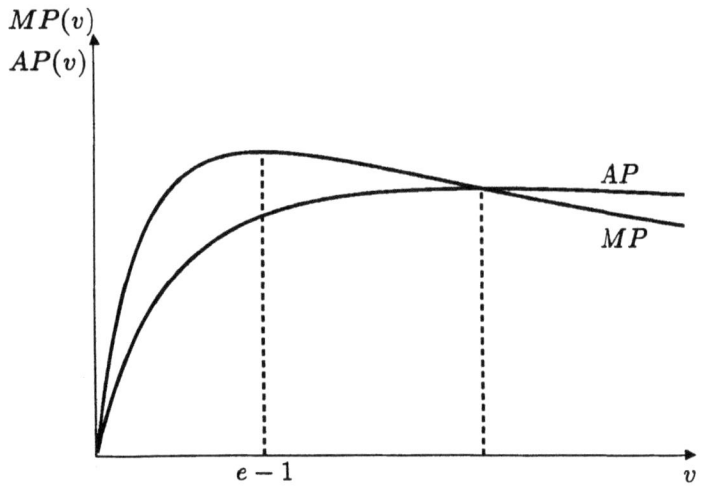

Abb. 1.3.2

Aufgabe 1.4

Produktionsfunktion mit ertragsgesetzlichem Verlauf
(*Effizienz, Konkavität, Konvexität, Skalenerträge, Skalenelastizität*)

Gegeben ist die Technologie

$$Y = \{(y, -v) \in \mathbb{R}^2 \mid y \leq 3bv^2 - cv^3, v \geq 0, y \geq 0\},$$

wobei v die Inputmengen und y die Outputmengen bezeichnet und b, c positive Konstanten sind.

a) Bestimmen Sie die Menge der effizienten Produktionspläne und geben Sie die Produktionsfunktion an.

b) In welchen Bereichen ist die Produktionsfunktion konkav bzw. konvex, und wo liegen zunehmende bzw. abnehmende Skalenerträge vor?

c) Fertigen Sie eine Skizze der Technologie an, und markieren Sie den effizienten Rand.

Lösung:

a) Die Nichtnegativitätsbeschränkung für Input- und Outputmengen impliziert, daß v aus dem Intervall $[0, 3b/c]$ für alle Produktionspläne $(y, -v)$ gewählt werden muß. Für diesen Bereich stellt andererseits die Funktion

$$f(v) = 3bv^2 - cv^3$$

die obere Begrenzung der Technologie dar. Deren Verlauf erhält man aus einer Betrachtung der ersten und zweiten Ableitung.
Es gilt $f'(v) = v(6b - 3cv)$ und damit

$$f'(v) \begin{cases} > 0 & \text{für} \quad 0 < v < 2b/c \\ = 0 & \text{für} \quad v = 0 \quad \text{oder} \quad v = 2b/c \\ < 0 & \text{für} \quad 2b/c < v \leq 3b/c \end{cases}$$

bzw. $f''(v) = 6(b - cv)$ und damit

$$f''(v) \begin{cases} > 0 & \text{für} \quad 0 \leq v < b/c \\ = 0 & \text{für} \quad v = b/c \\ < 0 & \text{für} \quad b/c < v \leq 3b/c. \end{cases}$$

Die Funktion f besitzt somit ein Maximum an der Stelle $v = 2b/c$. Dies impliziert, daß alle Produktionspläne mit $v > 2b/c$ nicht effizient sein können, so daß die Menge der effizienten Pläne gleich

$$Y_{\text{eff}} = \{(y, -v) \in \mathbb{R}^2 \mid y = f(v),\, 0 \leq v \leq 2b/c\}$$

ist. Für diesen Inputbereich ist somit auch f die Produktionsfunktion, d.h.

$$f : [0, 2b/c] \to \mathbb{R} \quad \text{mit} \quad f(v) = 3bv^2 - cv^3.$$

b) Den Vorzeichen der zweiten Ableitung entnimmt man, daß die Produktionsfunktion im Intervall $(0, b/c)$ streng konvex und im Intervall $(b/c, 2b/c)$ streng konkav ist. Als Skalenelastizität erhält man

$$E(v) = \frac{df(\lambda v)}{d\lambda} \frac{\lambda}{f(\lambda v)}\bigg|_{\lambda=1} = \frac{6bv^2 - 3cv^3}{3bv^2 - cv^3}\,.$$

Für $\bar{v} = 3b/2c$ nimmt diese den Wert eins an. Andererseits gilt $E(v) > 1$ für $v < \bar{v}$ und $E(v) < 1$ für $v > \bar{v}$.

c) Die Diskussion in a) und b) liefert bereits alle Informationen, die man benötigt, um die Technologie zu zeichnen. Der effiziente Rand ist dick gezeichnet.

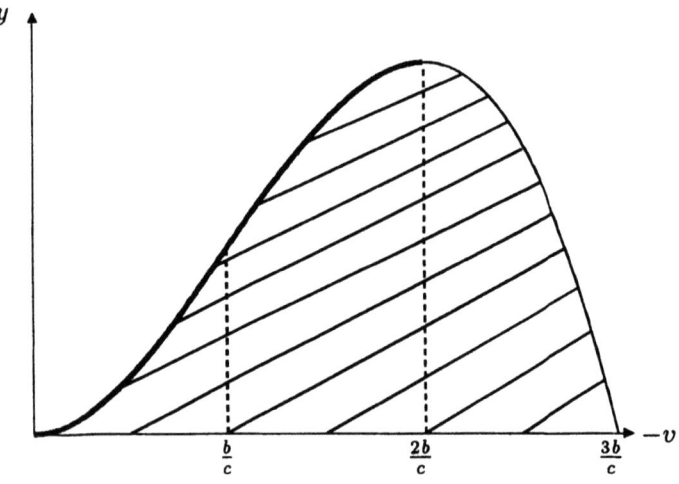

Abb. 1.4

Aufgabe 1.5
Homogene Produktionsfunktion
(*Homogenität, Produktionselastizität, Theorem von Euler*)

Gegeben ist die Produktionsfunktion $f : \mathbb{R}_+^3 \to \mathbb{R}_+$

$$f(v_1, v_2, v_3) = v_1 (v_2^{1/2} v_3^{1/2} + v_3)^2 .$$

a) Bestimmen Sie den Homogenitätsgrad der Funktion.

b) Überprüfen Sie für die gegebene Funktion die Eigenschaft, daß die Summe der Produktionselastizitäten gleich dem Homogenitätsgrad ist.

Lösung:

a) Die Funktion ist homogen vom Grade 3, denn es gilt:

$$\begin{aligned}
f(\lambda v_1, \lambda v_2, \lambda v_3) &= \lambda v_1 (\lambda^{1/2} v_2^{1/2} \lambda^{1/2} v_3^{1/2} + \lambda v_3)^2 \\
&= \lambda^3 v_1 (v_2^{1/2} v_3^{1/2} + v_3)^2 \\
&= \lambda^3 f(v_1, v_2, v_3) .
\end{aligned}$$

b) Nach dem Theorem von Euler gilt für Funktionen $f(v_1, v_2, v_3)$, die homogen vom Grade r sind:

$$r f(v_1, v_2, v_3) = \sum_{i=1}^{3} v_i \frac{\partial f(v_1, v_2, v_3)}{\partial v_i} .$$

Nach Division mit $f(v_1, v_2, v_3)$ erhält man daraus

$$r = E_1 + E_2 + E_3 ,$$

wobei E_i, $i = 1, 2, 3$, die Produktionselastizitäten sind.
Im vorliegenden Fall erhält man

$$\begin{aligned}
E_1 &= 1 \\
E_2 &= v_2^{1/2} v_3^{1/2} \left(v_2^{1/2} v_3^{1/2} + v_3 \right)^{-1} \\
E_3 &= \left(2 v_3 + v_2^{1/2} v_3^{1/2} \right) \left(v_2^{1/2} v_3^{1/2} + v_3 \right)^{-1}
\end{aligned}$$

und

$E_2 + E_3 = 2$,

so daß $E_1 + E_2 + E_3 = 3$ gilt.

Aufgabe 1.6
Inhomogene Produktionsfunktion
(*Homogenitätsgrad, Skalenerträge, Skalenelastizität*)

Gegeben ist die Produktionsfunktion

$$f(v_1, v_2) = a_1 v_1^{1/2} + a_2 v_2^{3/2}$$

mit

$a_1, a_2 > 0, v_1 > 0, v_2 > 0$.

a) Zeigen Sie, daß die Funktion nicht homogen ist.
b) Untersuchen Sie, ob die Funktion abnehmende, zunehmende oder konstante Skalenerträge hat.
c) Bestimmen Sie die Bereiche von (v_1, v_2), in denen die Skalenelastizität größer, gleich bzw. kleiner als eins ist.

Lösung:

a) Eine Funktion $f : \mathbb{R}_+^n \to \mathbb{R}_+$ heißt homogen vom Grade r, wenn für alle $x \in R_+^n$ und für jede reelle Zahl $\lambda > 0$ gilt:

$$f(\lambda x) = \lambda^r f(x).$$

Für $f(v_1, v_2)$ erhält man:

(i) $\quad f(\lambda v_1, \lambda v_2) = a_1 \lambda^{1/2} v_1^{1/2} + a_2 \lambda^{3/2} v_2^{3/2}$

(ii) $\quad \lambda^r f(v_1, v_2) = a_1 \lambda^r v_1^{1/2} + a_2 \lambda^r v_2^{3/2}$.

Falls f homogen wäre, müßte es ein $r > 0$ geben, so daß die rechten Seiten der beiden Gleichungen (i) und (ii) für beliebige $\lambda > 0$ und beliebige (v_1, v_2) gleich sind. Für festes $(v_1, v_2) > 0$ müßte dann zum Beispiel für jedes $\lambda > 0$ die Bedingung

(iii) $a_1 v_1^{1/2} + a_2 v_2^{3/2} = \lambda^{1/2-r}[a_1 v_1^{1/2} + \lambda a_2 v_2^{3/2}]$

gelten. Man erkennt, daß die rechte Seite für jedes $r > 0$ eine nicht konstante Funktion von λ ist, während die linke Seite unabhängig von λ ist. Die Gleichheit kann somit für jedes r nur für bestimmte Werte von λ gelten. Dies zeigt, daß f nicht homogen ist.

b) Die Funktion f ist die Summe aus einer streng konkaven und einer streng konvexen Funktion. Da sie nicht linearhomogen ist, muß sie somit Bereiche von abnehmenden als auch zunehmenden Skalenerträgen aufweisen.

c) Die Skalenelastizität $E(v_1, v_2)$ an einer beliebigen Stelle ist

$$E(v_1, v_2) = \frac{\dfrac{\partial f}{\partial v_1} v_1 + \dfrac{\partial f}{\partial v_2} v_2}{f(v_1, v_2)}$$

$$= \frac{a_1 v_1^{1/2} + 3 a_2 v_2^{3/2}}{2[a_1 v_1^{1/2} + a_2 v_2^{3/2}]}.$$

Somit ist $E(v_1, v_2) \gtreqless 1$ genau dann, wenn $a_2 v_2^{3/2} \gtreqless a_1 v_1^{1/2}$. Dies ist äquivalent zu

$$v_2 \gtreqless (a_1/a_2)^{2/3} v_1^{1/3},$$

was die nachfolgende geometrische Darstellung der Bereiche für $E(v_1, v_2) < 1$ und $E(v_1, v_2) > 1$ liefert.

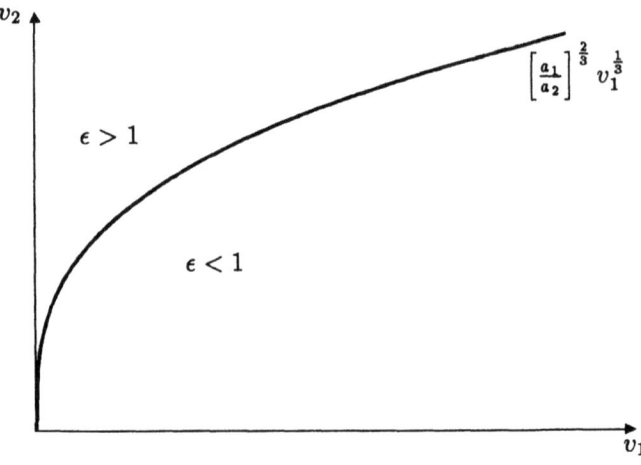

Abb. 1.6

Aufgabe 1.7*
Implizite Produktionsfunktion
(*Grenzprodukt, Durchschnittsprodukt, Satz über implizite Funktionen*)

Durch

$$f(y,v) = y^3 - 12y^2 + 60y - v = 0$$

ist implizit eine Produktionsfunktion gegeben, wobei $v \geq 0$ die Inputmengen und $y \geq 0$ die Outputmengen sind.

a) Analysieren Sie den Verlauf der Produktionsfunktion, der Grenz– und der Durchschnittsproduktfunktion.
b) Stellen Sie die drei Funktionen möglichst maßstabsgetreu in Skizzen dar.

Lösung:
a)

$$f(y,v) = y^3 - 12y^2 + 60y - v = 0$$

läßt sich allgemein in der Form

$$f(y,v) = h(y) - v = 0$$

schreiben, wobei
$$h(y) = y^3 - 12y^2 + 60y$$
ist. Die gesuchte Produktionsfunktion ist $g(v) = y$. Dann ist ihre erste Ableitung nach dem Satz über implizite Funktionen
$$MP(v) = g'(v) = \frac{1}{h'(y)},$$
wobei $h(y) = v$ gelten muß. Analysiert man den Verlauf der Funktion $h : \mathbb{R}_+ \to \mathbb{R}$, so erhält man

(i) $h'(y) = 3y^2 - 24y + 60$

(ii) $h''(y) = 6y - 24$

(iii) $h'''(y) = 6$.

Aus (ii) und (iii) folgt, daß h' ein Minimum an der Stelle $y = 4$ besitzt mit $h'(4) = 12$. Somit ist $h'(y) > 0$ für alle $y \geq 0$, und h besitzt einen Wendepunkt an dieser Stelle. Das zugehörige Inputniveau ist $v = 112$, da $f(4, 112) = 0$. Daraus folgt, daß
$$g'(v) = \frac{1}{h'(y)}$$
strikt positiv ist und damit g monoton steigend verläuft.
Außerdem ergibt die Tatsache, daß $h'(4)$ ein Minimum ist, daß $g'(112)$ ein Maximum des Grenzprodukts ist und g somit an der Stelle $v = 112$ einen Wendepunkt besitzt.
Es ist natürlich auch möglich, die Eigenschaften der Grenzproduktfunktion direkt aus der allgemeinen Bedingung $g' = 1/h'$ zu ermitteln. Durch Einsetzen der gesuchten Produktionsfunktion $y = g(v)$ erhält man die Identität
$$MP(v) = g'(v) = \frac{1}{h'(g(v))}.$$
Differentiation auf beiden Seiten ergibt
$$\begin{aligned} g''(v) &= -\frac{h''(y)g'(v)}{[h'(y)]^2} \\ &= -\frac{h''(y)}{[h'(y)]^3}. \end{aligned}$$

Daraus folgt

$$g''(v) \begin{cases} > 0 & \text{für} \quad 0 < v < 112 \\ = 0 & \text{für} \quad v = 112 \\ < 0 & \text{für} \quad v > 112. \end{cases}$$

Die Grenzproduktfunktion besitzt somit ein Maximum an der Stelle $v = 112$. Die Durchschnittsproduktfunktion ist definiert als

$$AP(v) = \frac{g(v)}{v}.$$

Daraus erhält man durch Differentiation

$$\begin{aligned} AP'(v) &= \frac{vg'(v) - g(v)}{v^2} \\ &= \frac{h(y)/h'(y) - y}{v^2}. \end{aligned}$$

Dies ergibt als Abschätzung

$$AP'(v) \gtreqless 0 \Leftrightarrow h(y) \gtreqless yh'(y).$$

Durch Einsetzen der Funktionswerte findet man $h(6) = 6h'(6) = 144$. Somit besitzt die Durchschnittsproduktfunktion ein Maximum an der Stelle $v = 144$ und stimmt an dieser Stelle mit der Grenzproduktfunktion überein.

b)

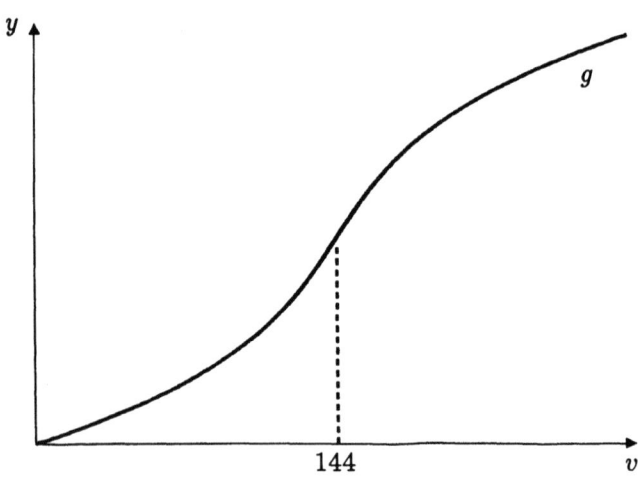

Abb. 1.7.1

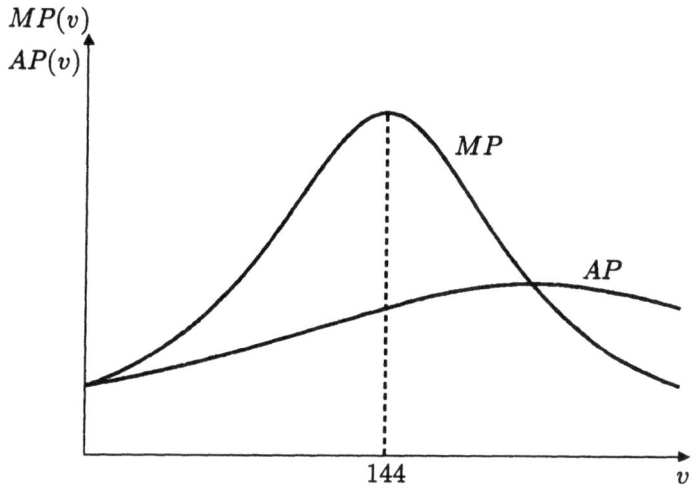

Abb. 1.7.2

Aufgabe 1.8*

Analyse impliziter Produktionsfunktionen

(*Technologie, implizite Produktionsfunktion, Definitionsbereich, Isoquante*)

Untersuchen Sie die Eigenschaften der folgenden Technologien. Dabei bezeichnen $x \geq 0$ die Menge des Outputs und $v_1, v_2 \geq 0$ die Mengen der zwei verwendeten Inputs.

a) $Y = \{(x, -v_1, -v_2) \in \mathbb{R}^3 \mid 4v_1 + 10v_2^{1/2} \geq x^2(x+1)\}$

b) $Y = \{(x, -v_1, -v_2) \in \mathbb{R}^3 \mid (1+x)v_1^\alpha v_2^{1-\alpha} \geq x^3, 0 < \alpha < 1\}$

c) $Y = \{(x, -v_1, -v_2) \in \mathbb{R}^3 \mid (v_1 - 2)^{1/2} + (v_2 - 2)^{1/2} \geq (x+1)^4\}$

d) $Y = \{(x, -v_1, -v_2) \in \mathbb{R}^3 \mid (v_1 - 8)^{1/3} + (v_2 - 4)^{1/2} \geq x^3\}$

e) $Y = \{(x, -v_1, -v_2) \in \mathbb{R}^3 \mid v_1 + v_2 \leq v_1 v_2 (C - x), C > 0\}$.

Bestimmen Sie insbesondere die Eigenschaften der zugehörigen Produktionsfunktionen mit ihren Definitionsbereichen sowie den Verlauf der Isoquanten.

Lösung:

a) Jeder zulässige Produktionsplan $(v_1, v_2, x) \geq 0$ ist durch eine Lösung der Ungleichung

$$4v_1 + 10v_2^{1/2} \geq x^2(x+1)$$

gegeben. Man erkennt, daß der Plan $v_1 = v_2 = x = 0$ in Y enthalten ist. Ferner sind beide Seiten der Ungleichung streng monoton steigende Funktionen in den jeweiligen Argumenten, so daß für jedes nicht–negative Inputbündel $(v_1, v_2) \geq 0$ genau ein maximal mögliches Outputniveau x implizit durch

$$4v_1 + 10v_2^{1/2} = x^2(x+1)$$

bestimmt ist. Die gesuchte Produktionsfunktion $F(v_1, v_2) = x$, die den effizienten Rand der Technologie beschreibt, ist damit für alle $(v_1, v_2) \geq 0$ definiert, d.h. $F: \mathbb{R}_+^2 \to \mathbb{R}_+$.

Bezeichne $h(x) = x^2(x+1)$, $x \geq 0$ die Funktion der rechten Seite und $g(v_1, v_2) = 4v_1 + 10v_2^{1/2}$ die Funktion der linken Seite der obigen Gleichung. Die Funktion h ist streng monoton wachsend mit $h(0) = 0$ und besitzt eine Inverse h^{-1}, die ebenfalls streng monoton wachsend ist. Damit läßt sich die gesuchte Produktionsfunktion F in der Form

$$\begin{aligned} F(v_1, v_2) &= h^{-1}(g(v_1, v_2)) \\ &= h^{-1}(4v_1 + 10v_2^{1/2}) \end{aligned}$$

schreiben. Da h konvex ist ($h''(x) > 0$), folgt, daß h^{-1} konkav ist. Andererseits ist der Ausdruck in der Klammer eine konkave Funktion. Damit ist F ebenfalls konkav, da die Komposition einer monoton steigenden konkaven Funktion mit einer konkaven Funktion wieder eine konkave Funktion ergibt. Somit haben die Isoquanten, wie im Diagramm darstellt, einen konvexen Verlauf. Die Technologie läßt sich dann als

$$Y = \{(x, -v_1, -v_2) \in \mathbb{R}^3 \mid x \leq F(v_1, v_2), v_1 \geq 0, v_2 \geq 0\}$$

schreiben. Da F konkav ist, ist Y konvex.

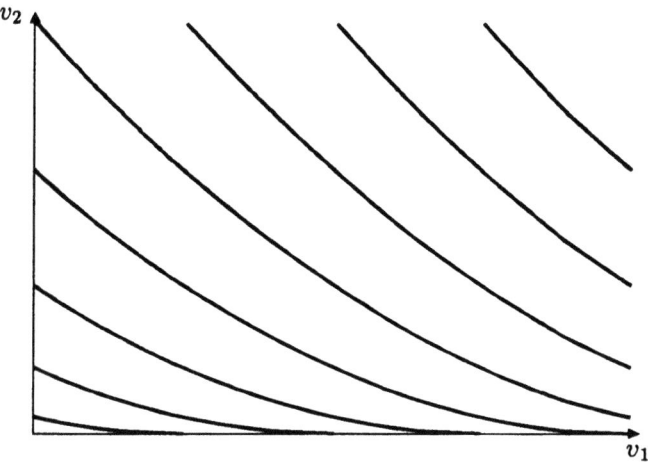

Abb. 1.8.1

b) Die gleichen Überlegungen wie im Fall a) führen auch hier zum Ziel. Dabei ist

$$h(x) = x^3/(1+x), \quad x \geq 0$$

und

$$g(v_1, v_2) = v_1^\alpha v_2^{1-\alpha}, \quad (v_1, v_2) \geq 0,$$

so daß Y durch die Ungleichung

$$g(v_1, v_2) \geq h(x)$$

beschrieben ist. Es gilt $h(0) = 0$, sowie $h'(x) > 0$ und $h''(x) > 0$. Somit besitzt h eine monoton steigende, konkave Inverse h^{-1}, und die gesuchte Produktionsfunktion $F : \mathbb{R}^2_+ \to \mathbb{R}$ ist definiert durch

$$\begin{aligned} F(v_1, v_2) &= h^{-1}(g(v_1, v_2)) \\ &= h^{-1}(v_1^\alpha v_2^{1-\alpha}). \end{aligned}$$

Der Ausdruck in der Klammer ist selbst eine konkave Funktion. Damit ist F konkav sowie Y konvex. Die Isoquanten sind von der Form einer Cobb–Douglas Produktionsfunktion. Die Produktionsfunktion F ist jedoch nicht homogen.

c) An der gegebenen Ungleichung

$$(v_1 - 2)^{1/2} + (v_2 - 2)^{1/2} \geq (x+1)^4$$

erkennt man, daß für jede reelle Lösung $(x, v_1, v_2) \geq 0$ beide Inputmengen größer oder gleich zwei sein müssen und außerdem

$$(v_1 - 2)^{1/2} + (v_2 - 2)^{1/2} \geq 1$$

gelten muß. Dies bedeutet, daß der Definitionsbereich D der gesuchten Produktionsfunktion F nach unten durch die Gleichung

$$(v_1 - 2)^{1/2} + (v_2 - 2)^{1/2} = 1$$

bzw.

$$v_2 = 1 + v_1 - 2(v_1 - 2)^{1/2}$$

und $v_1 \geq 2$ sowie $v_2 \geq 2$ begrenzt wird. D. h.

$$D = \{(v_1, v_2) \in \mathbb{R}_+^2 \mid v_2 \geq 1 + v_1 - 2(v_1 - 2)^{1/2}, v_1 \geq 2, v_2 \geq 2\}.$$

Dabei ist $g(v_1, v_2) = (v_1 - 2)^{1/2} + (v_2 - 2)^{1/2}$ die Funktion der linken Seite der gegebenen Ungleichung mit D als Definitionsbereich.

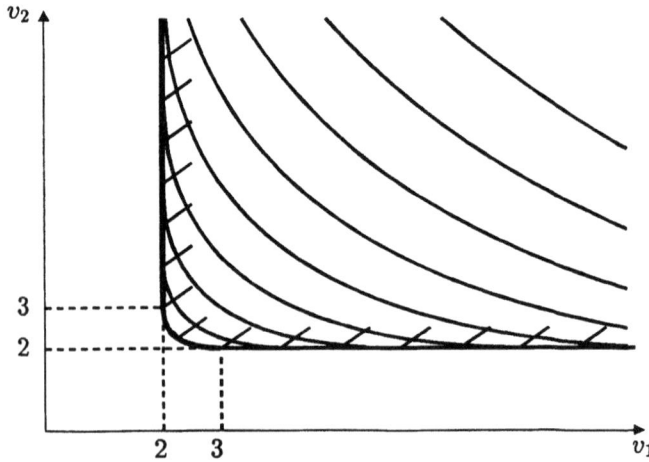

Abb. 1.8.2

Für $(v_1, v_2) \in D$ ist $g(v_1, v_2)$ streng monoton wachsend und konkav. Andererseits ist die Funktion $h(x) = (x+1)^4$ streng monoton wachsend und konvex. Dies impliziert, daß die gesuchte Produktionsfunktion $F : D \to \mathbb{R}_+$ definiert ist durch

$$\begin{aligned} F(v_1, v_2) &= h^{-1}(g(v_1, v_2)) \\ &= h^{-1}[(v_1 - 2)^{1/2} + (v_2 - 2)^{1/2}] \end{aligned}$$

und konkav ist. Der Definitionsbereich und einige Isoquanten sind im vorangehenden Diagramm dargestellt.

d) Für eine nicht–negative reelle Lösung der angegebenen Ungleichung in der Definition der Technologie muß einerseits $v_2 \geq 4$, andererseits aber auch

$$(v_1 - 8)^{1/3} + (v_2 - 4)^{1/2} \geq 0$$

gelten. Dies ergibt als Definitionsbereich D der Produktionsfunktion

$$F(v_1, v_2) = [(v_1 - 8)^{1/3} + (v_2 - 4)^{1/2}]^{1/3}$$

die Menge

$$D = \{(v_1, v_2) | (v_1 - 8)^{1/3} + (v_2 - 4)^{1/2} \geq 0 , v_1 \geq 0, v_2 \geq 4\}.$$

Da die Funktion $g(v_1) = (v_1 - 8)^{1/3}$ im Intervall $0 \leq v_1 \leq 8$ konvex ist, folgt, daß die Produktionsfunktion nicht konkav ist und die beiden Mengen D und Y nicht konvex sind. Die Isoquanten haben ebenfalls keinen konvexen Verlauf, wie aus dem nächsten Diagramm zu erkennen ist.

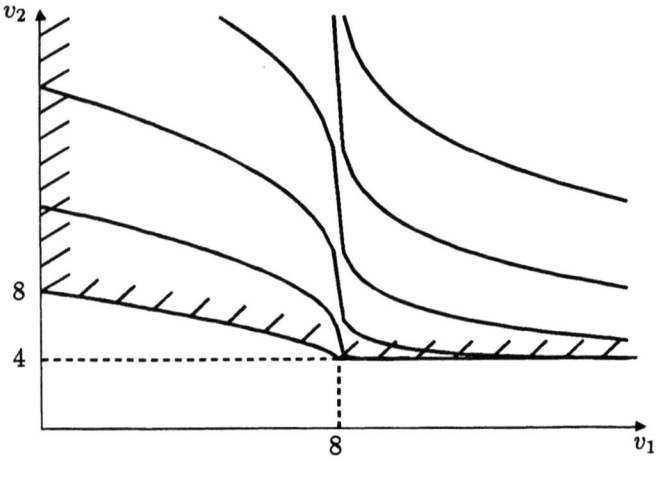

Abb. 1.8.3

e) Durch Umformung der Beschränkung in der Definition der Technologie zu

$$\begin{aligned} x &\leq C - (v_1 + v_2)/v_1 v_2 \\ &= C - v_1^{-1} - v_2^{-1} \end{aligned}$$

erkennt man, daß nicht nur $v_1 > 1/C$ und $v_2 > 1/C$ gelten muß, sondern auch

$$v_2^{-1} \leq C - v_1^{-1}$$

bzw.

$$v_2 \geq \frac{v_1}{v_1 C - 1}.$$

Damit ist der Definitionsbereich D der gesuchten Produktionsfunktion F

$$D = \{(v_1, v_2) \in \mathbb{R}_+^2 \mid v_2 \geq v_1/(v_1 C - 1),\, v_1 > 1/C,\, v_2 > 1/C\}$$

und

$$F(v_1, v_2) = C - \frac{1}{v_1} - \frac{1}{v_2}.$$

Die Funktion F ist konkav auf D und nach oben durch C beschränkt. Y ist konvex, enthält aber nicht den Produktionsplan $v_1 = v_2 = x =$

0. Die Form der Isoquanten läßt sich in diesem Fall für jedes Outputniveau $x < C$ explizit aus der Produktionsfunktion durch Umformung ermitteln. Man erhält

$$v_2 = \frac{v_1}{v_1(C-x)-1}\,.$$

Für $x = 0$ ist dies auch gleichzeitig die untere Begrenzung des Definitionsbereichs.

Aufgabe 1.9

Analyse einer nichtdifferenzierbaren Produktionsfunktion
(*Grenzprodukt, Durchschnittsprodukt*)

Gegeben ist die Produktionsfunktion

$$f(v) = \max\{0, \min\{av+c, bv\}\}$$

mit

$$a > b > 0 > c\,.$$

a) Zeichnen Sie die Produktionsfunktion.

b) Beschreiben Sie kurz die technologische Situation, die einer solchen Produktionsfunktion zugrunde liegt.

c) Ermitteln Sie Grenz- und Durchschnittsprodukt als Funktion des Faktoreinsatzes und zeichnen Sie diese Funktionen.

d) Welche der unter a) und c) betrachteten Funktionen sind stetig?

Lösung:

a) Für die graphische Darstellung sowie für die weiteren Berechnungen empfiehlt sich die veränderte Form der Produktionsfunktion

$$f(v) = \begin{cases} 0 & \text{für} \quad 0 \leq v \leq -c/a \\ av+c & \text{für} \quad -c/a \leq v \leq -c/(a-b) \\ bv & \text{für} \quad -c/(a-b) \leq v\,. \end{cases}$$

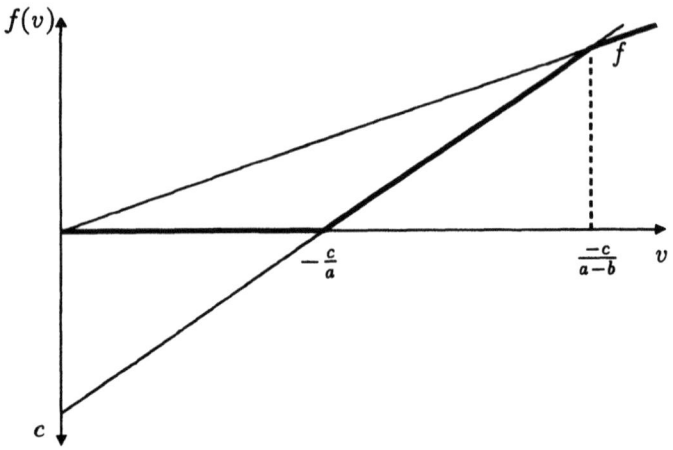

Abb. 1.9.1

b) Aus der Produktionsfunktion erkennt man, daß erst ab der Faktoreinsatzmenge $-c/a$ positive Outputmengen produziert werden. Diese können mit zwei verschiedenen Produktionsprozessen erzeugt werden, wobei derjenige mit der höheren Grenzproduktivität nur für einen begrenzten Bereich zum Einsatz kommt.

c) Als Grenzproduktfunktion erhält man

$$MP(v) = f'(v) = \begin{cases} 0 & \text{für} \quad 0 \leq v < -c/a \\ a & \text{für} \quad -c/a \leq v < -c/(a-b) \\ b & \text{für} \quad -c/(a-b) \leq v\,. \end{cases}$$

Als Durchschnittsproduktfunktion ergibt sich

$$AP(v) = \frac{f(v)}{v} = \begin{cases} 0 & \text{für} \quad 0 < v \leq -c/a \\ a + c/v & \text{für} \quad -c/a \leq v \leq -c/(a-b) \\ b & \text{für} \quad -c/(a-b) \leq v\,. \end{cases}$$

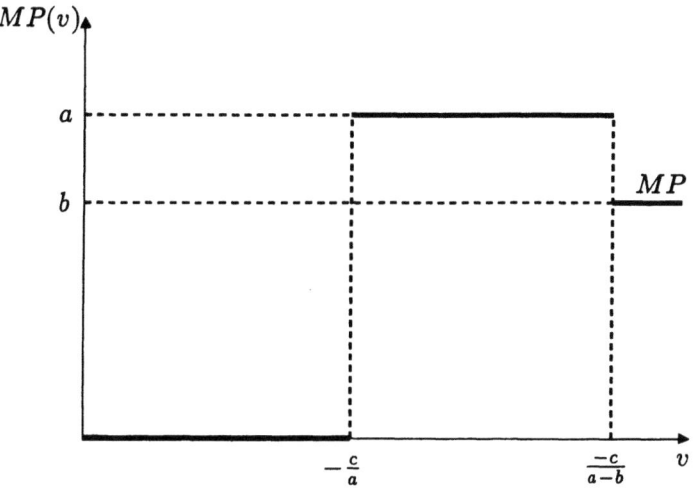

Abb. 1.9.2

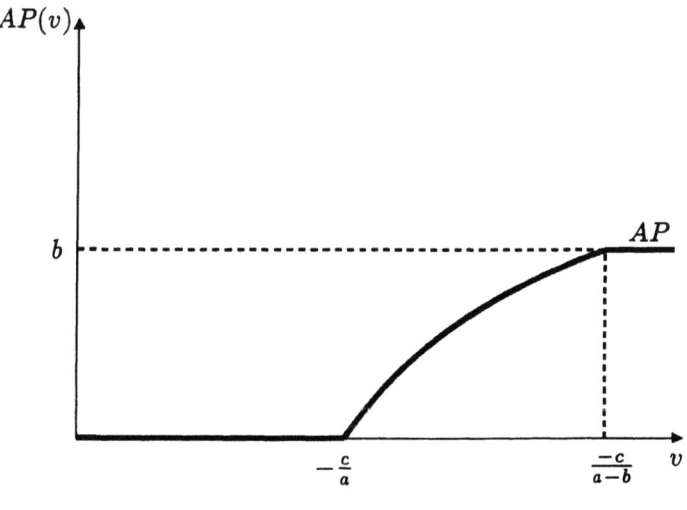

Abb. 1.9.3

d) Die Produktionsfunktion und das Durchschnittsprodukt als Funktion des Faktoreinsatzes sind stetig. Das Grenzprodukt als Funktion des Faktoreinsatzes ist nicht stetig.

Aufgabe 1.10*
Eigenschaften der CES–Produktionsfunktion
(*Grenzrate der Substitution, Skalenelastizität, Produktionselastizität, Substitutionselastizität, Regel von de l'Hôpital*)

Gegeben ist die CES–Produktionsfunktion

$$F(x_1, x_2) = A\left[\delta x_1^\rho + (1-\delta) x_2^\rho\right]^{\alpha/\rho},$$

wobei $A > 0$, $0 < \alpha \leq 1$, $\rho < 1$, $\rho \neq 0$, $0 \leq \delta \leq 1$ für die Parameter der Funktion gilt.

a) Bestimmen Sie die Produktionselastizitäten, die Skalenelastizität und die Substitutionselastizität dieser Produktionsfunktion.

b) Untersuchen Sie, wie sich die Produktionsfunktion $F(x_1, x_2)$ ändert, wenn der Parameter ρ

 (i) gegen 1 konvergiert

 (ii) gegen 0 konvergiert

 (iii) gegen $-\infty$ konvergiert.

Fertigen Sie ein Schaubild an, in das Sie die Isoquante für das Outputniveau eins für diese drei Fälle einzeichnen.

Lösung:

a) Als Produktionselastizität des Faktors 1 ergibt sich:

$$\begin{aligned}
E_1 &= \frac{\partial F(\cdot)}{\partial x_1} \frac{x_1}{F(\cdot)} \\
&= \frac{\alpha}{\rho} A \left[\delta x_1^\rho + (1-\delta) x_2^\rho\right]^{\alpha/\rho - 1} \rho \delta x_1^{\rho-1} \cdot \frac{x_1}{A\left[\delta x_1^\rho + (1-\delta) x_2^\rho\right]^{\alpha/\rho}} \\
&= \alpha \rho \frac{x_1^\rho}{\delta x_1^\rho + (1-\delta) x_2^\rho}.
\end{aligned}$$

Analog erhält man für den zweiten Faktor

$$E_2 = \alpha(1-\delta)\frac{x_2^\rho}{\delta x_1^\rho + (1-\delta)x_2^\rho}.$$

Für beliebiges $\lambda > 0$ stellt man fest, daß $F(\lambda x_1, \lambda x_2) = \lambda^\alpha F(x_1, x_2)$ gilt. Dies bedeutet, daß die Funktion $F(x_1, x_2)$ homogen vom Grad α ist. Somit folgt als Skalenelastizität: $E = \alpha$.
Als Grenzrate der Substitution R ermittelt man:

$$R = \left.\frac{dx_1}{dx_2}\right|_{F(\cdot)=c} = -\frac{(1-\delta)x_2^{\rho-1}}{\delta x_1^{\rho-1}} = -\frac{1-\delta}{\delta}(x_1/x_2)^{1-\rho}.$$

Damit ist das Faktoreinsatzverhältnis eine Funktion der Grenzrate der Substitution R:

$$\frac{x_1}{x_2} = \left[-\frac{\delta}{1-\delta}R\right]^{1/(1-\rho)}$$

Als Substitutionselastizität σ erhält man somit:

$$\sigma = -\frac{d(x_1/x_2)}{dR}\frac{R}{x_1/x_2} = \frac{1}{\rho-1}.$$

b) Aufgrund des Zusammenhangs zwischen der Substitutionselastizität σ und dem Parameter ρ, gegeben durch $\sigma = 1/(\rho-1)$, folgt:

(i) $\sigma \to -\infty$ für $\rho \to 1$

(ii) $\sigma \to -1$ für $\rho \to 0$

(iii) $\sigma \to 0$ für $\rho \to -\infty$.

(i) Für $\rho = 1$ kann die Produktionsfunktion $F(x_1, x_2)$ unmittelbar als

$$F_1(x_1, x_2) = A[\delta x_1 + (1-\delta)x_2]^\alpha$$

als Grenzwert für $\rho \to 1$ bestimmt werden. Falls $\alpha = 1$ gilt, so handelt es sich um die lineare Produktionsfunktion. Falls $\alpha < 1$ gilt, so ist die Funktion eine monotone Transformation der linearen Produktionsfunktion. Da monotone Transformationen die Isoquanten unverändert lassen, müssen die Isoquanten für alle α linear verlaufen.

(ii) Offensichtlich ist die CES–Produktionsfunktion für $\rho = 0$ nicht definiert. Um dennoch bestimmen zu können, gegen welche Funktion die CES–Produktionsfunktion für $\rho \to 0$ konvergiert, sind einige Umformungen nötig. Sei

$$G(\rho) = A[\delta x_1^\rho + (1-\delta)x_2^\rho]^{\alpha/\rho}$$

für gegebene Werte x_1 und x_2. Durch Anwendung der Grenzwertregeln erhält man:

$$\lim_{\rho \to 0} G(\rho) = \lim_{\rho \to 0}\left[e^{\ln G(\rho)}\right] = e^{\lim[\ln G(\rho)]}.$$

Ferner gilt:

$$\begin{aligned}\lim_{\rho \to 0}[\ln G(\rho)] &= \lim_{\rho \to 0}\left[\ln A + \frac{\alpha}{\rho}\ln[\delta x_1^\rho + (1-\delta)x_2^\rho]\right] \\ &= \ln A + \alpha \lim_{\rho \to 0}\frac{\ln[x_1^\rho + (1-\delta)x_2^\rho]}{\rho}.\end{aligned}$$

Da

$$\lim_{\rho \to 0}\left[\ln[\delta x_1^\rho + (1-\delta)x_2^\rho]\right] = \ln 1 = 0$$

ergibt und

$$\lim_{\rho \to 0}\rho = 0$$

gilt, kann die Regel von de l'Hôpital angewendet werden. Diese Regel besagt, daß für zwei differenzierbare Funktionen $n(z)$, $m(z)$, für die

$$\lim_{z \to z^0} n(z) = \lim_{z \to z^0} m(z) = 0$$

gilt, der Grenzwert des Quotienten als

$$\lim_{z \to z^0}\frac{n(z)}{m(z)} = \lim_{z \to z^0}\frac{n'(z)}{m'(z)}$$

ermittelt werden kann. Offensichtlich kann diese Regel in diesem Fall angewendet werden. Da

$$\frac{d\left(\ln[\delta x_1^\rho + (1-\delta)x_2^\rho]\right)}{d\rho} = \frac{\delta x_1^\rho \ln x_1 + (1-\delta)x_2^\rho \ln x_2}{\delta x_1^\rho + (1-\delta)x_2^\rho}$$

ergibt, folgt:

$$\lim_{\rho \to 0}[\ln G(\rho)] = \ln A + \alpha \lim_{\rho \to 0} \frac{\delta x_1^\rho \ln x_1 + (1-\delta)x_2^\rho \ln x_2}{\delta x_1^\rho + (1-\delta)x_2^\rho}$$

$$= \ln A + \alpha[\delta \ln x_1 + (1-\delta)\ln x_2]$$

$$= \ln A + \ln x_1^{\delta \alpha} + \ln x_2^{(1-\delta)\alpha}.$$

Somit ergibt sich

$$F_0(x_1, x_2) = \lim_{\rho \to 0} G(\rho) = e^{\lim[\ln G(\rho)]}$$

$$= A x_1^{\delta \alpha} x_2^{(1-\delta)\alpha},$$

d.h. für $\rho \to 0$ konvergiert die CES–Funktion gegen die Cobb–Douglas–Funktion mit Homogenitätsgrad α.

(iii) Um den Grenzübergang für $\rho \to -\infty$ durchzuführen, wird $x = \min\{x_1, x_2\} > 0$ angenommen, und man betrachtet die Produktionsfunktion in der Form

$$G(\rho) = x^\alpha A[\delta(x_1/x)^\rho + (1-\delta)(x_2/x)^\rho]^{\alpha/\rho},$$

bzw.

$$\ln G(\rho) = \alpha \ln x + \ln A + \frac{\alpha}{\rho} \ln[\delta(x_1/x)^\rho + (1-\delta)(x_2/x)^\rho].$$

Da $x = \min\{x_1, x_2\} > 0$ und $0 < \delta < 1$ gilt, konvergiert der Ausdruck in der eckigen Klammer für $\rho \to -\infty$ gegen einen positiven Wert. Daraus folgt

$$\lim_{\rho \to -\infty}[\ln G(\rho)] = \alpha \ln x + \ln A.$$

Somit konvergiert die CES–Funktion für $\rho \to -\infty$ gegen

$$F_{-\infty}(x_1, x_2) = A(\min\{x_1, x_2\})^\alpha.$$

Für $\alpha = 1$ ist dies die Leontief–Produktionsfunktion. Für $\alpha < 1$ handelt es sich wiederum um eine monotone Transformation der limitationalen Produktionsfunktion, die die Isoquanten unverändert läßt. α ist auch hier der Homogenitätsgrad.
Im folgenden Schaubild sind die Isoquanten für das Outputniveau eins und die Parameter $\alpha = 1$, $\delta = 1/2$, $A = 1$ in den drei Grenzfällen eingezeichnet.

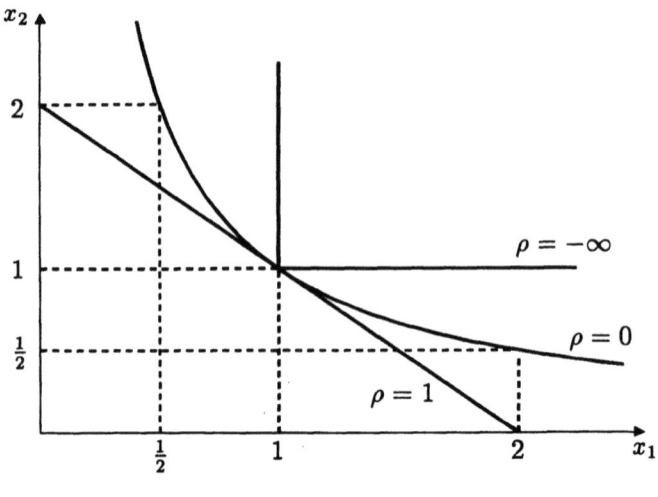

Abb. 1.10

Aufgabe 1.11

Kostenminimierung bei Cobb–Douglas Produktionsfunktion
(*Kostenfunktion, Konkavität, Konvexität, Faktornachfrage, Skalenerträge*)

Eine Unternehmung produziert ein Gut mit Hilfe von zwei Produktionsfaktoren. Die Produktionsfunktion ist vom Cobb–Douglas–Typ, d.h.

$$y = A v_1^{\alpha\mu} v_2^{(1-\alpha)\mu},$$

wobei $0 < \alpha < 1$, $A > 0$ und $\mu > 0$ ist.

a) Bestimmen Sie die Kostenfunktion bei gegebenen Faktorpreisen $q_1 > 0$, $q_2 > 0$.

b) Welche ökonomische Bedeutung hat der Parameter μ, und welches ist sein Einfluß auf den Verlauf der Kostenfunktion, der Grenzkostenfunktion und der Stückkostenfunktion?

Lösung:

a) Das Kostenminimierungsproblem lautet:
Minimiere $q_1 v_1 + q_2 v_2$ unter den Nebenbedingungen

$$y \leq A v_1^{\alpha\mu} v_2^{(1-\alpha)\mu},$$
$$v_1 \geq 0, \quad v_2 \geq 0.$$

Da $v_1 = 0$ oder $v_2 = 0$ keine positive optimale Lösung ergeben, kann die Lagrangefunktion folgendermaßen geschrieben werden:

$$\mathcal{L} = -q_1 v_1 - q_2 v_2 + \lambda [A v_1^{\alpha\mu} v_2^{(1-\alpha)\mu} - y].$$

Aus den notwendigen Bedingungen erhält man den Faktorexpansionspfad, der durch

$$\frac{q_1}{q_2} = \frac{\alpha v_2}{(1-\alpha) v_1}$$

determiniert ist.
Durch Auflösen nach v_1 bzw. v_2 und Einsetzen in die Produktionsfunktion erhält man die Faktornachfragefunktionen

$$v_1(q_1, q_2, y) = (A^{-1} y)^{1/\mu} \left[\frac{(1-\alpha) q_1}{\alpha q_2} \right]^{\alpha - 1}$$

und

$$v_2(q_1, q_2, y) = (A^{-1} y)^{1/\mu} \left[\frac{\alpha q_2}{(1-\alpha) q_1} \right]^{-\alpha}.$$

Die Kostenfunktion lautet dann

$$\begin{aligned}
C(y, q_1, q_2) &= q_1 v_1(q_1, q_2, y) + q_2 v_2(q_1, q_2, y) \\
&= (A^{-1} y)^{1/\mu} q_1^{\alpha} q_2^{1-\alpha} \left[\left(\frac{1-\alpha}{\alpha} \right)^{\alpha-1} + \left(\frac{1-\alpha}{\alpha} \right)^{\alpha} \right] \\
&= \left[\frac{y}{A} \right]^{1/\mu} \left[\frac{q_1}{\alpha} \right]^{\alpha} \left[\frac{q_2}{1-\alpha} \right]^{1-\alpha}.
\end{aligned}$$

b) Der Faktor μ bestimmt den Homogenitätsgrad der Produktionsfunktion. Es gilt

$$\left. \begin{array}{ll} \mu = 1 & \text{konstante} \\ \mu > 1 & \text{zunehmende} \\ \mu < 1 & \text{abnehmende} \end{array} \right\} \text{Skalenerträge}.$$

Entsprechend gilt dann für die Kostenfunktion:

$\left.\begin{array}{ll}\mu = 1 & \text{lineare} \\ \mu > 1 & \text{konkave} \\ \mu < 1 & \text{konvexe}\end{array}\right\}$ Kostenfunktion.

Daraus ergibt sich, daß für $\mu = 1$ die Grenzkosten gleich den Stückkosten und beide unabhängig von der Ausbringungsmenge und nur von den Faktorpreisen bestimmt sind. Für $\mu > 1$ sind die Grenzkosten und die Stückkosten fallende Funktionen in der Ausbringungsmenge, wobei die Stückkosten größer als die jeweiligen Grenzkosten sind. $\mu < 1$ impliziert steigende Grenz- und Stückkosten, wobei die Grenzkosten über den jeweiligen Stückkosten liegen.

Aufgabe 1.12*

Kostenminimierung bei CES–Produktionsfunktion

(*Kostenfunktion, Faktornachfrage, Substitutionselastizität*)

Gegeben ist die CES–Produktionsfunktion

$$y = A[\delta x_1^\rho + (1-\delta)x_2^\rho]^{\alpha/\rho},$$

wobei $A > 0$, $0 < \alpha \leq 1$, $\rho < 1$, $\rho \neq 0$ und $0 < \delta < 1$ für die Parameter gelten soll.

a) Ermitteln Sie die Kostenfunktion und die Faktornachfragefunktionen für diese Produktionsfunktion.

b) Zeigen Sie, daß bei kostenminimierendem Verhalten das Verhältnis der Faktorentlohnung $w_1 x_1 / w_2 x_2$ unabhängig vom Outputniveau ist, und untersuchen Sie, wie dieses Verhältnis der Faktorentlohnung durch eine Änderung des Faktorpreisverhältnisses w_1/w_2 beeinflußt wird.

Lösung:

a) Das Kostenminimierungsproblem hat die folgende Form:
Minimiere $w_1 x_1 + w_2 x_2$ unter den Nebenbedingungen

$A[\delta x_1^\rho + (1-\delta)x_2^\rho]^{\alpha/\rho} - y \geq 0$,

$x_1 \geq 0$, $x_2 \geq 0$,

wobei $w_1 > 0$, $w_2 > 0$ die Faktorpreise bezeichnen. Als Lagrangefunktion ergibt sich:

$$\begin{aligned}\mathcal{L} = & -w_1 x_1 - w_2 x_2 + \lambda \left[A[\delta x_1^\rho + (1-\delta) x_2^\rho]^{\alpha/\rho} - y \right] \\ & + \mu_1 x_1 + \mu_2 x_2 \, .\end{aligned}$$

Da die CES–Funktion für $\alpha \leq 1$ konkav ist, sind die folgenden Bedingungen notwendig und hinreichend für die Bestimmung der kostenminimierenden Lösung:

$$\frac{\partial \mathcal{L}}{\partial x_1} = -w_1 + \lambda \frac{\alpha}{\rho} A \left[\delta x_1^\rho + (1-\delta) x_2^\rho \right]^{\frac{\alpha}{\rho} - 1} \delta \rho x_1^{\rho-1} + \mu_1 = 0 \, ,$$

$$\frac{\partial \mathcal{L}}{\partial x_1} = -w_2 + \lambda \frac{\alpha}{\rho} A \left[\delta x_1^\rho + (1-\delta) x_2^\rho \right]^{\frac{\alpha}{\rho} - 1} (1-\delta) \rho x_2^{\rho-1} + \mu_2 = 0 \, ,$$

$$\lambda \left[A \left(\delta x_1^\rho + (1-\delta) x_2^\rho \right)^{\frac{\alpha}{\rho}} - y \right] = 0 \, , \mu_1 x_1 = 0 \, , \mu_2 x_2 = 0 \, .$$

Aus den Eigenschaften der Produktionsfunktion folgt, daß mindestens einer der Faktoren in streng positiver Menge eingesetzt werden muß, um einen positiven Output zu erzielen. Angenommen, es gelte $x_2 > 0$ und damit $\mu_2 = 0$. Aus der zweiten Bedingung folgt dann

$$\lambda = w_2 \left[\alpha A \left[\delta x_1^\rho + (1-\delta) x_2^\rho \right]^{\frac{\alpha}{\rho} - 1} (1-\delta) x_2^{\rho-1} \right]^{-1} .$$

Offensichtlich gilt $\lambda > 0$, und die Produktionsbeschränkung ist bindend. Substitution von λ in die erste Gleichung ergibt:

$$\mu_1 = w_1 - w_2 \frac{\delta}{(1-\delta)} \left[\frac{x_2}{x_1} \right]^{1-\rho} .$$

Angenommen $\mu_1 > 0$ gelte, dann müßte $x_1 = 0$ sein, im Widerspruch zur vorhergehenden Gleichung. Folglich muß in diesem Fall $\mu_1 = 0$ und $x_1 > 0$ gelten.

Da man mit denselben Argumenten zeigen kann, daß aus $x_1 > 0$, $\mu_1 = 0$ ein positives x_2 folgt, so muß die optimale Lösung durch die folgenden Bestimmungsgleichungen beschrieben sein:

$$\frac{w_1}{w_2} = \frac{\delta}{1-\delta} \left[\frac{x_2}{x_1} \right]^{1-\rho} \quad \text{bzw.} \quad x_2 = \left[\frac{w_1}{w_2} \frac{(1-\delta)}{\delta} \right]^{\frac{1}{1-\rho}} x_1$$

und
$$y = A[\delta x_1^\rho + (1-\delta)x_2^\rho]^{\frac{\alpha}{\rho}}.$$

Durch Umformung der zweiten Gleichung und Einsetzen der ersten erhält man

$$\begin{aligned}
\left[\frac{y}{A}\right]^{\frac{\rho}{\alpha}} &= \delta x_1^\rho + (1-\delta)x_2^\rho \\
&= \delta x_1^\rho + (1-\delta)x_1^\rho \left[\frac{w_1}{w_2}\frac{(1-\delta)}{\delta}\right]^{\frac{\rho}{1-\rho}} \\
&= x_1^\rho w_1^{\frac{\rho}{1-\rho}} \delta^{\frac{-\rho}{1-\rho}} \left[\delta^{\frac{1}{1-\rho}} w_1^{\frac{-\rho}{1-\rho}} + (1-\delta)^{\frac{1}{1-\rho}} w_2^{\frac{-\rho}{1-\rho}}\right].
\end{aligned}$$

Auflösung nach x_1 ergibt die Faktornachfragefunktion

$$\begin{aligned}
v_1(w_1, w_2, y) &= \left[\frac{y}{A}\right]^{\frac{1}{\alpha}} \delta^{\frac{1}{1-\rho}} w_1^{\frac{-1}{1-\rho}} \\
&\quad \cdot \left[\delta^{\frac{1}{1-\rho}} w_1^{\frac{-\rho}{1-\rho}} + (1-\delta)^{\frac{1}{1-\rho}} w_2^{\frac{-\rho}{1-\rho}}\right]^{-\frac{1}{\rho}}
\end{aligned}$$

und Einsetzen der Lösung in die erste Bestimmungsgleichung ergibt die Faktornachfragefunktion

$$\begin{aligned}
v_2(w_1, w_2, y) &= \left[\frac{y}{A}\right]^{\frac{1}{\alpha}} (1-\delta)^{\frac{1}{1-\rho}} w_2^{\frac{-1}{1-\rho}} \\
&\quad \cdot \left[\delta^{\frac{1}{1-\rho}} w_1^{\frac{-\rho}{1-\rho}} + (1-\delta)^{\frac{1}{1-\rho}} w_2^{\frac{-\rho}{1-\rho}}\right]^{-\frac{1}{\rho}}.
\end{aligned}$$

Damit erhält man als Kostenfunktion

$$\begin{aligned}
C(y, w_1, w_2) &= w_1 v_1(w_1, w_2, y) + w_2 v_2(w_1, w_2, y) \\
&= \left[\frac{y}{A}\right]^{\frac{1}{\alpha}} \left[\delta^{\frac{1}{1-\rho}} w_1^{\frac{-\rho}{1-\rho}} + (1-\delta)^{\frac{1}{1-\rho}} w_2^{\frac{-\rho}{1-\rho}}\right]^{\frac{\rho-1}{\rho}}.
\end{aligned}$$

b) Mit Hilfe der Faktornachfragefunktionen erhält man:

$$\frac{w_1 x_1}{w_2 x_2} = \frac{w_1}{w_2}\left[\frac{\delta}{w_1}\right]^{\frac{1}{1-\rho}}\left[\frac{1-\delta}{w_2}\right]^{\frac{-1}{1-\rho}} = \left[\frac{\delta}{1-\delta}\right]^{\frac{1}{1-\rho}}\left[\frac{w_1}{w_2}\right]^{\frac{-\rho}{1-\rho}}.$$

Offenbar ist das Verhältnis der Faktorentlohnung vom Outputniveau y unabhängig.
Zur Vereinfachung der Schreibweise bezeichne $w = w_1/w_2$ das Faktorpreisverhältnis, $x = x_1/x_2$ die Faktorintensität und $W = wx$ das Verhältnis der Faktorentlohnungen. Zur Untersuchung des Einflusses des Faktorpreisverhältnisses auf die relative Faktorentlohnung betrachte man die Ableitung dW/dw. Diese ergibt sich aus der vorangehenden Gleichung als

$$\frac{dW}{dw} = \frac{\rho}{\rho - 1} \left[\frac{\delta}{1-\delta}\right]^{\frac{1}{1-\rho}} \left[\frac{w_1}{w_2}\right]^{\frac{-1}{1-\rho}}.$$

Da $-\infty < \rho < 1$ gilt, erhält man für die Vorzeichen von dW/dw

$$\frac{dW}{dw} \begin{cases} > 0 & \text{falls} \quad \rho < 0 \\ = 0 & \text{falls} \quad \rho = 0 \\ < 0 & \text{falls} \quad \rho > 0. \end{cases}$$

Da die Substitutionselastizität $\sigma = 1/(\rho - 1)$ ist, hat die Ableitung für $\sigma = -1$ den Wert Null. D.h. im Fall der Cobb–Douglas Produktionsfunktion hat eine Veränderung des Faktorpreisverhältnisses keinen Einfluß auf die relative Faktorentlohnung und

$$W = \frac{\delta}{1-\delta}.$$

W ist also gleich dem Verhältnis der Produktionselastizitäten.
Für $\rho < 0$ ist der Absolutbetrag der Substitutionselastizität kleiner als eins. Dies bedeutet, daß geringere Substitutionsmöglichkeiten bei einer relativen Faktorpreiserhöhung zu einer Erhöhung der relativen Faktorentlohnung führt. Umgekehrt führt eine hohe Substitutionselastizität bei einer relativen Faktorverteuerung zu einer Verringerung der relativen Faktorentlohnung.

Aufgabe 1.13

Kostenminimierung bei Leontief–Produktionsfunktion und linearer Produktionsfunktion

(*Kostenfunktion, Isokostenlinie, Faktornachfrage*)

Bestimmen Sie die Kosten– und die Faktornachfragefunktionen für die beiden folgenden Produktionsfunktionen:

a) $y = \min\{a_1 v_1, \ldots, a_n v_n\}$

b) $y = \sum_{i=1}^{n} a_i v_i$

wobei $a_i > 0, i = 1, \ldots, n$.

Lösung:

a) Da der Output bei der Produktionsfunktion

$$y = \min\{a_1 v_1, \ldots, a_n v_n\}$$

durch den kleinsten Wert $a_i v_i$ bestimmt wird, wäre ein Faktoreinsatz v_j derart, daß $a_j v_j > a_i v_i$ gilt, ineffizient. Folglich müssen für ein Kostenminimum die Bedingungen

$$y = a_1 v_1 = a_2 v_2 = \ldots = a_n v_n$$

erfüllt sein. Als Faktornachfragefunktionen erhält man damit

$$v_i = \frac{y}{a_i} \quad \text{für alle} \quad i = 1, \ldots, n,$$

die unabhängig von den Faktorpreisen sind. Als Kostenfunktion ergibt sich

$$C(w_1, \ldots, w_n, y) = \left[\sum_{i=1}^{n} \frac{w_i}{a_i}\right] y.$$

b) Bei der Produktionsfunktion

$$y = \sum_{i=1}^{n} a_i v_i$$

ist vollständige Substitution möglich. Dies bedeutet, daß die Menge y jeweils allein mit jedem Faktor i erzeugt werden kann. Der dafür erforderliche Faktorbedarf ist $v_i = y/a_i$ und die dabei entstehenden Kosten sind

$$w_i v_i = \frac{w_i}{a_i} y \quad i = 1, \ldots, n.$$

Man überzeugt sich, daß damit die Kostenfunktion

$$C(w_1, \ldots, w_n, y) = y \min\left\{\frac{w_1}{a_1}, \ldots, \frac{w_n}{a_n}\right\}$$

lauten muß.

Die Werte w_i/a_i, $i = 1,\ldots,n$, sind die Stückkosten der Produktion bei ausschließlicher Verwendung des Faktors i, so daß Kostenminimierung die Wahl der minimalen Stückkosten bedeutet. Ist für einen einzigen Inputfaktor j der Wert w_j/a_j minimal, so ergibt sich als Faktornachfrage der Vektor $v = (v_1, \ldots, v_n)$ mit

$$v_i = \begin{cases} y/a_j & i = j \\ 0 & i \neq j \end{cases}.$$

Nimmt der Wert w_i/a_i für mehrere Faktoren das Minimum an, so ist die Faktornachfrage nicht eindeutig bestimmt, sondern es sind beliebige Linearkombinationen der Inputvektoren kostenminimal, die allein kostenminimierend sind. Sei $a = (a_1, \ldots, a_n)$, $w = (w_1, \ldots, w_n)$ und

$$\lambda(w) = \min\left\{\frac{w_1}{a_1}, \ldots, \frac{w_n}{a_n}\right\}.$$

Dann ist die Menge der Faktornachfragevektoren gegeben durch

$$h(w_1, \ldots, w_n, y) = \{v \in \mathbb{R}_+^n \mid av = y, wv = y\lambda(w)\}.$$

Alternativ dazu kann $h(\cdot)$ auch in folgender Form dargestellt werden. Sei

$$J(w) = \left\{i \,\Big|\, \frac{w_i}{a_i} = \lambda(w)\right\}$$

und $v^i = (0, \ldots, 1/a_i, \ldots, 0)$ derjenige Vektor, der an der Stelle i den Wert $1/a_i$ hat und sonst aus Nullen besteht. Dann gilt:

$$h(w_1, \ldots, w_n, y) = \left\{v \,\Big|\, v = y \sum_{j \in J(w)} \alpha_j v^j, \alpha_j \geq 0, \sum_{j \in J(w)} \alpha_j = 1\right\}.$$

Diese Form beschreibt explizit die Linearkombinationen der einzelnen kostenminimalen Inputvektoren. Die beiden Schaubilder zeigen zwei mögliche Situationen für den Fall $n = 2$.

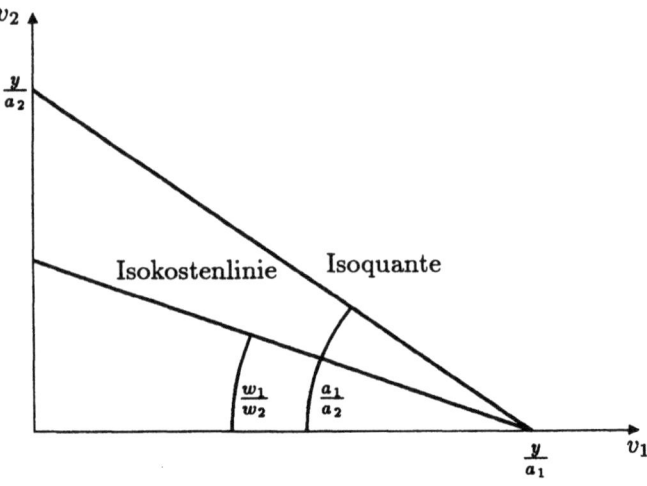

Abb. 1.13.1

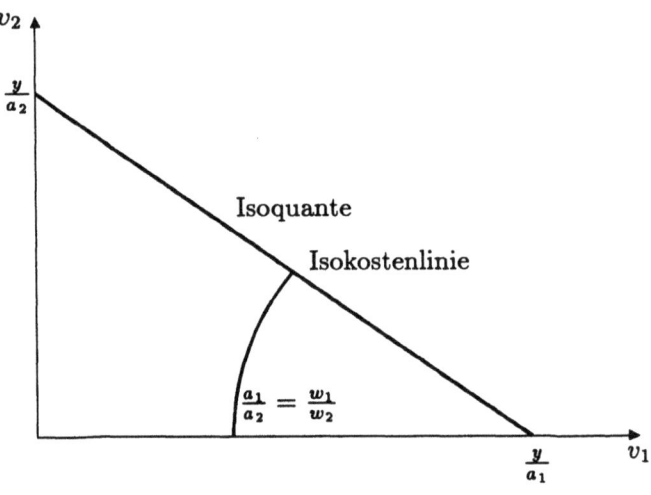

Abb. 1.13.2

Im oberen Schaubild ist der Fall $w_2/a_2 > w_1/a_1$ dargestellt. In diesem Fall wird nur der Faktor 1 nachgefragt. Im unteren Schaubild gilt $w_2/a_2 = w_1/a_1$. In diesem Fall ist jede Faktorkombination der Isoquante für y eine Minimalkostenkombination.

Aufgabe 1.14*
Kostenminimierung bei inhomogener Produktionsfunktion
(*Kostenfunktion, Faktornachfrage, Skalenerträge*)

Gegeben ist die Produktionsfunktion

$f : \mathbb{R}_+^2 \to \mathbb{R}$

$f(v_1, v_2) = a_1 v_1^{1/2} + a_2 v_2$

mit $a_1 > 0$, $a_2 > 0$.

a) Untersuchen Sie die Skaleneigenschaften von f.

b) Bestimmen Sie die Faktornachfragefunktionen und die Kostenfunktion.

c) Fertigen Sie eine möglichst maßstabsgetreue Skizze einiger Isoquanten an und tragen Sie für gegebene Faktorpreise $w_1 > 0$ und $w_2 > 0$ den Faktorexpansionspfad ein.

Lösung:

a) Sei $v = (v_1, v_2)$ ein beliebiger Inputvektor. Dann ist die Skalenelastizität an dieser Stelle definiert als

$$E(v) = \frac{\partial f(\lambda v_1, \lambda v_2)}{\partial \lambda} \frac{\lambda}{f(\lambda v_1, \lambda v_2)}$$

für $\lambda = 1$. Für die spezielle Produktionsfunktion erhält man

$$E(v) = \frac{a_1 v_1^{1/2} + 2 a_2 v_2}{2[a_1 v_1^{1/2} + a_2 v_2]}.$$

Man erkennt, daß $E(v)$ für beliebige v kleiner als eins ist, so daß die Produktionsfunktion überall abnehmende Skalenerträge aufweist.

b) Aus der Lagrangefunktion

$$\mathcal{L} = -w_1 v_1 - w_2 v_2 + \lambda[a_1 v_1^{1/2} + a_2 v_2 - x] + \alpha v_1 + \beta v_2$$

erhält man die notwendigen Bedingungen

(i) $-w_1 + 1/2\lambda a_1 v_1^{-1/2} + \alpha = 0$

(ii) $-w_2 + \lambda a_2 + \beta = 0$

(iii) $\alpha v_1 = 0$; $\beta v_2 = 0$, $\lambda[a_1 v_1^{1/2} + a_2 v_2 - x] = 0$.

Aus (i) folgt $v_1 > 0$, so daß $\alpha = 0$ und

(iv) $\lambda = \dfrac{2}{a_1} w_1 v_1^{1/2} > 0$

sein muß. Da ferner $\beta \geq 0$ ist, erhält man aus der Bedingung (ii) und (iv)

$$w_2 \geq \lambda a_2 = \frac{a_2}{a_1} 2 w_1 v_1^{1/2}$$

und damit

$$w_2 \geq \frac{a_2}{a_1^2} 2 w_1 [x - a_2 v_2]$$

bzw.

$$v_2 \geq \frac{1}{a_2} \left[x - \frac{a_1^2 w_2}{2 a_2 w_1} \right].$$

Unter Verwendung von (iii) ergibt sich dann als Nachfrage für Faktor zwei

$$v_2(w_1, w_2, x) = \frac{1}{a_2} \max\left\{ x - \frac{a_1^2 w_2}{2 a_2 w_1}, 0 \right\}.$$

Diese Nachfragefunktion zeigt, daß der Faktor zwei für geringe Outputmengen und bei gegebenem Faktorpreisverhältnis nicht nachgefragt wird, andererseits aber linear mit der Outputmenge steigt. Für den Faktor eins erhält man schließlich aus der Produktionsfunktion

$$v_1(w_1, w_2, x) = \frac{1}{a_1^2} [x - a_2 v_2(w_1, w_2, x)]^2$$

und nach Einsetzen von $v_2(\cdot)$ und Umformung als Nachfragefunktion

$$v_1(w_1, w_2, x) = \frac{1}{a_1^2} \left[\min\left\{ x, \frac{a_1^2 w_2}{2 a_2 w_1} \right\} \right]^2.$$

Im Gegensatz zur Nachfrage nach Faktor zwei ist $v_1(\cdot)$ immer positiv. Bei gegebenem Faktorpreisverhältnis steigt die Nachfrage nach Faktor eins jedoch nur bis zu einem bestimmten Niveau mit der Outputmenge. Jede weitere Erhöhung des Outputs läßt v_1 konstant, so daß der weitere Faktorbedarf allein durch den Faktor zwei gedeckt wird. Als Kostenfunktion ergibt sich damit

$$C(w_1, w_2, x)$$

$$= \frac{w_1}{a_1^2} \left[\min\left\{x, \frac{a_1^2 w_2}{2a_2 w_1}\right\}\right]^2 + \frac{w_2}{a_2}\left[\max\left\{x - \frac{a_1^2 w_2}{2a_2 w_1}, 0\right\}\right]$$

$$= \begin{cases} \dfrac{w_1}{a_1^2}\left[\dfrac{a_1^2 w_2}{2a_2 w_1}\right]^2 + \dfrac{w_2}{a_2}\left[x - \dfrac{a_1^2 w_2}{2a_2 w_1}\right] & \text{falls } x > \dfrac{a_1^2 w_2}{2a_2 w_1} \\ \dfrac{w_1}{a_1^2} x^2 & \text{falls } x \leq \dfrac{a_1^2 w_2}{2a_2 w_1} \end{cases}.$$

c) An der Produktionsfunktion erkennt man, daß jedes beliebige Outputniveau x mit jeweils nur einem der beiden Produktionsfaktoren produziert werden kann. Dies bedeutet, daß die beiden Faktoren vollständig gegeneinander substituiert werden können und somit jede zugehörige Isoquante einen gemeinsamen Punkt mit den Faktorachsen haben muß. Als Gleichung für eine beliebige Isoquante $I(\bar{x})$ erhält man

$$v_2 = \bar{x}/a_2 - (a_1/a_2)v_1^{1/2}.$$

Den Faktorexpansionspfad erhält man durch eine Betrachtung der Faktornachfragen in Abhängigkeit von x bei festem Faktorpreisverhältnis. Bis zu dem Wert $x = (a_1^2 w_2)/(2a_2 w_1)$ ist die Nachfrage nach Faktor zwei gleich Null. Für größere x nimmt v_1 den konstanten Wert $[a_1 w_2/2a_2 w_1]^2$ an und v_2 steigt linear mit x. In der Abbildung sind einige Isoquanten eingetragen und der Expansionspfad fett dargestellt.

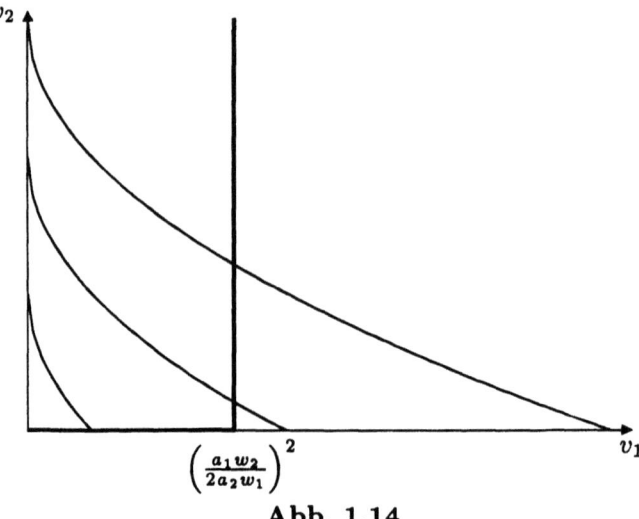

Abb. 1.14

Aufgabe 1.15

Eigenschaften der Kostenfunktion

(*Faktornachfrage, Skalenerträge, Substitutionselastizität, Lemma von Shephard*)

Gegeben ist die Kostenfunktion

$$C(y, w_1, w_2) = \frac{6y}{1+y} w_1^{3/4} w_2^{1/4}.$$

a) Welche Mengen der beiden Faktoren werden eingesetzt, um bei Faktorpreisen $w_1 = w_2 = 16$ den Output $y = 2$ zu produzieren?

b) Untersuchen Sie, ob die Produktionsfunktion, die dieser Kostenfunktion zugrundeliegt, zunehmende, konstante oder abnehmende Skalenerträge aufweist, und bestimmen Sie die Höhe der Skalenelastizität an der Stelle $y = 2$.

c) Bestimmen Sie die Substitutionselastizität der zugrundeliegenden Produktionsfunktion.

Lösung:

a) Die Faktornachfragefunktionen erhält man aus einer differenzierbaren Kostenfunktion als deren partielle Ableitungen nach dem jeweiligen Faktorpreis (Lemma von Shephard). Dies ergibt

$$v_1(y, w_1, w_2) = \frac{\partial C(y, w_1, w_2)}{\partial w_1} = \frac{3}{4}\frac{6y}{1+y}w_1^{-1/4}w_2^{1/4}$$

$$v_2(y, w_1, w_2) = \frac{\partial C(y, w_1, w_2)}{\partial w_2} = \frac{1}{4}\frac{6y}{1+y}w_1^{3/4}w_2^{-3/4}.$$

Für $w_1 = w_2 = 16$ und $y = 2$ gilt somit

$$v_1(2, 16, 16) = \frac{3}{4}\frac{12}{3} = 3 \quad \text{und} \quad v_2(2, 16, 16) = \frac{1}{4}\frac{12}{3} = 1.$$

b) Die Skalenelastizität $E(y)$ der zugrundeliegenden Produktionsfunktion erhält man als Quotienten aus Stückkosten und Grenzkosten. Somit gilt

$$E(y) = \frac{\dfrac{C(y, w_1, w_2)}{y}}{\dfrac{\partial C(y, w_1, w_2)}{\partial y}} = \frac{\dfrac{6}{1+y}w_1^{3/4}w_2^{1/4}}{\dfrac{6}{(1+y)^2}w_1^{3/4}w_2^{1/4}} = 1 + y.$$

Man erkennt, daß $E(0) = 1$ und $E(y) > 1$ für alle $y > 0$ ist. Die Produktionsfunktion weist somit im gesamten Bereich zunehmende Skalenerträge auf. Für $y = 2$ erhält man $E(2) = 3$.

c) Die Substitutionselastizität kann bei Kostenminimierung als prozentuale Veränderung des Faktornachfrageverhältnisses

$$\frac{v_1(y, w_1, w_2)}{v_2(y, w_1, w_2)}$$

bezüglich des Faktorpreisverhältnisses w_1/w_2 ermittelt werden. Als Verhältnis der Faktornachfragen folgt aus a)

$$\frac{v_1(y, w_1, w_2)}{v_2(y, w_1, w_2)} = 3\left[\frac{w_1}{w_2}\right]^{-1},$$

und als Substitutionselastizität σ findet man

$$\sigma = \frac{\partial\left[\dfrac{v_1(y, w_1, w_2)}{v_2(y, w_1, w_2)}\right]}{\partial\left[\dfrac{w_1}{w_2}\right]}\frac{\left[\dfrac{w_1}{w_2}\right]}{\left[\dfrac{v_1}{v_2}\right]} = -3\frac{1}{\left[\dfrac{w_1}{w_2}\right]^2}\frac{\left[\dfrac{w_1}{w_2}\right]}{3\left[\dfrac{w_1}{w_2}\right]^{-1}} = -1.$$

Aufgabe 1.16
Eigenschaften der kubischen Kostenfunktion
(*Fixkosten, Grenzkosten, Stückkosten*)

Gegeben ist die Kostenfunktion

$$C(x) = a + bx - cx^2 + dx^3,$$

wobei a, b, c und d positive Konstanten sind und $c^2 < 3bd$ gilt.

a) Untersuchen Sie den Verlauf der Kostenfunktion und der Grenzkostenfunktion.

b) Bei welchen Outputmengen werden das Minimum der totalen und das der variablen Stückkosten angenommen und wie hoch sind ihre Werte, wenn $a = 50$, $b = 30$, $c = 8$ und $d = 1$ gilt? Fertigen sie eine möglichst maßstabsgetreue Skizze an, in die Sie den Verlauf der beiden Stückkostenfunktionen und der Grenzkostenfunktion einzeichnen.

Lösung:

a) Die Kostenfunktion weist positive Fixkosten in der Höhe $C(0) = a$ auf. Für $x \to \infty$ wachsen die Gesamtkosten über alle Grenzen. Ferner ist die Kostenfunktion streng monoton steigend. Um dies zu zeigen, betrachte man die Grenzkostenfunktion

$$C'(x) = b - 2cx + 3dx^2$$

und ihre weiteren Ableitungen

$$C''(x) = -2c + 6dx$$
$$C'''(x) = 6d.$$

Daraus folgt, daß $C'(x)$ an der Stelle $x_0 = c/3d$ ein globales Minimum annimmt. Aufgrund der Annahme $c^2 < 3bd$ gilt für den Wert $C'(x_0)$ jedoch

$$C'(x_0) = b - \frac{2c^2}{3d} + \frac{c^2}{3d}$$
$$= b - \frac{c^2}{3d} > 0.$$

Somit ist $C'(x) > 0$ für alle $x \geq 0$, und $C(x)$ ist streng monoton steigend. $C(x)$ hat einen S–förmigen Verlauf und besitzt an der Stelle x_0 einen Wendepunkt.

b) Die totalen Stückkosten sind

$$AC(x) = ax^{-1} + b - cx + dx^2 = 0.$$

Ihr Minimum erhält man aus der Bedingung

$$AC'(x) = -ax^{-2} - c + 2dx = 0.$$

Dies wird bei den numerischen Werten an der Stelle $x_1 = 5$ angenommen und ergibt

$$AC(x_1) = 25.$$

Die variablen Stückkosten sind

$$AVC(x) = b - cx + dx^2.$$

Ihr Minimum erhält man aus der Bedingung

$$AVC'(x) = -c + 2dx = 0.$$

Dies wird bei den numerischen Werten an der Stelle $x_2 = 4$ angenommen und ergibt

$$AVC(x_2) = 14.$$

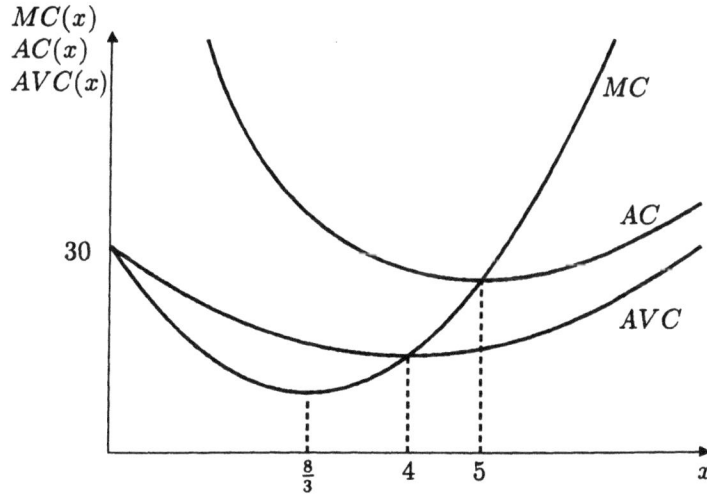

Abb. 1.16

Aufgabe 1.17
Eigenschaften einer exponentiellen Kostenfunktion
(*Grenzkosten, Stückkosten*)

Gegeben ist die Kostenfunktion

$$C(x) = 1 - e^{-x} + \frac{x^2}{2e}.$$

a) Untersuchen Sie den Verlauf der Kostenfunktion sowie den der Grenzkosten– und der Stückkostenfunktion.

b) Skizzieren Sie den Verlauf der Grenzkosten– und der Stückkostenfunktion in einem gemeinsamen Diagramm.

Lösung:

a) Da $C(0) = 0$ ist, liegen keine positiven Fixkosten vor. Die Grenzkosten

$$MC(x) = C'(x) = e^{-x} + x/e$$

sind für alle $x \geq 0$ positiv, so daß $C(x)$ monoton steigend ist. Für $x \to \infty$ steigen die Kosten über alle Grenzen, $C(x)$ nähert sich jedoch für $x \to \infty$ der Funktion $g(x) = 1 + x^2/2e$ von unten an.
Aus

$$C''(x) = -e^{-x} + 1/e$$

und

$$C'''(x) = e^{-x}$$

erkennt man, daß die Grenzkostenfunktion an der Stelle $x_0 = 1$ ein globales Minimum besitzt. Dies bedeutet, daß $C(x)$ einen S–förmigen Verlauf mit einem Wendepunkt bei $x_0 = 1$ hat.
Die Stückkosten sind

$$AC(x) = \frac{(1 - e^{-x})}{x} + \frac{x}{2e}.$$

Durch Anwendung der Regel von de l'Hôpital zeigt man, daß

$$\begin{aligned} AC(0) &= \lim_{x \to 0} \frac{(1 - e^{-x})}{x} + \frac{x}{2e} \\ &= \lim_{x \to 0} e^{-x} \\ &= 1 = MC(0) \end{aligned}$$

ist. Grenzkosten und Stückkosten stimmen an der Stelle $x = 0$ überein.

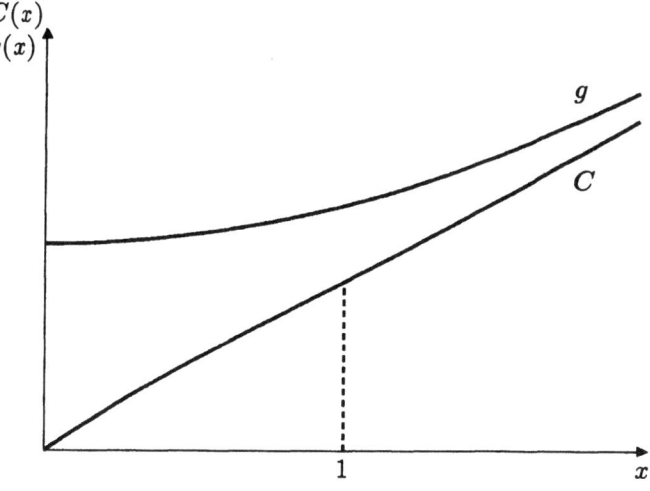

Abb. 1.17.1

Als Ableitungen der Stückkostenfunktion erhält man

$$AC'(x) = \frac{x + 1 - e^x}{e^x x^2} + \frac{1}{2e}$$

und

$$AC''(x) = \frac{2e^x - [x^2 + 2x + 2]}{e^x x^3}.$$

Da $AC'(x)$ für kleine Werte von x negativ ist (z.B. $x_0 = 1$), aber für $x \to \infty$ gegen den Wert $1/2e$ konvergiert, existiert ein $x_1 > 0$, so daß $AC'(x_1) = 0$ ist. Um zu beweisen, daß an der Stelle x_1 ein globales Minimum der Stückkosten vorliegt, ist es hinreichend zu zeigen, daß der Zähler von $AC''(x)$ für alle $x > 0$ positiv ist.
Sei

$$f(x) = 2e^x - [x^2 + 2x + 2].$$

Man erkennt, daß $f(0) = 0$ und daß

$$f'(x) = 2[e^x - (x + 1)] > 0$$

gilt für alle $x > 0$. Somit ist sowohl $f(x) > 0$ als auch $AC''(x) > 0$ für alle $x > 0$. Daraus folgt, daß die Stückkosten an der Stelle x_1 ein globales Minimum annehmen. Dabei muß $x_1 > x_0 = 1$ gelten.

b)

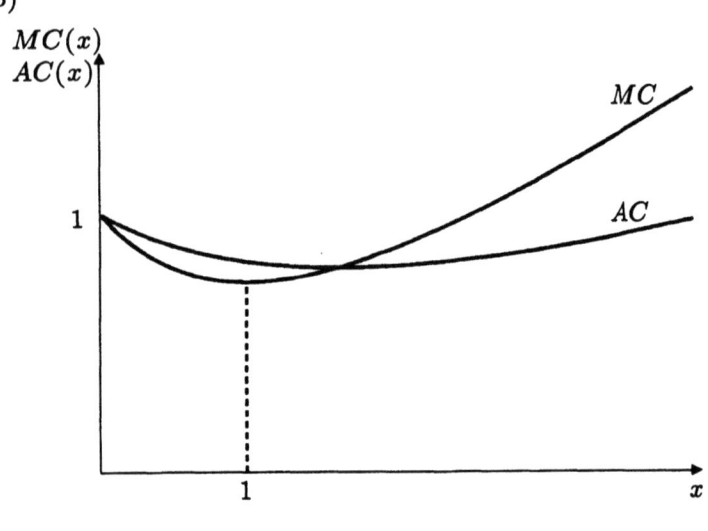

Abb. 1.17.2

Aufgabe 1.18
Kostenminimierung bei impliziter Produktionsfunktion
(*Grenzkosten, Stückkosten, Skalenerträge*)

Durch

(i) $F(v, y) = v(1 + y) - ay = 0$

(ii) $H(v, y) = v(1 + y) - ay^2 = 0$,

sind implizit zwei Produktionsfunktionen gegeben, wobei $v \geq 0$ die Inputmengen, $y \geq 0$ die Outputmengen und $a > 0$ eine positive Konstante bezeichnen.

a) Vergleichen Sie die zugehörigen Kosten-, Grenzkosten- sowie Stückkostenfunktionen.

b) Vergleichen Sie die Skalenerträge der beiden Funktionen. Welchen Einfluß hat die Konstante a auf das Ergebnis?

Lösung:

a) Sei $w > 0$ der Preis des Inputfaktors. Dann erhält man durch Umformung die beiden Kostenfunktionen

(i) $\quad C_F(w,y) = \dfrac{way}{1+y}$

(ii) $\quad C_H(w,y) = \dfrac{way^2}{1+y}$

mit $C_F(w,0) = C_H(w,0) = 0$. Sei im weiteren zur Vereinfachung $w = 1$. Als Grenzkostenfunktionen und ihre Ableitungen erhält man

$$MC_F(y) = \dfrac{a}{(1+y)^2} > 0$$

$$MC_F'(y) = -\dfrac{2a}{(1+y)^3} < 0$$

bzw.

$$MC_H(y) = \dfrac{ay(y+2)}{(1+y)^2} > 0 \quad \text{für} \quad y > 0$$

$$MC_H'(y) = \dfrac{2a}{(1+y)^3} > 0.$$

Somit ist C_F streng monoton wachsend und streng konkav, während C_H streng monoton wachsend aber streng konvex ist. Ferner gilt $C_F(1) = C_H(1)$ und

$$\lim_{y \to \infty} C_F(y) = a,$$

während $C_H(y)$ für $y \to \infty$ über alle Grenzen wächst.
Für die beiden Stückkostenfunktionen und ihre Ableitungen erhält man

$$AC_F(y) = \dfrac{a}{1+y}$$

$$AC_F'(y) = -\dfrac{a}{(1+y)^2} < 0$$

bzw.

$$AC_H(y) = \frac{ay}{1+y}$$

$$AC'_H(y) = \frac{a}{(1+y)^2} > 0.$$

Somit besitzt C_F überall fallende Stückkosten, während die von C_H überall steigen.

b) Die Skalenelastizität ist gleich dem Verhältnis von Stück- und Grenzkosten. Dies ergibt

$$E_F(y) = 1+y \geq 1$$

$$E_H(y) = \frac{1+y}{2+y} < 1.$$

Dies zeigt, daß bei Fixkosten von Null eine streng konkave (konvexe) Kostenfunktion genau dann vorliegt, wenn die zugehörige Produktionsfunktion zunehmende (abnehmende) Skalenerträge aufweist. Der Parameter a hat dabei keinen Einfluß auf das Ergebnis.

Aufgabe 1.19
kurzfristige versus langfristige Kostenminimierung
(*kurzfristige und langfristige Kosten, kurzfristige und langfristige Stückkosten*)

Ein kostenminimierendes Unternehmen hat die Produktionsfunktion

$$y = f(v_1, v_2, v_3) = v_1^\alpha v_2^\beta v_3^\gamma,$$

wobei $\alpha > 0$, $\beta > 0$ und $\gamma > 0$ gilt. Die Faktorpreise q_1, q_2, q_3 der nicht-negativen Einsatzmengen v_1, v_2, v_3 sind positiv.

a) Kurzfristig wird die Menge des Inputfaktors eins auf $\bar{v}_1$ festgelegt. Bestimmen Sie die kurzfristige Kostenfunktion.
b) Bei welchem Produktionsniveau stimmen langfristige und kurzfristige Kosten überein, falls $\bar{v}_1 = 1$ ist?
c) Stellen Sie in einem Diagramm die langfristige und die kurzfristige Kostenfunktion dar, falls $\bar{v}_1 = 1$ und $\beta + \gamma = 1$ ist.

d) Bestimmen Sie den Verlauf der langfristigen und der kurzfristigen Stückkostenfunktion, und stellen Sie sie für den Fall $\alpha + \beta + \gamma > 1 > \beta + \gamma$ in einem Diagramm dar.

Lösung:

a) Das Minimierungsproblem zur Bestimmung der kurzfristigen Kostenfunktion lautet:

$$\min_{v_2, v_3} q_1 \bar{v}_1 + q_2 v_2 + q_3 v_3$$

unter der Nebenbedingung

$$\bar{v}_1^\alpha v_2^\beta v_3^\gamma - y \geq 0.$$

Da nur effiziente Produktionspläne kostenminimierend sind, ist die Nebenbedingung bindend, so daß man als notwendige Bedingungen für ein kurzfristiges Kostenminimum

$$q_2 v_2 = \lambda \beta y$$
$$q_3 v_3 = \lambda \gamma y$$
$$y = \bar{v}_1^\alpha v_2^\beta v_3^\gamma$$

erhält. Dabei ist λ die zugehörige Lagrangevariable (vgl. Aufgabe 1.11). Durch Elimination von λ erhält man als kurzfristige Faktornachfragefunktionen

$$v_2(y, q_2, q_3, \bar{v}_1) = \frac{\beta}{q_2} \left(\frac{y}{\bar{v}_1^\alpha} \left[\frac{q_2}{\beta} \right]^\beta \left[\frac{q_3}{\gamma} \right]^\gamma \right)^{\frac{1}{\beta+\gamma}}$$

$$v_3(y, q_2, q_3, \bar{v}_1) = \frac{\gamma}{q_3} \left(\frac{y}{\bar{v}_1^\alpha} \left[\frac{q_2}{\beta} \right]^\beta \left[\frac{q_3}{\gamma} \right]^\gamma \right)^{\frac{1}{\beta+\gamma}}$$

und als kurzfristige Kostenfunktion

$$SC(y, q_1, q_2, q_3, \bar{v}_1) = q_1 \bar{v}_1 + (\beta + \gamma) \left(\frac{y}{\bar{v}_1^\alpha} \left[\frac{q_2}{\beta} \right]^\beta \left[\frac{q_3}{\gamma} \right]^\gamma \right)^{\frac{1}{\beta+\gamma}}.$$

b) Die langfristige Kostenfunktion hat die Form (vgl. Aufgabe 1.11)

$$LC(y, q_1, q_2, q_3) = (\alpha + \beta + \gamma) \left(y \left[\frac{q_1}{\alpha} \right]^\alpha \left[\frac{q_2}{\beta} \right]^\beta \left[\frac{q_3}{\gamma} \right]^\gamma \right)^{\frac{1}{\alpha+\beta+\gamma}}.$$

Langfristige und kurzfristige Kosten beim Niveau $\bar{v}_1 = 1$ stimmen genau dann überein, wenn die langfristige Nachfrage nach dem Faktor eins gerade gleich eins ist. Nach dem Lemma von Shephard ist

$$\begin{aligned} v_1(y, q_1, q_2, q_3) &= \frac{\partial LC}{\partial q_1}(y, q_1, q_2, q_3) \\ &= \frac{\alpha}{q_1} \left(y \left[\frac{q_1}{\alpha}\right]^\alpha \left[\frac{q_2}{\beta}\right]^\beta \left[\frac{q_3}{\gamma}\right]^\gamma \right)^{\frac{1}{\alpha+\beta+\gamma}}. \end{aligned}$$

Dies ergibt für die Gleichheit

$$LC(y^*, q_1, q_2, q_3) = SC(y^*, q_1, q_2, q_3, 1)$$

den Wert

$$y^* = \left[\frac{q_1}{\alpha}\right]^{\beta+\gamma} \left[\frac{\beta}{q_2}\right]^\beta \left[\frac{\gamma}{q_3}\right]^\gamma.$$

c) Für $\bar{v}_1 = 1$ und $\beta + \gamma = 1$ ist die kurzfristige Kostenfunktion linear in y mit positivem Achsenabschnitt q_1, während die langfristige Kostenfunktion streng konkav in y ist. Dies ergibt die Darstellung im folgenden Diagramm.

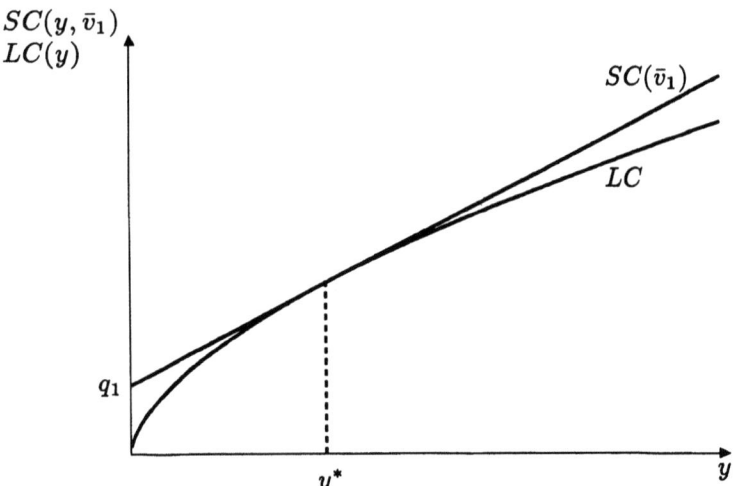

Abb. 1.19.1

d) Aus a) und b) erhält man als kurzfristige bzw. langfristige Stückkostenfunktionen

$SAC(y, q_1, q_2, q_3, \bar{v}_1)$

$= \dfrac{q_1 \bar{v}_1}{y} + (\beta + \gamma) y^{\frac{1-(\beta+\gamma)}{\beta+\gamma}} \left(\bar{v}_1^{-\alpha} \left[\dfrac{q_2}{\beta}\right]^\beta \left[\dfrac{q_3}{\gamma}\right]^\gamma \right)^{\frac{1}{\beta+\gamma}}$

bzw.

$LAC(y, q_1, q_2, q_3)$

$= (\alpha + \beta + \gamma) y^{\frac{1-(\alpha+\beta+\gamma)}{\alpha+\beta+\gamma}} \left(\left[\dfrac{q_1}{\alpha}\right]^\alpha \left[\dfrac{q_2}{\beta}\right]^\beta \left[\dfrac{q_3}{\gamma}\right]^\gamma \right)^{\frac{1}{\alpha+\beta+\gamma}}$.

Da $\alpha + \beta + \gamma > 1 > \beta + \gamma$ gilt, erkennt man, daß die langfristige Stückkostenfunktion fallend in y ist, während die kurzfristige einen U–förmigen Verlauf hat. Für die Werte $\bar{v}_1 = q_2 = q_3 = 1$, $q_1 = 2$, $\alpha = 1/2$ und $\beta = \gamma = 1/3$ ergibt sich das nachfolgende Diagramm.

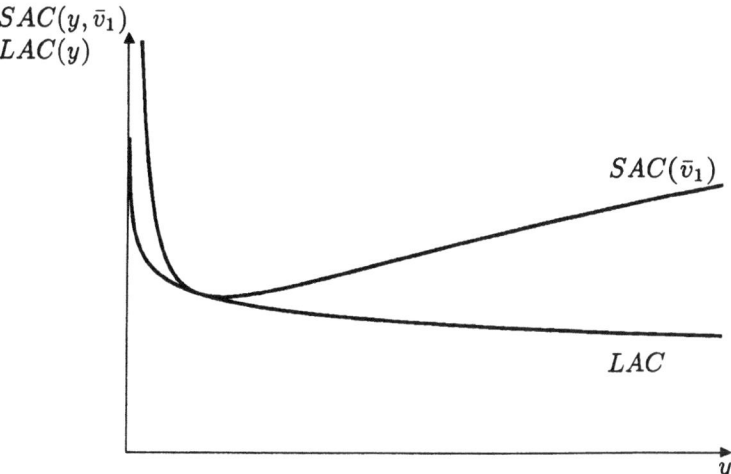

Abb. 1.19.2

Aufgabe 1.20
Gewinnmaximierung bei Cobb–Douglas Produktionsfunktion
(Gewinnfunktion, Angebotsfunktion, Faktornachfrage, Lemma von Hotelling)

Gegeben ist eine Cobb–Douglas Produktionsfunktion in der Form

$$y = A v_1^{\alpha\mu} v_2^{(1-\alpha)\mu},$$

wobei $0 < \alpha < 1$, $A > 0$ und $0 < \mu < 1$ gelten. $p > 0$ ist der Outputpreis, und $q_1 > 0$ bzw. $q_2 > 0$ sind die beiden Faktorpreise.

a) Bestimmen Sie die Gewinnfunktion, die Angebotsfunktion, sowie die Faktornachfragefunktionen.

b) Wie ändern sich Ihre Aussagen unter a), falls $\mu = 1$ bzw. $\mu > 1$ ist?

Lösung:

a) Da die gewählte Produktionsfunktion homogen vom Grade μ ist, lautet die zugehörige Kostenfunktion

$$C(y, q_1, q_2) = K y^{1/\mu}.$$

Dabei sind K die minimalen Kosten, um $y = 1$ zu produzieren. Da ferner die Produktionsfunktion vom Typ Cobb–Douglas ist, gilt (vgl. Aufgabe 1.11)

$$K = A^{-1/\mu} q_1^\alpha q_2^{1-\alpha} \alpha^{-\alpha} (1-\alpha)^{\alpha-1}.$$

Der Gewinn ist damit

$$Q = py - K y^{1/\mu}.$$

Da μ zwischen Null und eins liegt, ist Q eine streng konkave Funktion in y, so daß die Bedingung Preis gleich Grenzkosten

$$p = \frac{1}{\mu} K y^{1/\mu - 1}$$

notwendig und hinreichend für ein Gewinnmaximum ist. Aus dieser Bedingung erhält man sofort die Angebotsfunktion

$$Y(p, q_1, q_2) = \left[\frac{\mu p}{K}\right]^{\frac{\mu}{1-\mu}}.$$

Setzt man diese in die Gewinngleichung ein, so erhält man die Gewinnfunktion

$$\begin{aligned}\Pi(p, q_1, q_2) &= p \left[\frac{\mu p}{K}\right]^{\frac{\mu}{1-\mu}} - K \left[\frac{\mu p}{K}\right]^{\frac{1}{1-\mu}} \\ &= K^{\frac{\mu}{\mu-1}} p^{\frac{1}{1-\mu}} \left[\mu^{\frac{\mu}{1-\mu}} - \mu^{\frac{1}{1-\mu}}\right] \\ &= (1-\mu)\mu^{\frac{\mu}{1-\mu}} K^{\frac{\mu}{\mu-1}} p^{\frac{1}{1-\mu}}.\end{aligned}$$

Die Faktornachfragefunktionen ergeben sich nach dem Lemma von Hotelling als

$$\begin{aligned}v_i(p, q_1, q_2) &= -\frac{\partial \Pi}{\partial q_i}(p, q_1, q_2) \quad i = 1, 2 \\ &= \mu^{\frac{1}{1-\mu}} K^{\frac{1}{\mu-1}} \frac{\partial K}{\partial q_i} p^{\frac{1}{1-\mu}}\end{aligned}$$

und damit

$$v_1(p, q_1, q_2) = \frac{\alpha}{q_1} \mu^{\frac{1}{1-\mu}} K^{\frac{\mu}{\mu-1}} p^{\frac{1}{1-\mu}}$$

und

$$v_2(p, q_1, q_2) = \frac{1-\alpha}{q_2} \mu^{\frac{1}{1-\mu}} K^{\frac{\mu}{\mu-1}} p^{\frac{1}{1-\mu}}.$$

b) Für $\mu = 1$ ist die Kostenfunktion linear. Da keine Fixkosten vorliegen, sind Grenz- und Stückkosten gleich K. Die Gewinngleichung ist damit von der Form

$$Q = (p - K)y.$$

Ist $p < K$, d.h. ist der Preis kleiner als die Stückkosten, so ist das optimale Outputniveau $y^* = 0$. Für $p = K$ ist jedes Outputniveau optimal mit einem Gewinn von Null. Ist $p > K$, so existiert kein endliches gewinnmaximales Outputniveau.

$\mu > 1$ ist der Fall zunehmender Skalenerträge mit streng konkaver Kostenfunktion. Dann ist jedoch der Gewinn

$$Q = py - Ky^{1/\mu}$$

eine streng konvexe Funktion, die ab einem bestimmten positiven Outputniveau monoton steigend ist. Somit existiert kein endliches gewinnmaximales Outputniveau.

Aufgabe 1.21
Angebotsverhalten bei gegebener Kostenfunktion
(*Grenzkosten, Stückkosten, Fixkosten, kurzfristige und langfristige Angebotsfunktion*)

Ein gewinnmaximierendes Unternehmen produziert Outputmengen $x \geq 0$ mit der Kostenfunktion

$$C(x) = ax^b + f,$$

wobei $a > 0$, $b \geq 1$ und $f > 0$ gilt.

a) Untersuchen Sie den Einfluß des Parameters b auf den Verlauf der Gesamt-, Grenz- und Stückkosten. Fertigen Sie zwei vergleichende Diagramme für die Werte $f = 16$, $a = 1$ sowie $b = 2$ und $b = 3$ an.

b) Bestimmen Sie die kurzfristige und die langfristige Angebotsfunktion des Unternehmens, wenn der Verkaufspreis p beträgt.

Lösung:

a) Für $b = 1$ ist die Kostenfunktion linear, für $b > 1$ ist sie streng konvex. Dies impliziert, daß die Grenzkosten für $b = 1$ konstant gleich a sind, während sie für $b > 1$ monoton steigend verlaufen. Als Stückkostenfunktion erhält man

$$AC(x) = ax^{b-1} + f/x.$$

Für $b = 1$ ist diese monoton fallend, für $b > 1$ hingegen hat sie einen U-förmigen Verlauf. Für die speziellen Werte $b = 2$ bzw. $b = 3$ ergeben sich die Darstellungen in den folgenden beiden Diagrammen.

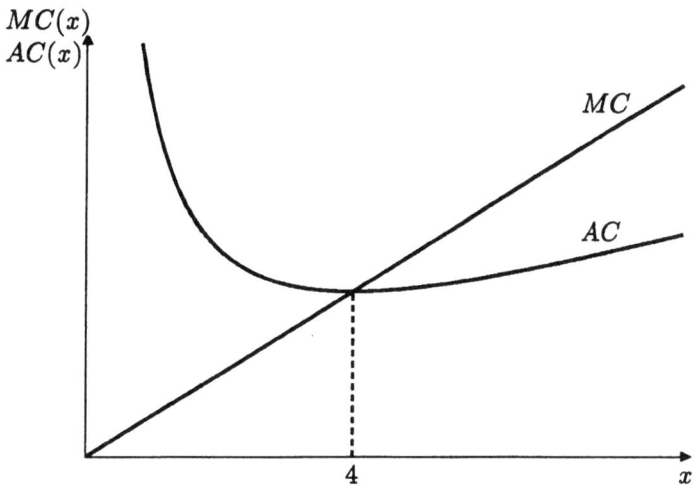

Abb. 1.21.1

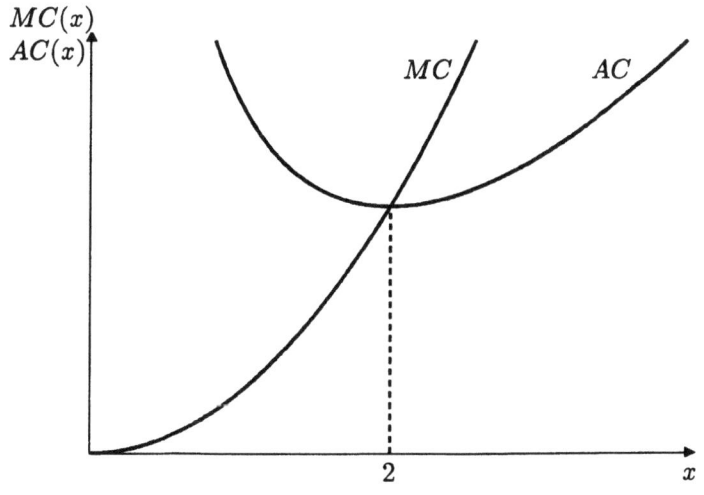

Abb. 1.21.2

b) Der Gewinn in Abhängigkeit von der Ausbringungsmenge x ist

$$Q(x) = px - ax^b - f.$$

Ist $b = 1$, so sind die Grenzkosten konstant und gleich a. Falls $p = a$ ist, so ist jede beliebige Menge eine optimale kurzfristige Angebotsentscheidung. Für $p < a$ ist das kurzfristige Angebot Null, und für $p > a$ existiert kein gewinnmaximales Angebot. Langfristig ist das Angebot Null, falls $p \leq a$, während für $p > a$ kein gewinnmaximales Angebot existiert. Ist $b > 1$, dann ist $Q(x)$ streng konkav, und die notwendige Bedingung für ein Gewinnmaximum lautet

$$p = abx^{b-1}$$

bzw.

$$x = \left[\frac{p}{ab}\right]^{1/(b-1)}.$$

Kurzfristig ist dies die Angebotsmenge, solange der Preis größer als das Minimum der variablen Stückkosten ist. Da dies im vorliegenden Fall Null ist, lautet die kurzfristige Angebotsfunktion

$$S^k(p) = \left[\frac{p}{ab}\right]^{1/(b-1)}.$$

Langfristig wird eine positive Menge nur dann angeboten, wenn der Preis größer als das Minimum der totalen Stückkosten ist. Diese sind im vorliegenden Fall

$$\min AC(x) = ab \left[\frac{f}{a(b-1)}\right]^{(b-1)/b}.$$

Damit lautet die langfristige Angebotsfunktion

$$S^L(p) = \begin{cases} \left[\dfrac{p}{ab}\right]^{1/(b-1)} & \text{falls } p \geq ab \left[\dfrac{f}{a(b-1)}\right]^{(b-1)/b} \\ 0 & \text{sonst}. \end{cases}$$

Aufgabe 1.22
Angebotsverhalten bei exponentieller Kostenfunktion
(*Grenzkosten, Stückkosten, Fixkosten, kurzfristige und langfristige Angebotsfunktion*)

Ein gewinnmaximierendes Unternehmen produziert Outputmengen $x \geq 0$ mit der Kostenfunktion

$$C(x) = ae^{bx},$$

wobei a und b positive Konstanten sind.

a) Analysieren Sie die Eigenschaften der Kostenfunktion und fertigen Sie eine Skizze der Grenz– und der Stückkostenfunktion an.

b) Bestimmen Sie die kurzfristige und die langfristige Angebotsfunktion des Unternehmens, wenn der Verkaufspreis p beträgt.

Lösung:

a) Die Kostenfunktion weist Fixkosten in Höhe von $C(0) = a$ auf, sie ist streng monoton steigend und streng konvex. Die Grenzkostenfunktion

$$MC(x) = C'(x) = abe^{bx}$$

ist ebenfalls streng monoton steigend und streng konvex.
Die Stückkostenfunktion lautet

$$AC(x) = \frac{ae^{bx}}{x}.$$

Aus ihrer ersten und zweiten Ableitung

$$AC'(x) = \frac{ae^{bx}(bx-1)}{x^2}$$

bzw.

$$AC''(x) = \frac{ae^{bx}[(bx-1)^2 + 1]}{x^3}$$

erkennt man, daß sie an der Stelle $x = 1/b$ ein globales Minimum mit dem Wert $AC(1/b) = abe$ annimmt. Dies ergibt das nachfolgende Diagramm.

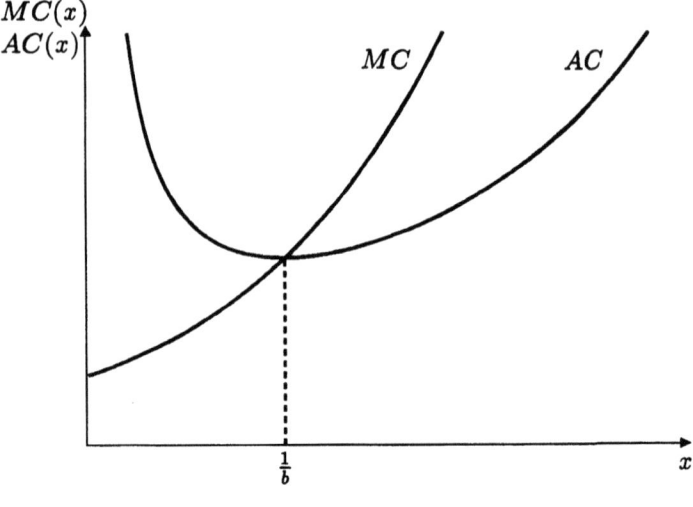

Abb. 1.22

b) Aus der Analyse unter a) folgt, daß der Gewinn

$$Q(x) = px - ae^{bx}$$

für gegebenen Güterpreis p eine streng konkave Funktion ist. Somit ist jede gewinnmaximale innere Lösung mit $x > 0$ bestimmt durch die Bedingung

$$p = C'(x) = abe^{bx},$$

d.h.

$$x = \frac{1}{b}[\ln p - \ln ab].$$

Dies impliziert $p \geq ab$.
Im kurzfristigen Gewinnmaximum wird nur dann eine positive Menge angeboten, wenn der Preis größer oder gleich dem Minimum der variablen Stückkosten $AVC(x)$ ist. Man erhält

$$AVC(x) = \frac{ae^{bx} - a}{x}.$$

Da die Grenzkostenfunktion im gesamten Bereich monoton steigend ist, muß folglich auch AVC monoton steigend sein und stets gelten

$AVC(x) < C'(x)$ für $x > 0$. Andererseits gilt aber $AVC(0) = C'(0) = ab$. Somit ist ab das Minimum der variablen Stückkosten, so daß die kurzfristige Angebotsfunktion die Form

$$S^k(p) = \begin{cases} \dfrac{1}{b}[\ln p - \ln ab] & \text{für} \quad p \geq ab \\ 0 & \text{für} \quad p < ab \end{cases}$$

hat. Man beachte, daß in diesem Fall die Angebotsfunktion stetig ist. Für ein langfristiges Gewinnmaximum muß bei positivem Angebot der Preis größer als das Minimum der gesamten Stückkosten sein. Mit Hilfe der Resultate aus a) erhält man

$$S^L(p) = \begin{cases} \dfrac{1}{b}[\ln p - \ln ab] & \text{für} \quad p \geq abe \\ 0 & \text{für} \quad p < abe \,. \end{cases}$$

Diese Funktion ist jedoch an der Stelle $p = abe$ nicht stetig.

Aufgabe 1.23

Gewinnmaximierung bei zusätzlichen Nebenbedingungen

(*Grenzkosten, Stückkosten, Fixkosten, Zwischenwertsatz*)

Ein Mengenanpasser produziert und verkauft lediglich ein Gut x zum Preis von $p = 60$ Geldeinheiten. Von dem Unternehmen ist außer dem Betrag der Fixkosten (FK) noch die Funktion der variablen Stückkosten (DVK) bekannt.

$FK \;=\; 50$

$DVK \;=\; x^2 - 12x + 60\,.$

a) Ermitteln Sie die Grenzkostenfunktion des Unternehmens.

b) Zeichnen Sie die Kostenfunktion, Grenzkostenfunktion und die Funktion der Stückkosten.

c) Bestimmen Sie den gewinnmaximalen Output des Unternehmens und den zugehörigen Gewinn

   c1) unter der Restriktion, daß aus produktionstechnischen Gründen mindestens 2, jedoch höchstens 6 Einheiten des Gutes x hergestellt werden können;

   c2) unter der Nebenbedingung $0 \leq x \leq 10$.

d) Die Fixkosten der Unternehmung steigen in der Folgeperiode um 70 Geldeinheiten. Welche Auswirkungen hat dieser Tatbestand auf den gewinnmaximalen Output?

Lösung:

a) Als Kostenfunktion ermittelt man

$$C(x) = x^3 - 12x^2 + 60x + 50.$$

Die Grenzkostenfunktion hat damit die Form

$$MC(x) = C'(x) = 3x^2 - 24x + 60.$$

b) Die Stückkostenfunktion kann aus der unter a) ermittelten Kostenfunktion bestimmt werden:

$$AC(x) = \frac{C(x)}{x} = x^2 - 12x + 60 + \frac{50}{x}.$$

Um die Kostenfunktion, die Grenzkostenfunktion und die Durchschnittskostenfunktion in ein Schaubild einzeichnen zu können, ist eine kurze Kurvendiskussion nötig.

(i) Aus der Grenzkostenfunktion ist ersichtlich, daß die Kostenfunktion streng monoton steigend verläuft.

(ii) Die zweite Ableitung der Kostenfunktion $C''(x) = 6x - 24$ zeigt, daß die Grenzkostenfunktion an der Stelle $x = 4$ ein Minimum besitzt und damit die Kostenfunktion einen Wendepunkt. Da $C''(x) < 0$ für $x < 4$ gilt, ist die Kostenfunktion für $x < 4$ konkav; analog folgt aus $C''(x) > 0$ für $x > 4$, daß die Kostenfunktion für $x > 4$ konvex ist.

(iii) Die Stückkostenfunktion erfüllt

$$\lim_{x \to 0} AC(x) = \infty \quad \text{und} \quad \lim_{x \to \infty} AC(x) = \infty.$$

Ferner ermittelt man, daß die Grenzkostenfunktion die Stückkostenfunktion an der Stelle schneidet, an der $x^2 - 6x - 25/x = 0$ gilt. Sei $f(x) = x^2 - 6x - 25/x$. Die Funktion $f(x)$ ist offensichtlich für $x > 0$ stetig. Da

$$f(6) = -25/6 < 0 < 24/7 = f(7),$$

folgt aus dem Zwischenwertsatz, daß die Funktion $f(x)$ im Intervall $(6, 7)$ eine Nullstelle besitzt. Dies bedeutet, daß der Schnittpunkt von Grenz– und Stückkostenfunktion zwischen $x = 6$ und $x = 7$ liegen muß (siehe Abb. 1.23.1 und Abb. 1.23.2).

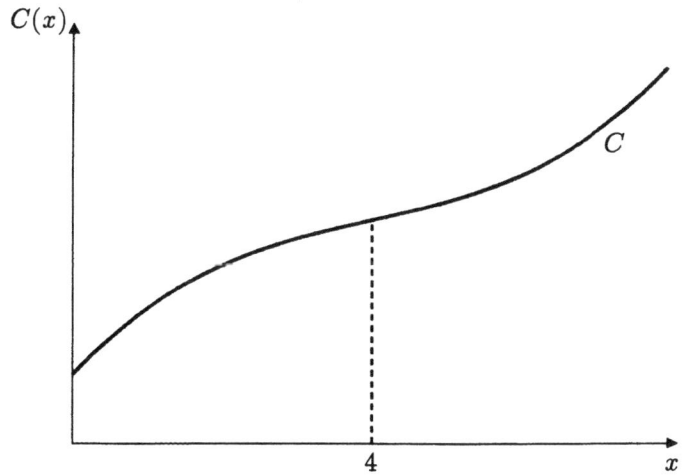

Abb. 1.23.1

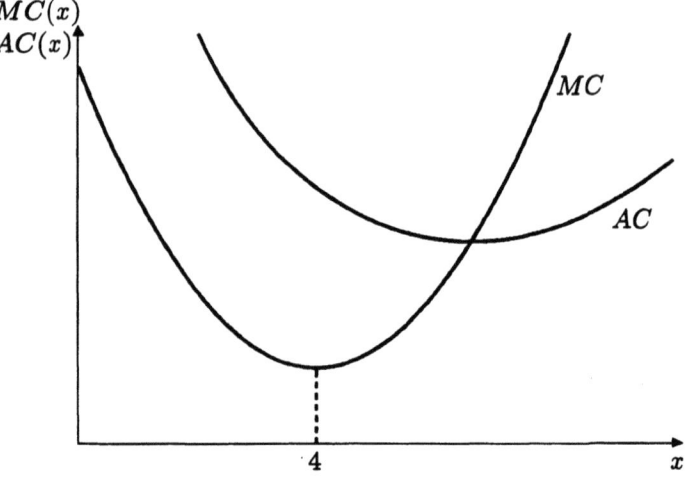

Abb. 1.23.2

c) Beim Absatzpreis $p = 60$ und der obigen Kostenfunktion ergibt sich der Gewinn des Unternehmens als

$$\begin{aligned} Q(x) &= 60x - C(x) \\ &= 12x^2 - x^3 - 50 \,. \end{aligned}$$

Zur Lösung des Gewinnmaximierungsproblems ist es zweckmäßig, durch eine Kurvendiskussion unmittelbar den Verlauf der Funktion Q zu bestimmen. Als erste und zweite Ableitung ergibt sich

$$\begin{aligned} Q'(x) &= 24x - 3x^2 = 3x(8 - x)\,, \\ Q''(x) &= 24 - 6x \,. \end{aligned}$$

Wie bei der Diskussion der Kostenfunktion sieht man aus diesen Ableitungen, daß die Funktion Q zwei Extremwerte an den Stellen $x = 0$ und $x = 8$ besitzt, daß bei $x = 4$ ein Wendepunkt vorliegt und daß die Funktion für $x < 4$ konvex und für $x > 4$ konkav ist. Somit ist der Extremwert an der Stelle $x = 0$ ein Minimum und der Extremwert an der Stelle $x = 8$ ein Maximum. Berücksichtigt man ferner, daß $Q(0) = -50$ und $Q(8) = 206$ ist, so kann der Verlauf von Q ohne Beschränkungen in ein Schaubild eingezeichnet werden.

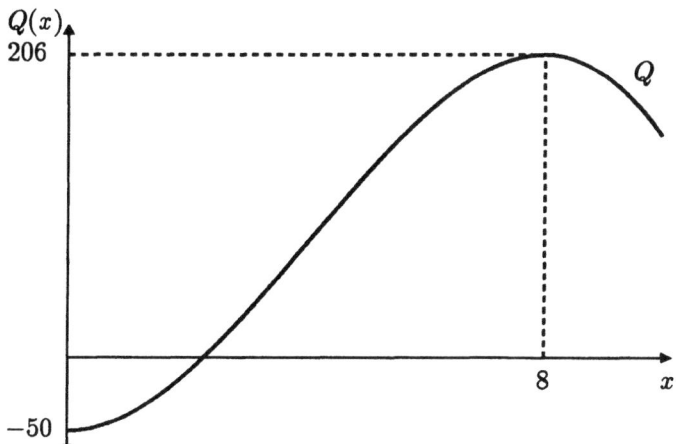

Abb. 1.23.3

c1) Aus dem ermittelten Verlauf ist ersichtlich, daß für die Beschränkungen $2 \leq x \leq 6$ der Gewinn an der Stelle $x = 6$ maximal ist, nämlich $Q(6) = 166$.

c2) Ebenso folgt, daß der Gewinn auf dem Intervall $0 \leq x \leq 10$ bei $x = 8$ sein Maximum, nämlich $Q(8) = 206$, erreicht.
Zu diesem Lösungsweg sei angemerkt, daß das Ergebnis natürlich auch mit Hilfe der Analyse der notwendigen Bedingungen der zugehörigen Lagrangefunktion zu erreichen gewesen wäre. Im vorliegenden Fall führt dies zu mehreren Lösungen, die miteinander verglichen werden müssen, da die Zielfunktion nicht konkav ist.

d) Eine Erhöhung der Fixkosten um 70 Geldeinheiten hat keinen Einfluß auf die optimalen Mengen. Da der Gewinn sowohl im Fall c1) als auch im Fall c2) größer als 70 ist, bleiben $x = 6$ bzw. $x = 8$ weiterhin die optimale Lösung.

Aufgabe 1.24
Outputmaximierung eines Sektors
(*Wertgrenzproduktentlohnung, Minimallohn, Schattenpreise*)

Der Industriesektor einer Region produziert mit der Produktionsfunktion

$$Q = AL^{1/2}K^{1/2},$$

wobei Q den Output und L und K die Einsatzfaktoren Arbeit und Kapital bezeichnen. A ist eine Konstante mit Wert 100.
Die Planungsbehörde der Region möchte Q maximieren, indem sie Arbeitskräfte aus dem landwirtschaftlichen Sektor, in dem diese unbegrenzt vorhanden sind, in den industriellen Sektor transferiert. Die Behörde zahlt einen Lohn w, der gleich dem Wertgrenzprodukt der Arbeit ist. Dieser darf jedoch nicht unter den Minimallohn w_s fallen. Für w_s gilt $w_s = 5p$, wobei p der Preis einer Outputeinheit ist.

a) Wie groß ist der Output des industriellen Sektors, wenn maximal 100 Einheiten Kapital zur Verfügung stehen?
b) Wieviel zusätzlichen Output könnte der Industriesektor bei einer marginalen Erhöhung des Faktors Kapital produzieren?

Lösung:

a) Das Wertgrenzprodukt der Arbeit ist für $A = 100$

$$p\frac{\partial Q}{\partial L} = 50p \left[\frac{K}{L}\right]^{1/2}.$$

Somit kann das Optimierungsproblem der Planungsbehörde folgendermaßen beschrieben werden:
Maximiere $Q = 100L^{1/2}K^{1/2}$ unter den Nebenbedingungen

$$50p \left[\frac{K}{L}\right]^{1/2} \geq 5p,$$

$$100 \geq K \geq 0,$$

$$L \geq 0.$$

Offenbar wäre für $L = 0$ oder $K = 0$ als optimaler Faktoreinsatz $Q = 0$, wodurch eine optimale Lösung mit $K = 0$ oder $L = 0$ nicht auftreten kann. Damit kann die Lagrangefunktion wie folgt geschrieben werden:

$$\mathcal{L} = 100L^{1/2}K^{1/2} + \lambda \left[50p\left[\frac{K}{L}\right]^{1/2} - 5p\right] + \mu[100 - K].$$

Als notwendige Bedingungen für einen Extremwert erhält man:

$$\frac{\partial \mathcal{L}}{\partial K} = 50L^{1/2}K^{-1/2} + \lambda 25pK^{-1/2}L^{-1/2} - \mu = 0,$$

$$\frac{\partial \mathcal{L}}{\partial L} = 50L^{-1/2}K^{1/2} - \lambda 25pK^{1/2}L^{-3/2} = 0.$$

Aus der zweiten Gleichung folgt unmittelbar $\lambda = 2L/p > 0$ und damit aus der ersten Gleichung

$$\mu = 25\left[\frac{L}{K}\right]^{1/2}\left[2 + \lambda\frac{p}{L}\right] > 0.$$

Somit muß im Optimum $K = 100$ und $50p(K/L)^{1/2} = 5p$ gelten. Dies impliziert $L = 10000$. Der maximale Output ist demnach $Q = 100000$.

b) Aus der Optimierungstheorie ist bekannt, daß die Lagrangemultiplikatoren im Optimum ein Maß für die Intensität der Beschränkung (Schattenpreise) darstellen. Sei $\bar{K}$ die Oberschranke des Kapitaleinsatzes, so kann gezeigt werden, daß

$$\frac{dQ(L^*, K^*)}{d\bar{K}} = \mu^* \quad \text{ist}.$$

Aus a) ist $\mu = 25(L/K)^{1/2}(2 + \lambda p/L)$ und $\lambda = 2L/p$ bekannt. Somit gilt $\mu^* = 100(L^*/K^*)^{1/2}$ und für $L^* = 10000$, $K^* = 100$ folgt $\mu^* = 1000$. Eine marginale Erhöhung des verfügbaren Kapitalbestands führt somit zu einer Erhöhung des Outputs um 1000 pro Kapitaleinheit.

Aufgabe 1.25
Arbeitszeitverkürzung und Lohnausgleich
(*Beschäftigungsniveau, Lohnausgleich, Grenzproduktelastizität, Grenzproduktentlohnung*)

In einer Volkswirtschaft gilt als Gesamtzusammenhang zwischen Beschäftigung L gemessen in Arbeitsstunden und realem Output die streng konkave Produktionsfunktion $Y = F(L)$. Der Faktor Arbeit wird gemäß seinem Grenzprodukt entlohnt. Die gesetzlich festgelegte Arbeitszeit pro Arbeiter ist $h > 0$. Die Gesamtbeschäftigungsstunden L ergeben sich als Produkt aus der Arbeitszeit pro Arbeiter und der Zahl der Beschäftigten N. Gehen Sie zur Vereinfachung davon aus, daß die Zahl der Beschäftigten N beliebig teilbar ist.

Der Lohnsatz pro Arbeitsstunde ist $w > 0$ und der Outputpreis ist $p > 0$. Die Gewerkschaft diskutiert eine Arbeitszeitverkürzung von h auf $(1-\alpha)h$, $0 \leq \alpha \leq 1$.

a) Bestimmen Sie das Beschäftigungsniveau N für den Fall, daß mit der Arbeitszeitverkürzung kein Lohnausgleich gezahlt wird, und vergleichen Sie es mit dem ursprünglichen Zustand.

b) Überprüfen Sie die Behauptung der Gewerkschaft, daß auch bei vollem Lohnausgleich ein positiver Beschäftigungseffekt zu erzielen ist.

c) Ermitteln Sie den Zusammenhang zwischen Beschäftigungsniveau N und der Reduktionsquote α für den Fall, daß die Produktionsfunktion von der Form $Y = L^\beta$, $0 < \beta < 1$ ist.

Lösung:

a) Aufgrund der Grenzproduktivitätsentlohnung wird die Nachfrage nach Beschäftigungsstunden L bestimmt durch

$$F'(L) = \frac{w}{p}.$$

Da $L = Nh$ ist, folgt

$$F'(Nh) = \frac{w}{p}.$$

Daraus ergibt sich bei konstantem Reallohn w/p und ohne Lohnausgleich ein monoton fallender Zusammenhang zwischen Arbeitszeit und Anzahl der Beschäftigten.

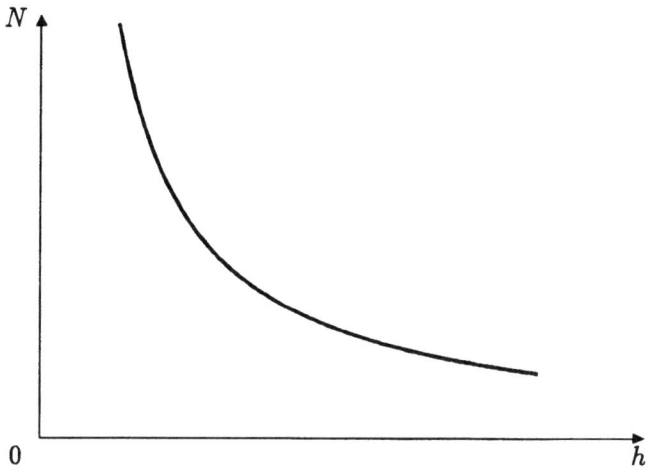

Abb. 1.25.1

b) Wird die Arbeitszeit des einzelnen Beschäftigten bei vollem Lohnausgleich auf $(1-\alpha)h$ gekürzt, so muß der zu zahlende Lohn $w(\alpha)$ pro Beschäftigtenstunde entsprechend erhöht werden, d.h.

$$w(\alpha) = \frac{w}{(1-\alpha)}.$$

Damit erhöht sich bei konstantem Outputpreis p der Reallohn und die Beschäftigtenstunden sinken. Wie sich die Anzahl der Beschäftigten verändert, ergibt sich aus folgender Überlegung. Für jedes $0 \le \alpha \le 1$ gilt:

(i) $\quad L = N(1-\alpha)h$

(ii) $\quad F'(L) = \dfrac{w}{(1-\alpha)p} \quad$ und damit

(iii) $\quad F'(N(1-\alpha)h) = \dfrac{w}{(1-\alpha)p}.$

Durch implizite Differentiation von (iii) erhält man

$$\frac{dN}{d\alpha} = \frac{F''Nh + \dfrac{w}{p(1-\alpha)^2}}{F''(1-\alpha)h}$$

$$= \frac{1}{(1-\alpha)^2 h} \left[(1-\alpha)Nh + \frac{F'}{F''} \right]$$

$$= \frac{L}{(1-\alpha)^2 h} \left[1 + \frac{F'}{F''L} \right].$$

Da $F'' < 0$ ist, hängt das Vorzeichen von $dN/d\alpha$ von der relativen Größe von $F'/F''L$ ab. Dies ist jedoch der Kehrwert der Elastizität des Grenzprodukts der Arbeit. Damit folgt, daß eine Beschäftigungssteigerung bei Arbeitszeitverkürzung und vollem Lohnausgleich genau dann eintritt, wenn die Elastizität des Grenzprodukts dem absoluten Betrag nach größer als eins ist. Im anderen Fall sinkt die Beschäftigung.

c) Für die Produktionsfunktion $Y = L^\beta$ erhält man als Elastizität des Grenzprodukts den Ausdruck

$$\frac{F''L}{F'} = \frac{\beta(\beta-1)L^{\beta-1}}{\beta L^{\beta-1}} = \beta - 1.$$

Aus dem Resultat von b) kann damit auf einen negativen Beschäftigungseffekt geschlossen werden, denn

$$\frac{dN}{d\alpha} = -\frac{L}{h(1-\alpha)^2} \left[\frac{\beta}{1-\beta} \right] < 0.$$

In diesem speziellen Fall läßt sich der funktionale Zusammenhang zwischen N und α auch explizit aus den beiden Gleichungen

$$\beta L^{\beta-1} = \frac{w}{(1-\alpha)p}$$

und

$$L = N(1-\alpha)h$$

ermitteln. Dies ergibt

$$N = \frac{L}{(1-\alpha)h} = \frac{1}{(1-\alpha)h} \left[\frac{w}{p} \frac{1}{\beta} \right]^{\frac{1}{\beta-1}} (1-\alpha)^{\frac{1}{1-\beta}}$$

$$= \frac{1}{h} \left[\frac{w}{p} \frac{1}{\beta} \right]^{\frac{1}{\beta-1}} (1-\alpha)^{\frac{\beta}{1-\beta}}.$$

Im folgenden Diagramm ist der Fall $\beta = 1/2$ dargestellt.

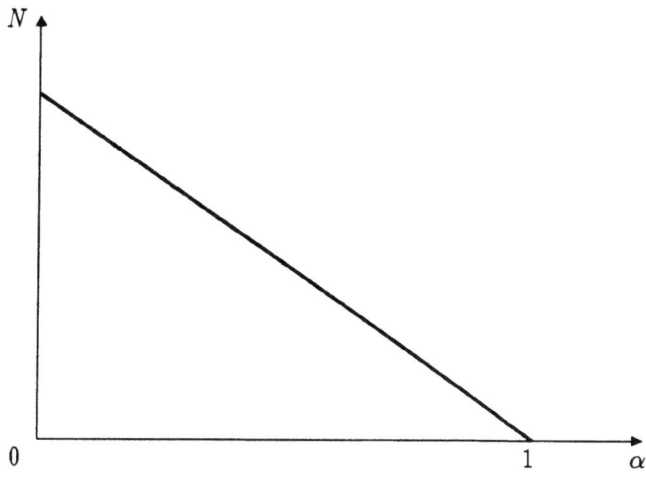

Abb. 1.25.2

Kapitel 2

Monopoltheorie

Die Aufgaben des zweiten Kapitels sind vorrangig als Ergänzung und als Erweiterung derjenigen in Kapitel 1 zu betrachten. Dabei wird die Annahme der vollkommenen Konkurrenz für einen Produzenten aufgegeben und durch die des vollständigen Monopols ersetzt. Neben den typischen Aufgaben zur Beschreibung des monopolistischen Gleichgewichts (2.1–2.3) wird ausführlich der Fall der Preisdifferenzierung analysiert (2.4 und 2.6). Die Aufgaben 2.7 und 2.8 behandeln zwei einfache Fälle der Besteuerung bzw. der Subventionierung eines Monopolisten, während die Aufgaben 2.9 und 2.10 dem Monopson gewidmet sind.
Gleichzeitig beschreiben alle Aufgaben dieses Kapitels auch Situationen von Partialmarktgleichgewichten, so daß sie auch eine Erweiterung und Ergänzung der Aufgaben aus Kapitel 3 darstellen. Dies kommt insbesondere in den Aufgaben zum Ausdruck, in denen das monopolistische Gleichgewicht im langfristigen Zusammenhang mit Marktzutritt untersucht (Aufgabe 2.5) bzw. ein Vergleich zwischen Monopol und vollkommener Konkurrenz durchgeführt wird (Aufgabe 2.3). Weitere Aufgaben zum Monopol im Rahmen der Partialmarkttheorie sind in Kapitel 3 von Band II des Arbeitsbuches zu finden.

Aufgabe 2.1
Monopolist mit linearer Preis–Absatz–Funktion
(*quadratische Kostenfunktion, monopolistisches Gleichgewicht*)

Ein Monopolist mit der Kostenfunktion

$$C(x) = \frac{1}{2}cx^2 + f \qquad c > 0, f > 0$$

sieht sich der Preis–Absatz–Funktion

$$p = \max\{0, a - bx\} \qquad a > 0, b > 0$$

gegenüber.

a) Bestimmen Sie Preis, Menge und Gewinn im monopolistischen Gleichgewicht. Welchen Wert darf f höchstens annehmen, damit der Gewinn des Monopolisten nicht negativ ist?
b) Stellen Sie die Preis–Mengen–Entscheidung in einem Diagramm dar.

Lösung:

a) Aus der Linearität der Preis–Absatz–Funktion ergibt sich, daß jede gewinnmaximale Mengenentscheidung die Bedingung $0 \leq x \leq a/b$ erfüllen muß. Deshalb kann für das Maximierungsproblem die Lagrangefunktion

$$\mathcal{L} = (a - bx)x - \frac{1}{2}cx^2 - f + \alpha x + \beta(a/b - x)$$

betrachtet werden. Als notwendige Bedingung erhält man die Gleichungen

$$a - 2bx - cx + \alpha - \beta = 0,$$
$$\alpha x = 0, \ \beta(a/b - x) = 0.$$

Man erkennt, daß für eine Lösung weder $\alpha > 0$ noch $\beta > 0$ gelten kann. Daraus folgt als optimale Ausbringungsmenge x_m des Monopolisten

$$x_m = \frac{a}{2b + c},$$

als Monopolpreis

$$p_m = \frac{a(c + b)}{2b + c}$$

und als maximaler Gewinn

$$\pi_m = \frac{a^2}{2(2b+c)} - f.$$

Der Gewinn ist somit nicht negativ, falls $f \leq a^2/[2(2b+c)]$ ist.

b)

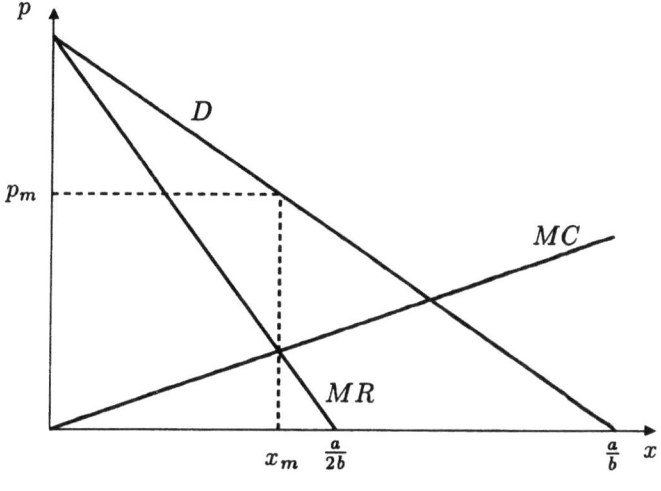

Abb. 2.1

Im Diagramm sind die Preis–Absatz–Funktion, die Grenzerlösfunktion MR und die Grenzkostenfunktion MC eingezeichnet. Dabei gilt $MC(x_m) = MR(x_m)$.

Aufgabe 2.2
Monopol und Amoroso–Robinson–Relation
(*monopolistisches Gleichgewicht, Nachfrageelastizität*)
Ein Monopolist hat die Kostenfunktion $C(y) = cy + F$ mit $c > 0$.

a) Die Nachfrage nach dem Produkt des Monopolisten sei gegeben durch die Funktion

$$y = ap^{-\epsilon} \quad \text{wobei} \quad \epsilon > 1, \quad a > 0.$$

Bestimmen Sie Preis und Menge im Gewinnmaximum.

b) Was ergibt sich, falls $\epsilon = 1$ ist?

Lösung:

a) Da die Nachfragefunktion streng monoton fallend ist, läßt sich der Gewinn des Monopolisten einerseits als Funktion des Preises

(i) $\quad Q(p) = ap^{1-\epsilon} - acp^{-\epsilon} - F$

oder andererseits als Funktion der Menge

(ii) $\quad \tilde{Q}(y) = a^{1/\epsilon} y^{1-1/\epsilon} - cy - F$

schreiben. Die Bestimmung des Maximums beider Funktionen führt zu der gleichen Monopollösung. Aus der notwendigen Bedingung für ein Maximum von Q

$$Q'(p) = (1-\epsilon)ap^{-\epsilon} + \epsilon a c p^{-(1+\epsilon)} = 0$$

erhält man für $\epsilon > 1$ als Lösung

$$p_m = \frac{\epsilon c}{\epsilon - 1} \quad , \quad y_m = a \left[\frac{\epsilon - 1}{\epsilon c}\right]^{\epsilon}.$$

Ferner gilt $Q''(p_m) < 0$, so daß p_m Maximierer und somit (p_m, y_m) die Monopollösung ist.

Verwendet man die Funktion $\tilde{Q}$ aus (ii), so erhält man als notwendige Bedingung

$$\left[\frac{a}{y}\right]^{1/\epsilon} \left[1 - \frac{1}{\epsilon}\right] = c,$$

die der Amoroso–Robinson–Relation entspricht. ϵ ist im vorliegenden Fall der Absolutbetrag der Nachfrageelastizität. Als Lösung (p_m, y_m) erhält man die gleichen Werte.

b) Ist die Nachfrageelastizität minus eins, d.h. $\epsilon = 1$, so hat der Erlös entlang der Nachfragekurve für alle $(p,y) \gg 0$ den konstanten Wert $a > 0$, so daß jede Outputverringerung eine Gewinnsteigerung bedeutet. Dies erkennt man auch an der Funktion $\tilde{Q}$, die für $\epsilon = 1$ streng monoton fallend in x ist. Umgekehrt sieht man, daß die Funktion Q streng monoton steigend in p ist. Daraus folgt, daß es für $\epsilon = 1$ keine gewinnmaximale Lösung $(p_m, y_m) \gg 0$ geben kann.

Aufgabe 2.3

Monopol versus vollkommene Konkurrenz

(*Monopolgewinn, Gewinnmaximierung, Umsatzmaximierung*)

Einem Monopolisten sind der Betrag seiner Fixkosten und die Funktion seiner variablen Stückkosten bekannt.

$$FK = 50$$
$$DVK = x^2 - 12x + 60.$$

a) Wie hoch ist der gewinnmaximale Output, wenn die Preis–Absatz–Funktion $p(x) = \max\{0, 396 - 48x\}$ lautet?

b) Ist der Gewinn im Monopolfall höher als im Fall der vollkommenen Konkurrenz?

c) Wird der Markt besser versorgt als im Fall der vollkommenen Konkurrenz, wenn das Management dazu übergeht, Umsatzmaximierung an Stelle von Gewinnmaximierung zu betreiben und auf keinen Fall mehr als 8 Einheiten produziert werden?

Lösung:

a) Der Gewinn als Funktion der Menge lautet

$$\begin{aligned} Q(x) &= p(x)x - C(x) \\ &= 396x - 48x^2 - x^3 + 12x^2 - 60x - 50. \end{aligned}$$

Im Maximum muß gelten

$$396 - 96x - 3x^2 + 24x - 60 = 0,$$

d.h. $x_m = 4$.

b) Das Angebotsverhalten unter vollkommener Konkurrenz wird durch die Bedingung Preis gleich Grenzkosten bestimmt:

$$\begin{aligned} p &= C'(x) \\ 396 - 48x &= 3x^2 - 24x + 60. \end{aligned}$$

Damit erhält man

$$\bar{x} = 4(2\sqrt{2} - 1) \cong 7,3.$$

Der Gewinn ist im Monopolfall höher, da unter vollkommener Konkurrenz $\bar{p} \cong 45,6$ und damit $\bar{Q} \cong 90$, während der Monopolgewinn $Q_m = 654$ ist.

c) Bei Umsatzmaximierung, d.h. $\max p(x)x$, gilt die notwendige Bedingung

$$396 - 96x^* = 0.$$

Die zweite Ableitung ist negativ, so daß $x^* = 4,125$ ein Umsatzmaximum darstellt, und die Beschränkung $x \leq 8$ nicht greift. Somit ist der Markt bei Umsatzmaximierung schlechter versorgt als bei vollkommener Konkurrenz.

Aufgabe 2.4
Preisdifferenzierung im Monopol

(*Preisdifferenzierung, optimaler Preis–Absatz–Plan*)

Ein gewinnmaximierender Monopolist sieht sich der Preis–Absatz–Funktion

$$p_1 = \max\{0, 20 - x_1\}$$

gegenüber und hat einheitliche Grenzkosten in Höhe von 40 GE und fixe Kosten in Höhe von 20 GE.

a) Zu welcher Strategie würden Sie dem Monopolisten raten?

b) Aufgrund des Resultats von a) erschließt der Monopolist zwei andere Märkte für sein Produkt mit den Preis–Absatz–Funktionen

$$\begin{aligned} p_2 &= \max\{0, 100 - 2x_2\} \\ p_3 &= \max\{0, 100 - 3x_3\}. \end{aligned}$$

Zeigen Sie, warum für einen optimalen Preis–Absatz–Plan Preisdifferenzierung nicht notwendig ist.

Lösung:

a) Die Kostenfunktion des Monopolisten ist

$$C(x) = 40x + 20.$$

Man sieht, daß der Erlös auf Markt 1 für alle $x_1 > 0$ kleiner als die Kosten ist. Deshalb wird der Monopolist den Markt nicht beliefern. Selbst ohne Fixkosten ist kein positiver Gewinn möglich, weil

$$Q = 20x_1 - x_1^2 - 40x_1 < 0 \quad \text{für} \quad x_1 > 0.$$

b) Da mit konstanten Grenzkosten produziert wird, müssen die Grenzerlöse auf den Märkten 2 und 3 gleich und ihrerseits gleich den Grenzkosten sein. Dies ergibt die beiden Bedingungen

$$100 - 4x_2^* = 40$$
$$100 - 6x_3^* = 40$$

und damit als Lösungen $x_2^* = 15$ und $x_3^* = 10$. Preisdifferenzierung ist deshalb nicht notwendig, weil im Gewinnmaximum

$$p_2^* = 100 - 2x_2^* = 100 - 3x_3^* = p_3^* = 70$$

ist.

Aufgabe 2.5
Monopol und Markteintritt
(monopolistisches Gleichgewicht, freier Marktzutritt, vollkommene Konkurrenz)

Auf einem Markt gilt die Preis–Absatz–Funktion

$$p = \max\{0, a - bx\} \quad a > 0, b > 0.$$

a) Zunächst versorgt ein einzelner Anbieter mit der Kostenfunktion

$$C(x) = \frac{1}{2}cx^2 + f \quad c > 0, f > 0$$

den Markt. Bestimmen Sie sein monopolistisches Gleichgewicht.

b) Es sei

$$\frac{ca^2}{2(c+2b)^2} < f \leq \frac{a^2}{2(c+2b)}.$$

Die Gewinnsituation des Monopolisten führt dazu, daß weitere Firmen, die mit der gleichen Kostenfunktion produzieren, in den Markt eintreten wollen. Dadurch sehen sich alle Firmen gezwungen, ihr Verhalten gemäß der vollkommenen Konkurrenz zu wählen. Bestimmen Sie Preis, Menge und Anzahl der Firmen im langfristigen Gleichgewicht.

c) Begründen Sie, warum als langfristiger Zustand in der unter b) gegebenen Situation auch ein monopolistisches Gleichgewicht möglich ist.

Lösung:

a) Als monopolistisches Gleichgewicht erhält man (vgl. Aufgabe 2.1)

$$x_m = \frac{a}{2b+c}, \quad p_m = \frac{a(c+b)}{2b+c},$$

$$Q_m = \frac{a^2}{2(2b+c)} - f.$$

b) Im langfristigen Gleichgewicht bei vollkommener Konkurrenz bietet jede Firma im Markt nur dann eine positive Menge an, wenn der Preis mindestens so hoch wie das Minimum der Stückkosten ist. Als langfristige Angebotsfunktion einer einzelnen Firma erhält man deshalb (vgl. Aufgabe 1.21)

$$S(p) = \begin{cases} \frac{1}{c}p & \text{falls} \quad p \geq \sqrt{2cf} \\ 0 & \text{sonst}. \end{cases}$$

Ein langfristiges Gleichgewicht mit $\bar{n} > 1$ Firmen und einem Preis $\bar{p}$ liegt somit vor, falls

$$\bar{n} S(\bar{p}) = \frac{a - \bar{p}}{b} \quad \text{und} \quad \bar{p} \geq \sqrt{2cf}$$

gilt, d.h.

$$\bar{p} = \frac{ac}{c + b\bar{n}} \geq \sqrt{2cf}$$

bzw.

$$\frac{a^2 c}{2(c + 2b\bar{n})^2} \geq f.$$

Aufgrund der Annahme

$$f > \frac{a^2 c}{2(c + 2b)^2}$$

bedeutet dies jedoch, daß $\bar{n} < 2$ sein muß, d.h. im langfristigen Gleichgewicht bei vollkommener Konkurrenz kann höchstens eine Firma mit einem nicht negativen Gewinn im Markt existieren. Gilt zusätzlich für die Höhe der Fixkosten f

$$\frac{a^2 c}{2(c+2b)^2} < f \leq \frac{a^2}{2(c+2b)},$$

so ist $\bar{n} = 1$ und

$$\bar{p} = \frac{ac}{a+b} \quad \text{und} \quad \bar{x} = \frac{a}{c+b}.$$

Ist jedoch

$$f > \frac{a^2}{2(c+2b)},$$

so existiert kein langfristiges Gleichgewicht bei vollkommener Konkurrenz.

c) Wie unter b) gezeigt, kann bei den getroffenen Annahmen höchstens eine Firma langfristig im Markt bleiben. Unterstellt man vollständige Information aller potentiellen Firmen, so werden diese erkennen, daß sie bei Zutritt nie einen positiven Gewinn erreichen können, solange die bereits existierende Firma im Markt verbleibt. Dies bedeutet aber, daß es für jede potentielle Firma optimal ist, nicht in den Markt einzutreten, selbst dann, wenn die existierende Firma den Plan (p_m, x_m) mit positivem Gewinn realisiert. Damit ist aber das monopolistische Gleichgewicht auch langfristig bei freiem Marktzutritt ein möglicher Gleichgewichtszustand.

Aufgabe 2.6*

Preisdifferenzierung im Monopol

(*monopolistisches Gleichgewicht, Preisdifferenzierung*)

Ein Monopolist mit der Kostenfunktion

$$C(x) = cx \qquad c > 0$$

sieht sich auf drei voneinander isolierten Märkten den Preis-Absatz-Funktionen

$$\begin{aligned} p_1 &= \max\{0, a_1 - b_1 x_1\} \\ p_2 &= \max\{0, a_2 - b_2 x_2\} \\ p_3 &= \max\{0, a_3 - b_3 x_3\} \end{aligned}$$

gegenüber. Dabei gilt

$$a_1 > a_2 > c > a_3 > 0, \qquad b_i > 0, \ i = 1, 2, 3.$$

a) Bestimmen Sie den optimalen Plan des Monopolisten sowie seinen Gewinn.
b) Zeigen Sie, daß ein Verbot der Preisdifferenzierung den Monopolisten veranlassen kann, ausschließlich Markt 1 zu beliefern. Wählen Sie dazu zur Vereinfachung $b_1 = b_2 = b$.

Lösung:

a) Die drei voneinander isolierten Märkte ermöglichen Preisdifferenzierung. Da die Grenzkosten c größer als der maximal erzielbare Preis a_3 auf Markt drei sind, wird $x_3^* = 0$ sein. Andererseits folgt aus $a_1 > a_2 > c$, daß die Märkte eins und zwei beliefert werden. Als Gesamtgewinn ergibt sich

$$Q = p_1 x_1 + p_2 x_2 - c(x_1 + x_2).$$

Nach Einsetzen der Preis–Absatz–Funktionen ergibt sich der Gewinn als Funktion der Absatzmengen x_1 und x_2 als

$$Q(x_1, x_2) = [a_1 - c - b_1 x_1] x_1 + [a_2 - c - b_2 x_2] x_2.$$

Aus den notwendigen Bedingungen für ein Maximum

$$0 = a_1 - c - 2 b_1 x_1$$
$$0 = a_2 - c - 2 b_2 x_2$$

erhält man als optimalen Plan des Monopolisten

$$x_1^* = \frac{a_1 - c}{2 b_1}, \quad p_1^* = \frac{a_1 + c}{2},$$

$$x_2^* = \frac{a_2 - c}{2 b_2}, \quad p_2^* = \frac{a_2 + c}{2}.$$

Der Gesamtgewinn ist damit

$$Q^* = \frac{(a_1 - c)^2}{4 b_1} + \frac{(a_2 - c)^2}{4 b_2}.$$

Als zusätzliche Charakterisierung und zum besseren Verständnis der Situation des Monopolisten bei Preisdifferenzierung kann man den

Gewinn auch als Funktion der beiden Preise p_1 und p_2 betrachten, d.h.

$$\tilde{Q}(p_1, p_2) = \frac{p_1 - c}{b_1} \max\{0, a_1 - p_1\} + \frac{p_2 - c}{b_2} \max\{0, a_2 - p_2\}.$$

Das nachfolgende Diagramm gibt eine Darstellung der Niveaulinien der Funktion $\tilde{Q}$.

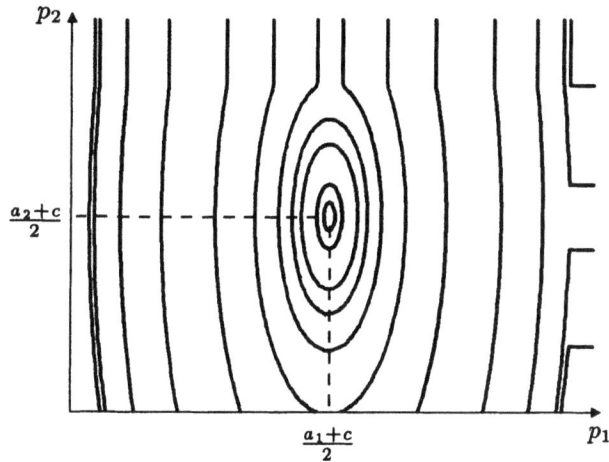

Abb. 2.6.1

b) Ist Preisdifferenzierung ausgeschlossen, so ist bei einheitlichem Preis p die Nachfrage auf den einzelnen Märkten durch

$$\begin{aligned} x_1(p) &= \max\{0, (a_1 - p)/b_1\} \\ x_2(p) &= \max\{0, (a_2 - p)/b_2\} \\ x_3(p) &= \max\{0, (a_3 - p)/b_3\} \end{aligned}$$

gegeben. Auch in diesem Fall wird der Monopolist stets einen Preis über den Grenzkosten setzen, so daß Markt drei nicht versorgt wird. Für $p \geq a_2$ ist die Nachfrage auf Markt zwei ebenfalls Null, so daß für $a_1 \geq p \geq a_2$ nur Markt eins versorgt wird. Ohne Einschränkung für die weitere Analyse kann deshalb die aggregierte Nachfragefunktion $x_1(p) + x_2(p)$ allein betrachtet werden.
Es gelte im weiteren $b_1 = b_2 = b$.

Allgemein erhält man den Gewinn als Funktion des einheitlichen Preises

$$Q(p) = p[x_1(p) + x_2(p)] - c[x_1(p) + x_2(p)]$$

$$= \begin{cases} \dfrac{1}{b}(p-c)[(a_1-p)+(a_2-p)] & \text{falls} \quad p \leq a_2 \\ \dfrac{1}{b}(p-c)(a_1-p) & \text{falls} \quad a_2 \leq p \leq a_1 \end{cases}$$

$$= \dfrac{p-c}{b}\max\{a_1-p, a_1+a_2-2p\}.$$

Die Funktion Q ist an der Stelle $p = a_2$ stetig, aber nicht differenzierbar. Darüber hinaus ist Q konkav auf den beiden Intervallen $[0, a_2]$ und $[a_2, a_1]$, aber Q ist im allgemeinen nicht auf $[0, a_1]$ konkav. Daraus ergibt sich, daß die Bestimmung des gewinnmaximalen Preises p_m nur in einem zweistufigen Verfahren durchgeführt werden kann:

1.) Man bestimme die Lösung auf den beiden Intervallen $[0, a_2]$ und $[a_2, a_1]$.

2.) Diejenige Lösung aus 1.), die den höheren Gewinn liefert, ist die globale Lösung.

Die optimale Lösung wird im vorliegenden Fall durch drei verschiedene Parameterkonstellationen bestimmt, die sich anschaulich geometrisch darstellen lassen. Für $p \geq c$ und ein beliebiges aber festes Gewinniveau $Q \geq 0$ beschreibt die Funktion

$$p = c + Q/x$$

eine Isogewinnlinie als gleichseitige Hyperbel. Die aggregierte Nachfragefunktion ist gegeben durch

$$D(p) = \dfrac{1}{b}[\max\{0, (a_1-p)\} + \max\{0, (a_2-p)\}].$$

Der Graph dieser Funktion besitzt an der Stelle $p_0 = a_2$, $x_0 = (a_1 - a_2)/b$ einen Knick. Die drei verschiedenen Fälle sind nun durch unterschiedliche Steigungseigenschaften der Isogewinnlinie im Punkt (p_0, x_0) charakterisiert und in den drei Diagrammen dargestellt. Diese sind durch Veränderungen der Parameter a_1 und a_2 mit $a_1 > a_2 > c$ zu erzeugen. Es ist klar, daß die optimale Lösung im Fall a) $p_m > a_2$ und im Fall b) $p_m < a_2$ lauten wird. Im Fall c) ist sowohl $p_m > a_2$ als auch $p_m < a_2$ möglich. Auf jeden Fall wird aber p_m nie gleich a_2 sein, da durch eine andere Preissetzung ein höherer Gewinn erzielt werden kann.

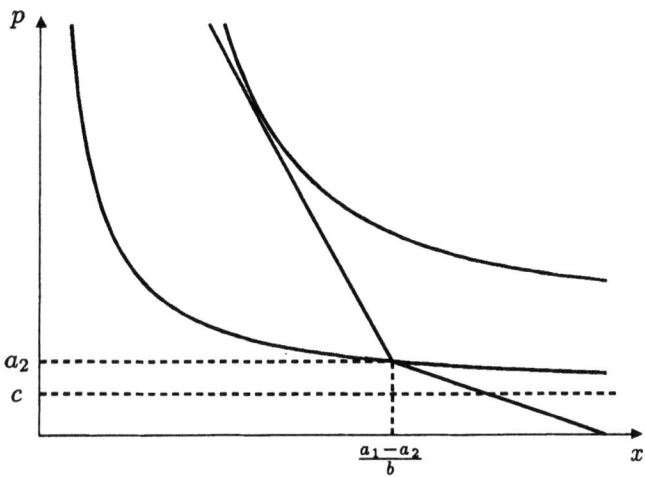

Abb. 2.6.2

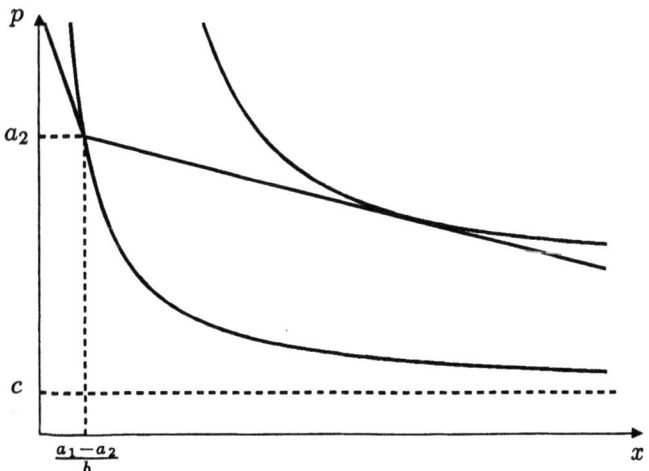

Abb. 2.6.3

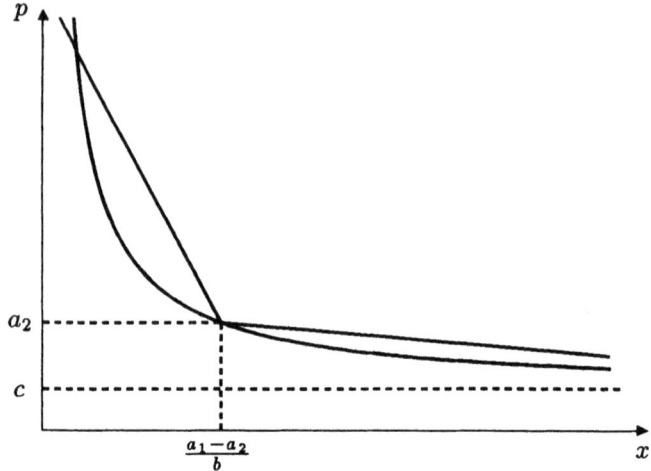

Abb. 2.6.4

Die algebraische Beschreibung der drei Fälle läßt sich wie folgt durchführen. Als Steigung der Isogewinnlinie im Punkt (p_0, x_0) erhält man

$$\left.\frac{dp}{dx}\right|_{Q_0} = -\frac{Q_0}{x_0^2} = -\frac{x_0(p_0 - c)}{x_0^2}$$

$$= -\frac{(a_2 - c)b}{(a_1 - a_2)}.$$

Dann gilt im Fall a)

(a) $\quad \dfrac{(a_2 - c)b}{(a_1 - a_2)} \leq \dfrac{b}{2} \quad$ bzw. $\quad 2(a_2 - c) \leq a_1 - a_2$,

im Fall b)

(b) $\quad \dfrac{(a_2 - c)b}{(a_1 - a_2)} \geq b \quad$ bzw. $\quad (a_1 - a_2) \leq (a_2 - c)$

und im Fall c)

(c) $\quad \dfrac{b}{2} < \dfrac{(a_2 - c)b}{(a_1 - a_2)} < b \quad$ bzw. $\quad (a_1 - a_2) < 2(a_2 - c) < 2(a_1 - a_2)$.

Die Ungleichungen (a)–(c) zeigen, daß das Verhältnis $(a_2 - c)/(a_1 - a_2)$ der Parameter die entscheidende Relation für den Typus der Lösung sein wird. Im nachfolgenden Diagramm sind die drei Gebiete entsprechend angegeben.

Sei nun $P1$ das Maximierungsproblem

$$\max\{Q(p) \,|\, p \geq a_2\}$$

und $P2$ das Maximierungsproblem

$$\max\{Q(p) \,|\, p \leq a_2\}.$$

Sei

$$\mathcal{L}_1(p, \alpha) = Q(p) + \alpha(p - a_2)$$

die Lagrangefunktion zu $P1$. Dann erhält man als notwendige und hinreichende Bedingungen

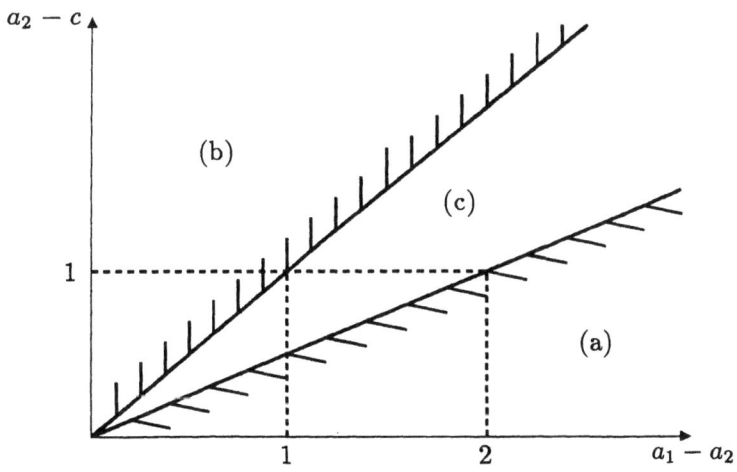

Abb. 2.6.5

(i) $\quad Q'(p) + \alpha = (a_1 + c - 2p)/b + \alpha = 0$

(ii) $\quad \alpha(p - a_2) = 0$.

Da Q' streng monoton fallend ist, erhält man als eindeutige Lösung

$$p_m^1 = \max\left\{a_2, \frac{a_1 + c}{2}\right\}$$

bzw.

$$p_m^1 = \begin{cases} a_2 & \text{falls (b)} \\ \dfrac{a_1 + c}{2} & \text{sonst.} \end{cases}$$

Damit besitzt $Q(p)$ ein Maximum im Innern von $[a_2, a_1]$ falls (a) oder (c) gilt.
Sei

$$\mathcal{L}_2(p, \beta) = Q(p) + \beta(a_2 - p)$$

die Lagrangefunktion zu $P2$. Als notwendige und hinreichende Bedingungen erhält man

(iii) $Q'(p) - \beta = (a_1 + a_2 + 2c - 4p)/b - \beta = 0$

(iv) $\beta(a_2 - p) = 0$.

Als eindeutige Lösung erhält man

$$p_m^2 = \min\left\{a_2, \frac{a_1 + a_2 + 2c}{4}\right\}$$

bzw.

$$p_m^2 = \begin{cases} a_2 & \text{falls (a)} \\ \dfrac{a_1 + a_2 + 2c}{4} & \text{sonst.} \end{cases}$$

In den Fällen b) und c) besitzt damit $P2$ eine innere Lösung mit $p_m^2 < a_2$. Im Fall a) gilt $p_m^2 = a_2$.
Der Vergleich der beiden Lösungen führt nun zu folgenden Abschätzungen.
Fall a):

$$\begin{aligned}
Q(p_m^1) &= \frac{[a_1 - c]^2}{4b} = \frac{[(a_1 - a_2) + (a_2 - c)]^2}{4b} \\
&> \frac{(a_1 - a_2)[(a_1 - a_2) + 2(a_2 - c)]}{4b} \\
&\geq \frac{(a_1 - a_2)(a_2 - c)}{b} = Q(p_m^2).
\end{aligned}$$

Im Fall a) ist somit $p_m = (a_1 + c)/2 > a_2$, und es wird nur Markt eins versorgt.

Fall b):

$$\begin{aligned} Q(p_m^2) &= \frac{[(a_1 - c) + (a_2 - c)]^2}{8b} \\ &= \frac{[(a_1 - c) - (a_2 - c)]^2 + 4(a_1 - c)(a_2 - c)}{8b} \\ &> \frac{2(a_1 - a_2)(a_2 - c)}{2b} = Q(p_m^1). \end{aligned}$$

Im Fall b) ist damit $p_m = (a_1 + a_2 + 2c)/4 < a_2$, und es werden beide Märkte versorgt.

Fall c):
Hierbei sind zwei innere Lösungen miteinander zu vergleichen, wobei

$$p_m^1 = \frac{a_1 + c}{2} > a_2 > p_m^2 = \frac{a_1 + a_2 + 2c}{4}$$

und die Ungleichungen

$$(a_1 - a_2) < 2(a_2 - c) < 2(a_1 - a_2)$$

gelten. Sei das Verhältnis $(a_2 - c)/(a_1 - a_2) = \delta$ mit $1/2 < \delta < 1$. Dann folgt als Abschätzung der beiden Gewinne $Q(p_m^1)$ und $Q(p_m^2)$, daß

$$\begin{aligned} Q(p_m^1) &= \frac{(a_1 - c)^2}{4b} \\ &> \frac{[(a_1 - c) + (a_2 - c)]^2}{8b} \\ &= Q(p_m^2) \end{aligned}$$

genau dann gilt, wenn $\delta < \sqrt{1/2}$ ist. Umgekehrt gilt $Q(p_m^2) > Q(p_m^1)$ genau dann, wenn $\delta > \sqrt{1/2}$ ist.
Als Gesamtlösung folgt damit für den gewinnmaximalen einheitlichen

Monopolpreis

$$p_m \begin{cases} = (a_1 + c)/2 & \text{falls} \quad (a_2 - c)/(a_1 - a_2) < \sqrt{1/2} \\ \in \{(a_1 + a_2 + 2c)/4\,,\,(a_1 + c)/2\} \\ & \text{falls} \quad (a_2 - c)/(a_1 - a_2) = \sqrt{1/2} \\ = (a_1 + a_2 + 2c)/4 & \text{falls} \quad (a_2 - c)/(a_1 - a_2) > \sqrt{1/2}\,. \end{cases}$$

Man erkennt, daß $\sqrt{1/2} = (a_2 - c)/(a_1 - a_2)$ der kritische Wert für die Entscheidung ist, beide Märkte oder nur einen Markt zu beliefern. Man erkennt, daß der Monopolist an dieser Stelle zwischen den beiden Preisen $p_m^1 > a_2 > p_m^2$ indifferent ist, seine optimale Wahl p_m aber nicht stetig von den Parametern abhängt. Für diesen Fall ist die Funktion $Q(p)$ im folgenden Diagramm dargestellt.

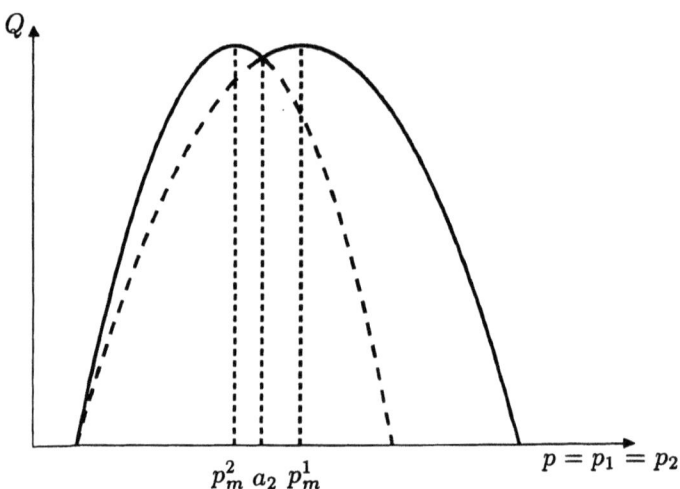

Abb. 2.6.6

Aufgabe 2.7

Subvention im Monopol

(*monopolistisches Gleichgewicht, Herstellersubvention, Kostenübernahme, Polypol*)

Stellen Sie sich vor, Sie sind der Besitzer einer Heilquelle und weit und breit ohne Konkurrenz. Sie vermuten, daß die Nachfrage nach Ihrem Wasser durch die Funktion

$$D(p) = \max\{0, 40 - p\}$$

beschrieben werden kann. Bei der Abfüllung der Quellwasserflaschen entstehen Kosten

$$C(y) = 20 + 20y.$$

a) Stellen Sie Ihren Preis–Absatz–Plan auf.

b) Die örtliche Kurdirektion bietet Ihnen an, die gesamten Fixkosten Ihrer Abfüllung zu übernehmen, wenn Sie dafür auf Ihre Kosten ein Etikett mit einer Kurwerbung auf jeder Flasche anbringen. Sie stellen fest, daß dies zu einer 20%–igen Erhöhung Ihrer Grenzkosten führen würde. Nehmen Sie das Angebot an?

c) Schlagen Sie der Kurdirektion ein zur Fixkostenübernahme alternatives Verfahren der Herstellersubvention vor, welches zu einer Quellwasserpreissenkung bei gleichzeitiger Absatzmengenausdehnung führt. Ist dieses Verfahren auch geeignet, die gleiche Marktversorgung zu erreichen, die sich ergäbe, wenn Sie keinerlei Subvention erhielten, sich aber wie ein Polypolist verhielten? Fertigen Sie eine erläuternde Zeichnung an.

Lösung:

a) Der Besitzer der Heilquelle kann als Monopolist seinen Gewinn maximieren. Die notwendige Bedingung dafür ist, die Menge y bzw. den Preis p so zu wählen, daß der Grenzerlös gleich den Grenzkosten ist, d.h.

$$40 - 2y^* = 20.$$

Der Preis–Absatz–Plan ist demnach $y^* = 10$ und $p^* = 30$ mit einem Gewinn von $Q^* = 80$.

b) Die Grenzkosten ohne Etikettierung sind $C' = 20$; bei Etikettierung sind sie $C'_E = 24$. Die Bedingung für Gewinnmaximierung lautet

$$40 - 2\bar{y} = 24,$$

d.h. der Preis–Absatz–Plan ist $\bar{y} = 8$ und $\bar{p} = 32$ mit $\bar{Q} = 64$. Also wird der Heilquellenbesitzer das Angebot ablehnen.

c) Man könnte der Kurdirektion eine Subvention der variablen Stückkosten in Höhe von S vorschlagen, so daß die Kostenfunktion

$$C(y) = 20 + (20 - S)y$$

lautet. Die Optimalbedingungen sind dann

$$40 - 2\tilde{y} = 20 - S$$

bzw.

$$\tilde{y} = 10 + \frac{1}{2}S.$$

Der Preis $\tilde{p}$ wird in Abhängigkeit von S festgesetzt

$$\tilde{p} = 30 - \frac{1}{2}S.$$

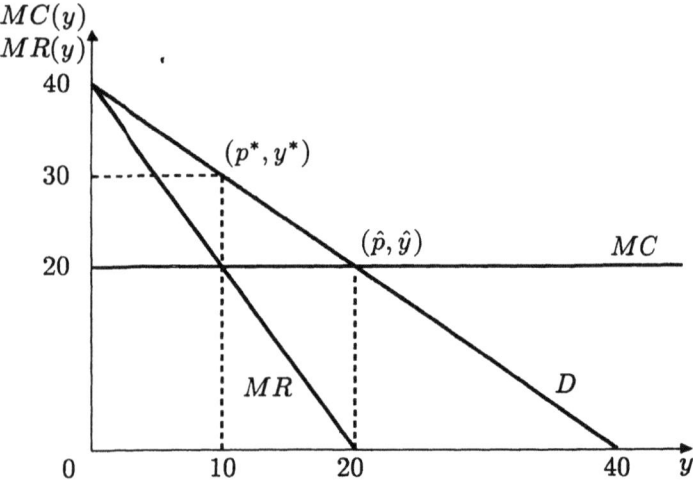

Abb. 2.7

Bei polypolistischem Verhalten werden die Grenzkosten gleich dem Preis gesetzt, d.h. $\hat{y} = 20$ und $\hat{p} = 20$. Nur bei voller Übernahme der variablen Kosten würde der Monopolist diese Mengen–Preis–Kombination anbieten (siehe Graphik).

Aufgabe 2.8
Umsatzsteuer im Monopol

(*monopolistisches Gleichgewicht, Steueraufkommen*)

Ein monopolistischer Branntweinhersteller mit der Kostenfunktion $C(x) = bx^2$, $b > 0$ soll mit einer Umsatzsteuer zum Steuersatz t, $0 \leq t \leq 1$ belastet werden. Die von ihm beobachtete Nachfragefunktion ist

$$D(p) = \frac{a^2}{p^2}, \quad p > 0.$$

a) Bestimmen Sie die Ausbringungsmenge, den Gleichgewichtspreis und das Steueraufkommen im Gewinnmaximum in Abhängigkeit vom Steuersatz t.

b) Ziel der Besteuerung sei es, ein maximales Steueraufkommen zu erzielen. Welches maximale Steueraufkommen kann erreicht werden, und welcher Steuersatz ist dazu erforderlich?

Lösung:

a) Der Gewinn als Funktion der Produktionsmenge des Branntweinherstellers lautet

$$Q(x) = (1-t)ax^{1/2} - bx^2.$$

Im Gewinnmaximum gilt

$$(1-t)\frac{1}{2}a\tilde{x}^{-1/2} - 2b\tilde{x} = 0.$$

Dann sind die optimalen Mengen und Preise

$$\tilde{x}(t) = \left[\frac{(1-t)a}{4b}\right]^{2/3}$$

$$\tilde{p}(t) = a\left[\frac{(1-t)a}{4b}\right]^{-1/3}.$$

Das Steueraufkommen beträgt

$$T(t) = t\tilde{p}(t)\tilde{x}(t) = ta^{4/3}\left[\frac{1-t}{4b}\right]^{1/3}.$$

b) Bei Maximierung des Steueraufkommens gilt

$$\frac{dT(t)}{dt} = a^{4/3}\left[\frac{1-t}{4b}\right]^{1/3} - \frac{ta^{4/3}}{12b}\left[\frac{1-t}{4b}\right]^{-2/3} = 0.$$

Damit ist der Steuersatz, der das Aufkommen maximiert, $t^* = 3/4$. Das zugehörige Steueraufkommen ist

$$T(t^*) = \frac{3}{4}a^{4/3}\left[\frac{1}{16b}\right]^{1/3}.$$

Aufgabe 2.9

Monopson auf einem Faktormarkt

(*monopsonistisches Gleichgewicht, Wertgrenzprodukt, Grenzausgaben*)

Ein Einproduktunternehmen produziert sein Gut mit Hilfe des einzigen Inputs Arbeit und der Produktionsfunktion

$$y = cl \qquad c > 0.$$

Der Verkaufspreis des Gutes sei konstant und gleich $p > 0$. Auf dem Arbeitsmarkt ist das Unternehmen alleiniger Nachfrager, und es gilt die Angebotsfunktion

$$l(w) = \max\{0, (w-a)/b\} \qquad a \geq 0,\, b > 0.$$

Dabei ist $w \geq 0$ der Lohnsatz und $pc > a$.

a) Bestimmen Sie den gewinnmaximalen Plan des Unternehmens, seinen Gewinn und den zugehörigen Lohnsatz.
b) Stellen Sie die Arbeitsmarktsituation in einem Diagramm dar.

Lösung:

a) Da das Unternehmen alleiniger Nachfrager auf dem Arbeitsmarkt ist, wird es sich monopsonistisch verhalten, d.h. es berücksichtigt bei seiner Entscheidung das Verhalten der Arbeitsanbieter. Der Gewinn des Unternehmens in Abhängigkeit des Arbeitseinsatzes l ist

$$Q(l) = pcl - (a + bl)l.$$

Dabei ist $w = a + bl$ der Faktorpreis, den das Unternehmen für die Menge l zahlen muß. Als notwendige Bedingung für ein Maximum erhält man

$$Q'(l) = pc - a - 2bl = 0,$$

bzw.

$$pc = a + 2bl.$$

Das Unternehmen wird diejenige Menge l^* nachfragen, bei der sein Wertgrenzprodukt pc gleich den Grenzausgaben $a+2bl$ für den Faktor ist. Dies ergibt als Gleichgewichtswerte

$$l^* = \frac{pc - a}{2b}, \quad w^* = \frac{pc + a}{2},$$
$$y^* = \frac{c(pc - a)}{2b}, \quad Q^* = \frac{(pc - a)^2}{4b}.$$

b) Im Diagramm sind die Angebotsfunktion S und die Grenzausgabenfunktion GA dargestellt. Daraus ist ersichtlich, daß der Faktorpreis w_m kleiner als das Wertgrenzprodukt pc ist.

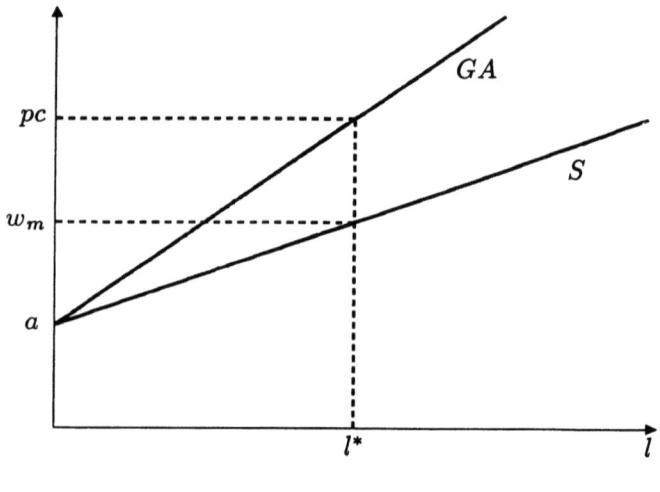

Abb. 2.9

Aufgabe 2.10

Preisdifferenzierung im Monopson

(*monopsonistisches Gleichgewicht, Arbeitsmarkt, Wertgrenzprodukt, Grenzausgaben, Lohndifferenzierung*)

Das Unternehmen aus Aufgabe 2.9 ist in der Lage, auf einem weiteren getrennten Markt Arbeitskräfte einzukaufen. Dort gilt die Angebotsfunktion

$$l_2 = w_2/d \quad d > 0.$$

a) Bestimmen Sie den optimalen Plan des Unternehmens. Zeigen Sie insbesondere, daß das Unternehmen jetzt mehr produziert.

b) Bestimmen Sie die Werte der Parameter, bei denen das Unternehmen auf beiden Märkten den gleichen Lohnsatz zahlt.

Lösung:

a) Da die beiden Arbeitsmärkte getrennt sind, kann der Monopsonist Lohndifferenzierung betreiben. Dies bedeutet, daß er auf beiden

Märkten den Lohnsatz so wählen wird, daß die jeweilige Grenzausgabe gleich dem Grenzwertprodukt pc ist, das unabhängig vom Arbeitseinsatz ist. Daraus folgt aber unmittelbar, daß auf Markt eins die alte Entscheidung weiterhin optimal ist. d.h.

$$l_1^* = \frac{(pc - a)}{2b}, \quad w_1^* = \frac{(pc + a)}{2}.$$

Für den zweiten Markt gilt die notwendige Bedingung

$$pc = 2dl_2^*,$$

so daß

$$l_2^* = pc/2d, \quad w_2^* = pc/2$$

die Gleichgewichtswerte auf dem zweiten Markt sind. Als Gesamtoutput und als Gesamtgewinn erhält man

$$y^* = \frac{c(pc - a)}{2b} + \frac{c^2 p}{2d} > y_1^*$$

$$Q^* = \frac{(pc - a)^2}{4d} + \frac{(pc)^2}{4d}.$$

b) Aus den ermittelten Gleichgewichtswerten erkennt man, daß der Lohnsatz auf beiden Märkten gleich ist, falls $a = 0$ gilt. Die Parameter b und d spielen dabei keine Rolle.

Kapitel 3

Partialmarkttheorie bei vollkommener Konkurrenz

Die Bestimmung und Beschreibung von Gleichgewichten auf einzelnen Märkten bei vollkommener Konkurrenz steht im Vordergrund dieses Kapitels. Drei Aufgaben (3.1 bis 3.3) behandeln die Probleme der Existenz von Gleichgewichten, ihrer Eindeutigkeit bzw. Multiplizität und ihrer expliziten Berechnung im Fall linearer Angebots- bzw. Nachfragefunktionen. Während 3.1 bis 3.3 einen typischen Gütermarkt beschreiben, behandelt Aufgabe 3.7 ein Gleichgewicht auf einem Faktormarkt. Die Aufgaben 3.4 bis 3.6 sind der generellen Methodik der komparativen Statik gewidmet. Dabei werden Einflüsse auf das Gleichgewicht durch Steuern, Angebots- bzw. Nachfrageschocks untersucht. Die Aufgaben 3.8 bis 3.10 betrachten langfristige Gleichgewichte bei vollkommener Konkurrenz und freiem Marktzutritt. Die Analyse wird für die drei typischen unterschiedlichen Kostenverläufe durchgeführt.

Aufgabe 3.1
Gleichgewichtsanalyse auf einem Partialmarkt
(*Überschußnachfragefunktion, Partialmarktgleichgewicht, Existenz eines Gleichgewichts*)

Auf einem Markt gilt die Angebotsfunktion

$$S(p) = \max\{0, -b + dp\}$$

und die Nachfragefunktion

$$D(p) = \max\{0, a - cp\}.$$

Dabei sind a, b, c, d positive Konstanten.

a) Bestimmen Sie die Überschußnachfragefunktion und überprüfen Sie, für welche Parameterkonstellationen von $(a, b, c, d) \gg 0$ ein Gleichgewicht existiert. Skizzieren Sie den Verlauf der Überschußnachfragefunktion für die Situationen $a/c \geq b/d$ und $a/c < b/d$.

b) Für welche Parameterwerte existiert ein Gleichgewicht mit positivem Preis und positiver Menge? Bestimmen Sie die Gleichgewichtswerte und fertigen Sie eine Skizze für diesen Fall an.

Lösung:

a) Die Überschußnachfragefunktion ist

$$\begin{aligned} Z(p) &= D(p) - S(p) \\ &= \max\{0, a - cp\} - \max\{0, -b + dp\}. \end{aligned}$$

Ein Preis $\bar{p}$ heißt Gleichgewichtspreis, wenn $Z(\bar{p}) = 0$ ist. Da Z eine stetige Funktion ist, folgt aus dem Zwischenwertsatz die Existenz einer Nullstelle, falls es p_1 und p_2 gibt mit $Z(p_1) > 0$ und $Z(p_2) < 0$. Für $p_1 = 0$ ergibt sich $Z(0) = a > 0$ und für ein beliebiges $p_2 > a/c + b/d$ gilt $Z(p_2) < 0$. Damit existiert für jede strikt positive Parameterkonstellation ein Gleichgewicht.

Die nachfolgenden Diagramme zeigen, daß es genau einen Gleichgewichtspreis $\bar{p}$ gibt, falls $a/c \geq b/d$ ist. Im anderen Fall sind alle Werte $p \in [a/c, b/d]$ Gleichgewichtspreise.

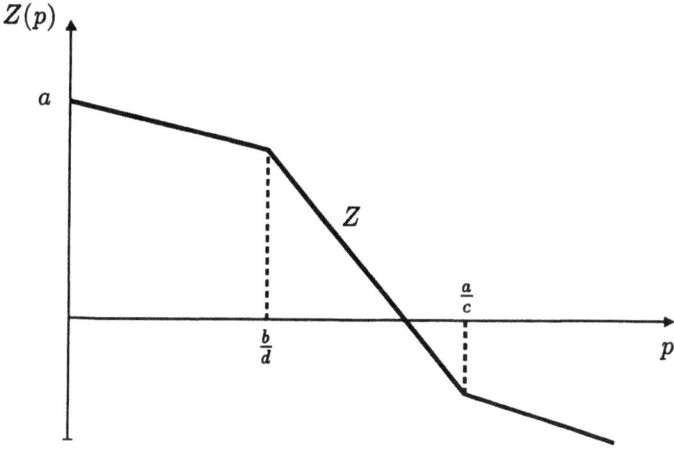

Abb. 3.1.1

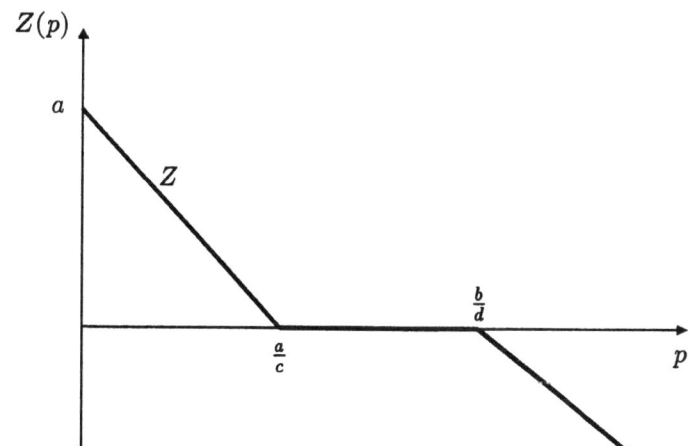

Abb. 3.1.2

b) Aus a) weiß man bereits, daß jeder Gleichgewichtspreis $\bar{p}$ positiv ist. Für eine positive Gleichgewichtsmenge $\bar{x}$ muß deshalb $\bar{x} = S(\bar{p}) = D(\bar{p}) > 0$ gelten, d.h.

$$-b + d\bar{p} = a - c\bar{p} > 0.$$

Daraus folgt unmittelbar, daß $a/c > \bar{p} > b/d$ gelten muß. Als Lösung erhält man

$$\bar{p} = \frac{a+b}{c+d},$$

die auch der Beschränkung $a/c > \bar{p} > b/d$ genau dann genügt, wenn $a/c > b/d$. Als positive Gleichgewichtsmenge $\bar{x}$ ergibt sich

$$\bar{x} = \frac{ad - cb}{c + d}.$$

Das Diagramm zeigt die Angebots– und Nachfragefunktionen für diesen Fall mit dem zugehörigen Gleichgewicht.

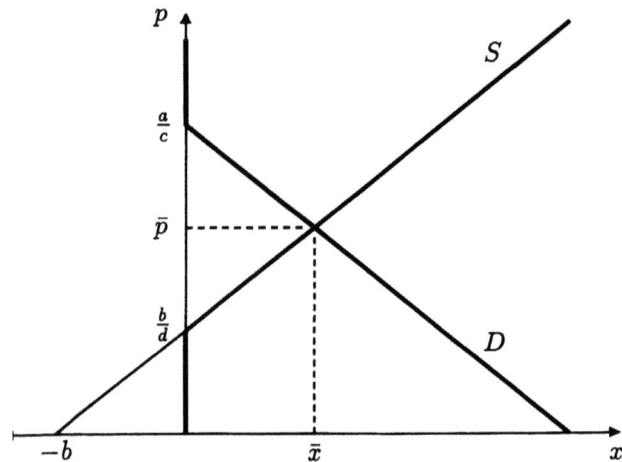

Abb. 3.1.3

Aufgabe 3.2

Gleichgewichtsanalyse auf einem Partialmarkt
(*Überschußnachfragefunktion, Existenz eines Gleichgewichts*)

Auf drei verschiedenen Märkten sind die Nachfrage- und Angebotsfunktionen gegeben durch

a) $\quad D(p) = \max\{0, a + \frac{1}{p}\}$
$\quad\quad S(p) = \max\{0, b - \frac{1}{p}\}$

b) $\quad D(p) = \max\{0, a - bp\}$ $\quad\quad\quad\quad a, b > 0$
$\quad\quad S(p) = \begin{cases} 0 & \text{falls } p < d \\ cp & \text{falls } p \geq d \end{cases} \quad\quad c, d > 0$

c) $\quad D(p) = \max\{0, A - \frac{p}{B}\}$ $\quad\quad\quad\quad A, B > 0$
$\quad\quad S(p) = \begin{cases} D & \text{falls } p \leq C \\ 2D - \frac{CD}{p} & \text{sonst} \end{cases} \quad\quad C, D > 0.$

Bestimmen Sie in allen drei Fällen diejenigen Wertebereiche der Parameter, zu denen ein Gleichgewicht existiert. Fertigen Sie dazu jeweils eine möglichst maßstabsgetreue Skizze an und geben Sie eine ökonomische Interpretation der Parameter.

Lösung:

a) Zum Nachweis der Existenz eines Gleichgewichts betrachte man die Überschußnachfragefunktion

$$Z(p) = \max\left\{0, a + \frac{1}{p}\right\} - \max\left\{0, b - \frac{1}{p}\right\}.$$

Ein Preis $\bar{p}$ heißt Gleichgewichtspreis, falls $Z(\bar{p}) = 0$ gilt. Dabei ist offensichtlich im hier vorliegenden Fall $\bar{p} = 0$ nicht möglich, so daß jeder Gleichgewichtspreis positiv sein muß. Die Funktion Z ist nicht monoton steigend, d.h. $p_1 > p_2$ impliziert $Z(p_1) \leq Z(p_2)$. Außerdem ist sie für beliebige Parameter (a, b) und für alle $p > 0$ stetig, so daß mit Hilfe des Zwischenwertsatzes (siehe auch Aufgabe 3.1) versucht werden kann, die Existenz einer Nullstelle und damit eines Gleichgewichts nachzuweisen.

Zuerst sei die Parameterkonstellation $a \geq b$ analysiert. Ist $a < 0$, so ist $b < 0$ und damit ist das Güterangebot $S(p) = 0$ für alle $p > 0$, so daß

$$Z(p) = \max\left\{0, a + \frac{1}{p}\right\}$$

gilt. Daraus folgt, daß alle $\bar{p}$ mit $\bar{p} \geq -(1/a)$ Gleichgewichtspreise sein müssen, da die Nachfrage in diesen Fällen ebenfalls Null ist. Ist $a \geq 0$, so erhält man für alle $p > 0$ die folgenden Ungleichungen:

$$\begin{aligned} Z(p) &= a + \frac{1}{p} - \max\left\{0, b - \frac{1}{p}\right\} \\ &> a - \max\left\{0, b - \frac{1}{p}\right\} \\ &\geq \max\{0, b\} - \max\left\{0, b - \frac{1}{p}\right\} \\ &\geq 0. \end{aligned}$$

Die Überschußnachfrage ist damit für alle $p > 0$ positiv, so daß in diesem Fall kein Gleichgewicht existiert.

Es gelte nun $b > a$. Ist gleichzeitig $b \leq 0$, dann ist das Angebot $S(p) = 0$ für alle p, so daß

$$Z(p) = \max\left\{0, a + \frac{1}{p}\right\}$$

für alle $p \geq -(1/a)$ Null ist. Ist andererseits $b > 0$, so kann die Existenz eines Gleichgewichts mit Hilfe des Zwischenwertsatzes gezeigt werden. Für p hinreichend klein erkennt man, daß $Z(p) > 0$ gilt. Für p hinreichend groß (z.B. $p > 1/b$) gilt

$$\begin{aligned} Z(p) &= \max\left\{0, a + \frac{1}{p}\right\} - \left(b - \frac{1}{p}\right) \\ &= \max\left\{\frac{1}{p} - b, a - b + \frac{2}{p}\right\}, \end{aligned}$$

so daß

$$\lim_{p \to \infty} Z(p) = \max\{-b, -(b-a)\} < 0$$

folgt. Aufgrund der Stetigkeit von Z ist damit $Z(p) < 0$ für p hinreichend groß und die Existenz einer Nullstelle folgt aus dem Zwischenwertsatz.

Zusammenfassend erhält man damit Existenz eines Gleichgewichts, wenn $b > a$ oder $0 > a \geq b$ gilt. In allen anderen Situationen existiert kein Gleichgewicht. Im Diagramm ist eine Gleichgewichtssituation für $b > 0 > a$ dargestellt, bei der der Gleichgewichtspreis $\bar{p}$ und die Gleichgewichtsmenge $\bar{x}$ positiv sind. Man erkennt deutlich, daß der Parameter $b \geq 0$ das maximale Güterangebot darstellt, während der Parameter a mit $\max\{0,a\}$ die minimale Nachfrage angibt. Dies erklärt auch die Tatsache, daß für $a \geq b > 0$ kein Gleichgewicht existieren kann, da zu jedem Preis die Nachfrage größer als das Angebot ist.

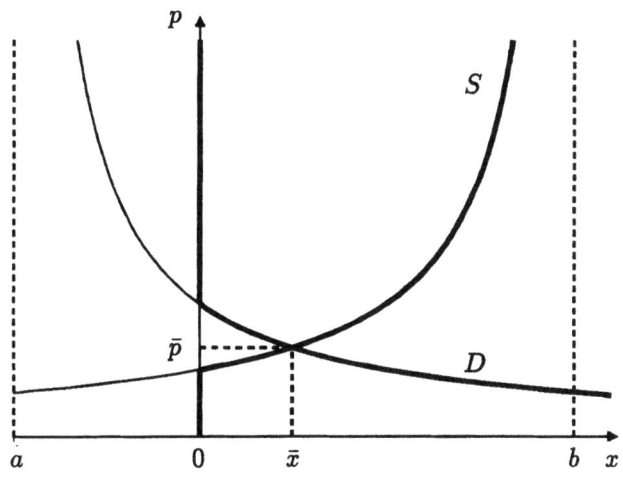

Abb. 3.2.1

b) Im vorliegenden Fall ist die Angebotsfunktion an der Stelle $p = d$ nicht stetig, so daß die im Teil a) verwendeten Argumente hier nicht in gleicher Form anwendbar sind. Im folgenden Diagramm sind Angebots- und Nachfragefunktion für eine Parameterkonstellation dargestellt, für die kein Gleichgewicht existiert. Man erkennt daran, daß die Existenz eines Gleichgewichts deshalb scheitert, weil die Nachfrage an der Unstetigkeitsstelle der Angebotsfunktion den Wert $D(d) = a - bd$ annimmt, der echt kleiner als $S(d) = cd$ ist. Aus diesem Tatbestand läßt sich aber auch sofort ableiten, daß ein Gleichgewicht existiert, falls $a - bd \geq cd$.

Die Gleichgewichtswerte sind

$$\bar{p} = \frac{a}{c+b} \quad \text{und} \quad \bar{p} = \frac{ac}{c+b}.$$

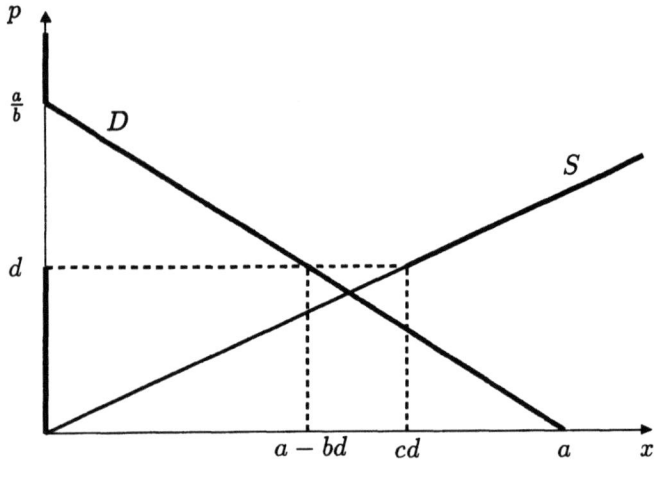

Abb. 3.2.2

Darüber hinaus existieren noch Gleichgewichte mit $\bar{p} \in [a/b, d)$ und $\bar{x} = 0$, falls $a/b < d$ ist. Somit existieren Gleichgewichte falls $a < bd$ oder $a \geq d(b+c)$ ist.

Der Parameter a ist die maximal mögliche Nachfrage, die beim Preis $p = 0$ erreicht wird. b gibt den Betrag der konstanten Steigung der Nachfragekurve an. Damit ist a/b derjenige Preis, bei dem die Nachfrage Null wird, so daß für alle $p \geq a/b$ auch $D(p) = 0$ ist. Für die Angebotsfunktion ist d der kritische Preis, bis zu dem kein positives Angebot erfolgt. Zum Beispiel könnte d das Minimum der Stückkosten bei einer Technologie mit Fixkosten und abnehmenden Skalenerträgen sein. In diesem Fall entspräche die Angebotsfunktion für $p \geq d$ der Grenzkostenfunktion, die die Steigung $1/c$ hat.

c) Die Parameter der linearen Nachfragefunktion bestimmen mit A die maximal mögliche Nachfragemenge zum Preis von Null und mit AB denjenigen Preis, bei dem für alle $p \geq AB$ die Nachfrage Null ist.

Der Parameter D der Angebotsfunktion legt ein Mindestangebot fest, das bis zum Preis $p = C$ konstant ist. Für $p > C$ steigt das Angebot mit steigendem Preis bis maximal $2D$. Ein derartiger Funktionsverlauf kann zum Beispiel durch Aggregation von Anbietergruppen entstehen (vgl. auch Aufgabe 4.18).

Man erkennt, daß sowohl die Angebots- als auch die Nachfragefunktion stetig sind, so daß auch die Überschußnachfragefunktion $Z(p) = D(p) - S(p)$ stetig ist. Mit Hilfe des Zwischenwertsatzes kann nun wieder die Existenz eines Gleichgewichts nachgewiesen werden. Für $p = 0$ erhält man $Z(0) = A - D$ und für $p = AB$ ergibt sich $Z(AB) = -S(AB)$. Da alle Parameter annahmegemäß positiv sind, gilt in jedem Fall $Z(AB) = -S(AB) \leq -D < 0$. Ist $A > D$, dann gilt $Z(0) > 0$. Damit ist $Z(0) > 0 > Z(AB)$ und nach dem Zwischenwertsatz existiert deshalb ein Preis $\bar{p}$, $0 < \bar{p} < AB$, für den $Z(\bar{p}) = 0$ gilt. Für den Fall $A > D$ sind im Diagramm die Angebots- und Nachfragefunktion dargestellt und das Gleichgewicht $(\bar{p}, \bar{x})$ angegeben. Dabei gilt $\bar{p} > 0$ und $\bar{x} > 0$.

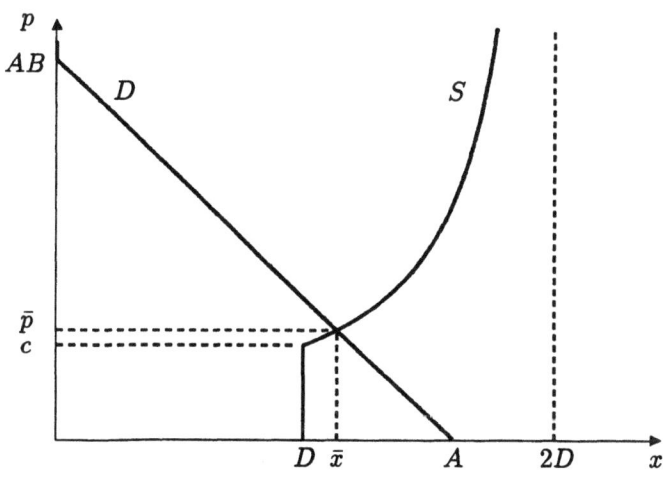

Abb. 3.2.3

Falls $A \leq D$ ist, d.h. die maximal mögliche Nachfrage kleiner oder gleich dem Mindestangebot ist, so gilt $Z(p) \leq 0$. Für $A = D$ ist $p = 0$ ein Gleichgewicht. Ist hingegen $A < D$, so herrscht bei allen Preisen ein Überschußangebot. In diesem Fall kann man die Situation $p = 0$ als Gleichgewicht ansehen, da bei Überschußangebot Sättigung auf der Nachfrageseite vorliegt.

Aufgabe 3.3*
Partialmarktgleichgewicht auf dem Arbeitsmarkt
(Arbeitsangebot, Arbeitsnachfrage, Existenz und Eindeutigkeit des Gleichgewichts)

Auf einem Arbeitsmarkt sei das Arbeitsangebot als Funktion des Lohnsatzes w durch die Funktion

$$S(w) = 2 + \max\{0, 8w(2 - w)\}$$

und die Arbeitsnachfrage durch die Funktion

$$D(w) = \max\{0, 10\alpha - 4w\}$$

gegeben, wobei α ein Parameter mit den Werten $\alpha \in [1/2, 2]$ ist.

a) Zeigen Sie, daß es für alle α in dem angegebenen Intervall mindestens ein Gleichgewicht mit positivem Lohn und positiver Beschäftigung gibt. Skizzieren Sie die Überschußnachfragefunktion für gegebenes α.

b) Skizzieren Sie die Angebots- und Nachfragefunktionen für $\alpha = 1$ und bestimmen Sie die Gleichgewichte.

c) Bestimmen Sie die Bereiche von α, für die es ein eindeutiges Gleichgewicht gibt, und skizzieren Sie die Gleichgewichtspreise als Funktion von α.

Lösung:

a) Als Überschußnachfragefunktion auf dem Arbeitsmarkt erhält man

$$Z(w) = \max\{0, 10\alpha - 4w\} - \max\{0, 8w(2 - w)\} - 2.$$

Z ist eine stetige Funktion, so daß der Nachweis einer Nullstelle mit Hilfe des Zwischenwertsatzes versucht werden kann. Für $w = 0$ erhält man $Z(0) = 10\alpha - 2 > 0$, da $\alpha \geq 1/2$ ist. Andererseits erkennt man, daß das Angebot $S(w) = 2$ ist für alle $w \geq 2$ und daß die Nachfrage $D(w) = 0$ ist für alle $w \geq 5$. Dies ergibt $Z(w) = -2$ für alle $w \geq 5$.

Somit existiert für alle α mindestens ein Gleichgewicht $\bar{w}$ und für alle Gleichgewichte gilt $0 < \bar{w} < 5$.

Für eine genauere Analyse der Überschußnachfragefunktion ist es zweckmäßig, die zwei Fälle $\alpha \leq 4/5$ und $\alpha > 4/5$ getrennt zu betrachten. Sei im ersten Fall $\alpha \leq 4/5$. Dann kann die Überschußnachfragefunktion in folgender Art geschrieben werden:

$$Z(w) = \begin{cases} (10\alpha - 2) + 8w^2 - 20w & w \leq \dfrac{5\alpha}{2} \\ 8w^2 - 16w - 2 & \dfrac{5\alpha}{2} \leq w \leq 2 \\ -2 & w \geq 2. \end{cases}$$

Im zweiten Fall, d.h. für $\alpha > 4/5$, gilt die Überschußnachfragefunktion

$$Z(w) = \begin{cases} (10\alpha - 2) + 8w^2 - 20w & w \leq 2 \\ (10\alpha - 2) - 4w & 2 \leq w \leq \dfrac{5\alpha}{2} \\ -2 & w \geq \dfrac{5\alpha}{2}. \end{cases}$$

Durch eine Analyse der einzelnen Funktionsabschnitte läßt sich zeigen, daß in beiden Fällen, d.h. unabhängig vom Wert α, Z an der Stelle $w = 5/4$ ein lokales Minimum und an der Stelle $w = 2$ ein lokales Maximum annimmt. Die Überschußnachfragefunktion ist damit nicht monoton fallend. Verschiedene Parameterwerte α bewirken jedoch eine Verschiebung der Überschußnachfragefunktion. Die Abbildung zeigt den Graph der Funktion Z für fünf verschiedene Werte von α. Man erkennt daran, daß für bestimmte Werte von α mehrere Gleichgewichte existieren.

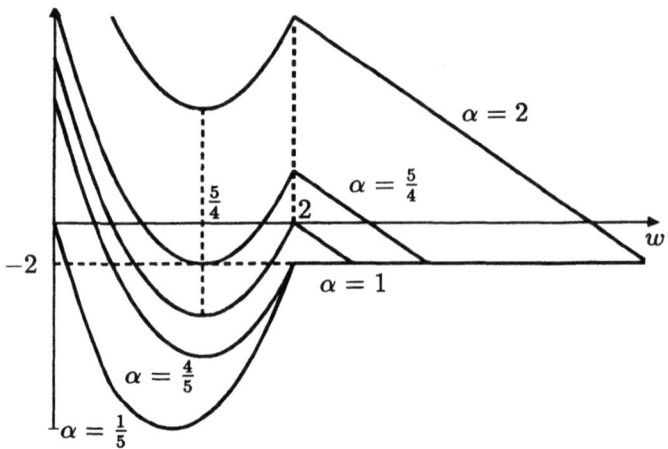

Abb. 3.3.1

b) Die Nachfragefunktion hat für konstantes α einen linearen Verlauf. Die Angebotsfunktion hingegen nimmt für $w = 0$ und für $w \geq 2$ den konstanten Wert $S(2) = 2$ an. Für Werte $0 \leq w \leq 2$ hat S einen parabelförmigen Verlauf mit einem Maximum von 10 an der Stelle $w = 1$. Die graphische Darstellung zeigt, daß es für $\alpha = 1$ genau zwei Gleichgewichte gibt. Diese erhält man als Nullstellen der Überschußnachfrage im zweiten Fall unter a) bzw. als Lösungen der Gleichung

$$8w(2 - w) + 2 = 10 - 4w.$$

Diese sind

$$w_1 = 2, \qquad L_1 = 2$$
$$w_2 = 1/2, \qquad L_2 = 8.$$

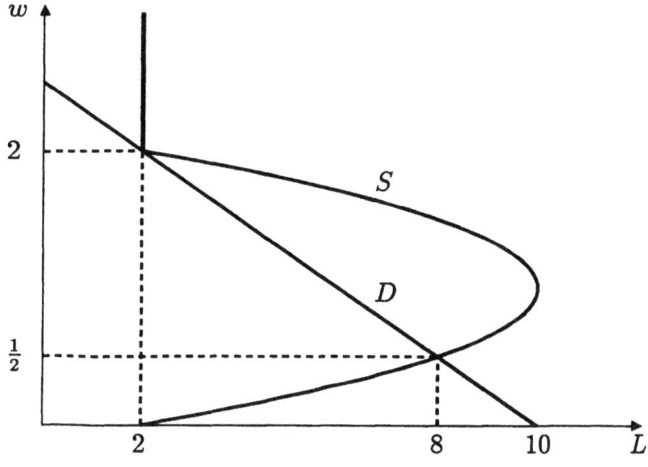

Abb. 3.3.2

c) Aus der graphischen Darstellung zu b) erkennt man, daß es genau ein Gleichgewicht gibt, falls $1/2 \leq \alpha < 1$ ist. Andererseits sieht man ebenfalls, daß es für ein hinreichend großes α ebenfalls nur ein Gleichgewicht geben kann. Zu klären ist, ob dies für ein $\alpha \leq 2$ möglich ist.

Neben einer systematischen Untersuchung der Überschußnachfragefunktion auf Nullstellen in beiden Fällen unter a), die selbstverständlich zum Ziel führt, kann man für die Fragestellung hier auch diejenigen Werte von α bestimmen, für die die Gleichung

$$10\alpha - 4w = 8w(2-w) + 2$$

keine reelle Lösung besitzt. Dies entspricht graphisch der Situation, bei der die Nachfragefunktion vollständig oberhalb vom parabelförmigen Teil der Angebotsfunktion verläuft. Da α ausschließlich den Ordinatenabschnitt der Nachfragefunktion bestimmt, erkennt man, daß es ein kritisches α^* geben muß, so daß für $1 < \alpha < \alpha^*$ jeweils drei Gleichgewichte existieren, für α^* genau zwei und für $\alpha > \alpha^*$ nur eins. Aus der obigen Gleichung erhält man als Bestimmungsgleichung für die möglichen Lösungen $w(\alpha)$

$$w^2 - \frac{5}{2} + \frac{10\alpha - 2}{8} = 0.$$

Dies ergibt
$$w(\alpha) = \frac{5}{4} \pm \sqrt{\frac{25 - 20\alpha + 4}{16}}.$$

Daraus folgt als kritischer Wert $a^* = 29/20$, so daß es für alle $1 \leq \alpha < 29/20$ genau zwei Lösungen mit $w(\alpha) \leq 2$ gibt. Für $\alpha > 29/20$ hingegen existiert keine reelle Lösung, so daß man als einziges Gleichgewicht
$$w(\alpha) = \frac{10\alpha - 2}{4}$$
erhält. Insgesamt folgt damit als Menge der Gleichgewichtspreise für $\alpha \in [1/2, 2]$

$$w(\alpha) = \begin{cases} \dfrac{5}{4} + \sqrt{\dfrac{29 - 20\alpha}{16}} & \dfrac{1}{2} \leq \alpha < 1 \\[2ex] \left. \begin{array}{c} \dfrac{5}{4} \pm \sqrt{\dfrac{29 - 20\alpha}{16}} \\[2ex] \dfrac{10\alpha - 2}{4} \end{array} \right\} & 1 \leq \alpha \leq \dfrac{29}{20} \\[3ex] \dfrac{10\alpha - 2}{4} & \dfrac{29}{20} < \alpha \leq 2. \end{cases}$$

Dies ergibt die folgende graphische Darstellung, aus der die Bereiche des Parameters α erkennbar sind, für die es jeweils nur ein oder mehrere Gleichgewichte gibt.

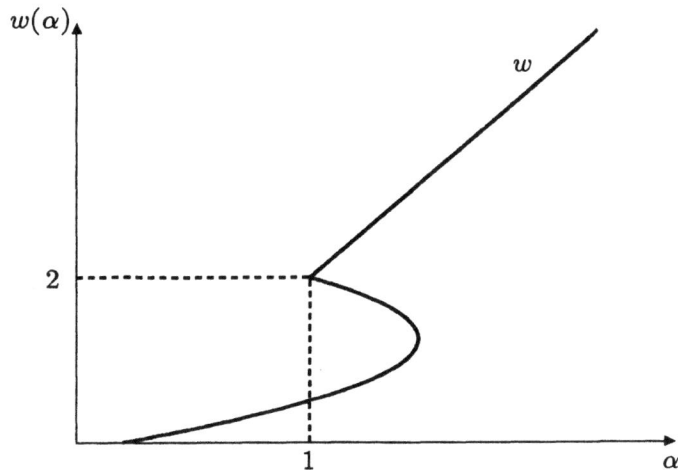

Abb. 3.3.3

Aufgabe 3.4
Komparative Statik im Marktgleichgewicht
(*Partialmarktgleichgewicht, Umsatzsteuer, Steuersatzänderung*)

Auf einem Markt gilt die Angebotsfunktion
$$S(p) = \max\{0, -b + dp\}$$
und die Nachfragefunktion
$$D(p) = \max\{0, a - cp\}.$$
Dabei sind a, b, c, d positive Konstanten mit $a/c > b/d$.

a) Bestimmen Sie Preis und Menge im Gleichgewicht und zeigen Sie, daß beide Werte positiv sind.

b) Der Staat führe eine Umsatzsteuer mit dem Steuersatz t, $0 \leq t \leq 1$ auf den Verkauf des Gutes ein, die von den Nachfragern zu tragen ist. Dies bewirkt, daß der Preis $\tilde{p}$, den die Nachfrager zahlen, durch $\tilde{p} = (1 + t)p$ gegeben ist. p ist der von den Anbietern erzielte Preis. Bestimmen Sie in Abhängigkeit vom Steuersatz t die neuen Gleichgewichtswerte, und untersuchen Sie den Einfluß von t. Unterstellen Sie dabei $ad > bc(1 + t)$. Stellen Sie die Resultate in einem Diagramm zusammen.

Lösung:

a) Als Gleichgewichtswerte $(\bar{p}, \bar{x})$ erhält man (vgl. Aufgabe 3.1)
$$\bar{p} = \frac{a+b}{c+d}, \qquad \bar{x} = \frac{ad-cb}{c+d}.$$
$\bar{p}$ ist positiv, ebenso $\bar{x}$, da $ad > cb$ aus der Annahme folgt.

b) Durch die Einführung der Steuer ergibt sich als Gleichgewichtsbedingung
$$S(p) = D\left(p(1+t)\right),$$
die sich aufgrund der Annahme über die Parameter als
$$-b + dp = a - cp(1+t)$$
schreiben läßt. Daraus folgt als Gleichgewichtspreis $p(t)$, den die Anbieter erzielen, in Abhängigkeit vom Steuersatz t
$$p(t) = \frac{a+b}{c(1+t)+d},$$
als Preis $\tilde{p}(t)$, den die Nachfrager zahlen,
$$\tilde{p}(t) = (1+t)p(t)$$
$$= \frac{(a+b)(1+t)}{c(1+t)+d}$$
und als Gleichgewichtsmenge
$$x(t) = \frac{ad - bc(1+t)}{c(1+t)+d}.$$

Den qualitativen Zusammenhang zwischen einer Steuersatzänderung und den Gleichgewichtswerten erhält man durch Differentiation des jeweiligen Gleichgewichtspreises bzw. der Gleichgewichtsmenge nach t. Man erhält
$$\frac{dp}{dt} = -\frac{(a+b)c}{[c(1+t)+d]^2} < 0$$
$$\frac{d\tilde{p}}{dt} = \frac{d(a+b)}{[c(1+t)+d]^2} > 0$$
$$\frac{dx}{dt} = -\frac{cd(a+b)}{[c(1+t)+d]^2} < 0.$$

Daraus ergibt sich, daß eine Erhöhung des Steuersatzes und damit auch die Einführung der Steuer die Gleichgewichtsmenge und den von den Anbietern erzielten Preis senkt, den von den Nachfragern gezahlten Preis aber erhöht.

Geometrisch bedeutet die Einführung der Steuer eine Drehung der Nachfragekurve um den Punkt a. Die neuen Gleichgewichtswerte ergeben sich dann entsprechend, wie sie in der Abbildung eingezeichnet sind.

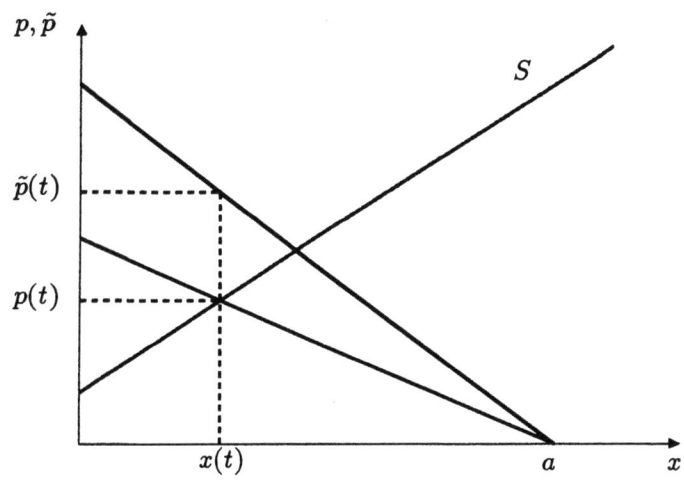

Abb. 3.4

Aufgabe 3.5
Komparative Statik im langfristigen Gleichgewicht

(*Existenz des langfristigen Gleichgewichts, exogene Einkommensänderung, Mengeneffekt, Preiseffekt, Einkommenselastizität*)

Auf einem Markt bieten $n \geq 1$ Firmen ein Gut an, das sie mit der gleichen Technologie produzieren. Die Kostenfunktion jeder Firma $i = 1, \ldots, n$ lautet

$$C(x_i) = \frac{1}{b} x_i^b + f,$$

wobei $b > 1$ und $f > 0$ gilt.

a) Bestimmen Sie die langfristige aggregierte Angebotsfunktion.

b) Die aggregierte Nachfragefunktion sei von der Form
$$D(p,Y) = \beta Y p^{-\alpha} + \gamma,$$
wobei $\alpha \geq 1$, $\beta > 0$, $\gamma > 0$ Parameter sind und $Y > 0$ das Einkommen der Nachfrager bezeichnet. Zeigen Sie, daß es für die Existenz eines langfristigen Gleichgewichts notwendig ist, daß das Einkommen Y oder γ einen bestimmten Mindestbetrag überschreiten. Wählen Sie dafür zur Vereinfachung $\alpha = 1$.

c) Der Staat beschließt eine Maßnahme zur Einkommenserhöhung. Welchen Einfluß hat die Einkommenserhöhung auf Preis und Menge im langfristigen Gleichgewicht?

d) Wie groß sind die prozentualen Veränderungen von Preis und Menge bei einer einprozentigen Einkommenserhöhung, falls $\gamma = 0$ ist?

Lösung:

a) Da die Kostenfunktion positive Fixkosten aufweist, wird langfristig von jeder Firma eine positive Menge nur dann angeboten, falls der Preis größer als das Minimum der totalen Stückkosten ist. Man erhält aus
$$AC(x) = \frac{1}{b} x^{b-1} + f x^{-1}$$
als Minimum (vgl. Aufgabe 1.21)
$$\min AC(x) = \left[\frac{bf}{b-1} \right]^{(b-1)/b} = \bar{p}.$$

Dies bestimmt den kritischen Wert $\bar{p}$ für den Preis, unterhalb dessen langfristig kein positives Angebot erfolgt. Für $p \geq \bar{p}$ gilt
$$p = MC(x) = x_i^{b-1}$$
und als Angebot ergibt sich
$$x_i = p^{1/(b-1)}.$$

Damit lautet die langfristige aggregierte Angebotsfunktion

$$S(p) = \begin{cases} np^{1/(b-1)} & \text{falls } p \geq \left[\dfrac{bf}{b-1}\right]^{(b-1)/b} \\ 0 & \text{sonst}. \end{cases}$$

b) Die Angebotsfunktion ist an der Stelle $\bar{p}$ nicht stetig, so daß trotz der Stetigkeit der Nachfragefunktion die Überschußnachfragefunktion $Z = D - S$ an der Stelle $\bar{p}$ nicht stetig ist. Man erkennt, daß $Z(p) > 0$ für alle $p < \bar{p}$ ist, $Z(p)$ streng monoton fallend verläuft und $Z(p)$ gegen $-\infty$ strebt, falls $p \to +\infty$. Insgesamt folgt deshalb, daß ein Gleichgewicht genau dann existiert, wenn

$$Z(\bar{p}) = D(\bar{p}, Y) - S(-p) \geq 0$$

ist. Dies ergibt als notwendige und hinreichende Bedingung für die Existenz eines Gleichgewichts

$$\begin{aligned} D(\bar{p}, Y) &= \beta Y \bar{p}^{-\alpha} + \gamma \\ &\geq n\bar{p}^{1/(b-1)} = S(\bar{p}), \end{aligned}$$

die durch große Werte von Y oder γ stets erfüllbar ist. Für $\alpha = 1$ und $\gamma = 0$ kann man diese Größenabschätzung für das Einkommen direkt angeben, denn aus

$$\beta Y \bar{p}^{-1} \geq n\bar{p}^{1/(b-1)}$$

folgt

$$Y \geq \frac{n}{\beta} \bar{p}^{b/(b-1)} = \frac{n}{\beta} \frac{bf}{b-1}.$$

Da die Überschußnachfragefunktion streng monoton fallend ist, existiert genau ein Gleichgewicht.

c) Sei p Gleichgewichtspreis. Dann ist p Lösung der Gleichung $D(p, Y) - S(p) = 0$, d.h. p erfüllt

$$\beta Y p^{-\alpha} + \gamma - np^{1/(b-1)} = 0.$$

Als Preiseffekt einer exogenen Einkommensänderung erhält man mit Hilfe des Satzes über implizite Funktionen

$$\frac{dp}{dY} = -\frac{\beta p^{-\alpha}}{-\alpha\beta Y p^{-\alpha-1} - \frac{n}{b-1}p^{[1/b-1]-1}}$$

$$= \frac{p(b-1)\beta p^{-\alpha}}{\alpha(b-1)\beta Y p^{-\alpha} + np^{1/(b-1)}} > 0.$$

Damit ist bei höherem Einkommen der langfristige Gleichgewichtspreis höher. Als Mengeneffekt erhält man

$$\frac{dx}{dY} = S'(p)\frac{dp}{dY}$$

$$= \frac{n\beta p^{-\alpha}p^{1/(b-1)}}{\alpha(b-1)\beta Y p^{-\alpha} + np^{1/(b-1)}} > 0,$$

da sich die Menge im langfristigen Gleichgewicht als

$x = S[h(Y)]$

ergibt. Dabei stellt $p = h(Y)$ den funktionalen Zusammenhang von langfristigem Gleichgewichtspreis und exogenem Einkommen dar, der implizit durch die Gleichgewichtsbedingung $D(p,Y) - S(p) = 0$ gegeben ist. Komparativ-statisch ist somit die langfristige Gleichgewichtsmenge höher, wenn das Einkommen höher ist. Insgesamt bedeutet somit eine exogene Einkommenserhöhung einen positiven Nachfrageschock, der Preise und Mengen erhöht.

d) Ist $\gamma = 0$, so lautet die Gleichgewichtsbedingung

$\beta Y p^{-\alpha} = np^{1/(b-1)}$.

Setzt man diese in die Gleichungen für den Preis- bzw. den Mengeneffekt ein, so erhält man als Elastizitäten

$$\frac{dp}{dY}\frac{Y}{p} = \frac{(b-1)}{\alpha(b-1)+1}$$

$$\frac{dx}{dY}\frac{Y}{x} = \frac{1}{\alpha(b-1)+1}.$$

Dies zeigt, daß die prozentualen Veränderungen, hier durch die Elastizitäten dargestellt, konstant und kleiner als eins sind. Eine einprozentige Einkommenssteigerung bewirkt somit jeweils eine Preis- bzw. Mengenerhöhung um weniger als ein Prozent.

Aufgabe 3.6
Komparative Statik im langfristigen Gleichgewicht
(Existenz und Eindeutigkeit, Preiseffekt, Mengeneffekt, Umweltabgabe)

Die k Firmen eines Industriesektors produzieren ein Gut mit der gleichen Technologie, die keine Fixkosten und einen Homogenitätsgrad $0 < r < 1$ aufweist. Die Preise der Inputfaktoren sind konstant. Die aggregierte Nachfragefunktion D sei differenzierbar, streng monoton fallend, und für alle $p > 0$ gelte $D(p) > k$.

a) Zeigen Sie, daß es auf diesem Markt genau ein langfristiges Gleichgewicht gibt.

b) Aufgrund von technischem Fortschritt wird eine marginale Erhöhung des Homogenitätsgrades der Produktionsfunktion erreicht. Welchen Einfluß hat dies auf Preis und Menge im langfristigen Gleichgewicht?

c) Der Staat führt eine Umweltabgabe ein, die jede Firma mit dem festen Betrag $f > 0$ belastet. Diskutieren Sie den Einfluß dieser Maßnahme auf das langfristige Gleichgewicht. Stellen Sie Ihre Resultate in einem Diagramm dar.

Lösung:

a) Aus der Homogenitätseigenschaft folgt, daß die Kostenfunktion jeder Firma von der Form

$$C(x) = Ax^{1/r}, \qquad A > 0$$

ist. Da außerdem keine Fixkosten anfallen, bietet jede Firma gemäß der Regel "Preis = Grenzkosten" an, d.h.

$$p = C'(x) = \frac{A}{r} x^{(1-r)/r}.$$

Dies ergibt die aggregierte Angebotsfunktion

$$S(p) = k \left[\frac{r}{A} p \right]^{r/(1-r)}.$$

Man erhält die Eigenschaften $S(0) = 0$ und, da $r < 1$ ist, $S'(p) > 0$ sowie $\lim_{p \to \infty} S(p) = \infty$.

Damit ist die Überschußnachfragefunktion $Z = D - S$ differenzierbar und streng monoton fallend ($Z' < 0$), so daß es höchstens ein Gleichgewicht gibt. Ferner erkennt man, daß

$$\lim_{p \to \infty} Z(p) = -\infty$$
$$\lim_{p \to 0} Z(p) = \lim_{p \to 0} D(p) > 0$$

ist. Es existieren somit Werte $p_1 > p_2 > 0$, so daß $Z(p_2) > 0 > Z(p_1)$ gilt. Nach dem Zwischenwertsatz gibt es deshalb ein $\tilde{p}$, $p_2 \leq \tilde{p} \leq p_1$, so daß $Z(\tilde{p}) = 0$ ist. $\tilde{p}$ ist somit das einzige Gleichgewicht.

b) Die Gleichgewichtsbedingung, die implizit den Gleichgewichtspreis bestimmt, lautet

$$D(p) - k \left[\frac{r}{A} p \right]^{r/(1-r)} = 0$$

bzw.

$$\ln[D(p)] - \ln k - \frac{r}{1-r} \ln \left[\frac{r}{A} p \right] = 0.$$

Da $D(p) > k$ ist, folgt, daß für den Gleichgewichtspreis $p > A/r$ gelten muß. Mit Hilfe des Satzes über implizite Funktionen erhält man den Preiseffekt einer (marginalen) Erhöhung des Homogenitätsgrades als

$$\frac{dp}{dr} = \frac{p[\ln(rp/A) + (1-r)]}{p(1-r)^2 D'/D - r(1-r)}.$$

Dieser ist negativ, da $D' < 0$, $rp > A$ und $0 < r < 1$ gilt. Als Mengeneffekt ergibt sich

$$\frac{dx}{dr} = D'(p) \frac{dp}{dr} > 0.$$

Damit ist gezeigt, daß eine technologische Verbesserung in Form einer Steigerung des Homogenitätsgrades langfristig einen niedrigeren Preis und eine höhere Menge bewirkt.

c) Die Einführung einer Abgabe in Form eines festen Betrages $f > 0$ wirkt sich langfristig wie Fixkosten aus, so daß es für die Firmen einen kritischen Wert $\bar{p} = \min AC(x)$ für den Preis gibt, bis zu dem langfristig die Menge Null angeboten wird. Auf das sonstige Angebotsverhalten jeder Firma hat die Einführung der Abgabe keinen Einfluß, da die notwendige Bedingung $p = MC(x)$ durch die Abgabe nicht verändert wird. Damit ergibt sich folgendes Resultat: Die Einführung einer Abgabe in Form eines festen Betrages f hat keinen Einfluß auf Preis und Menge im langfristigen Gleichgewicht, solange das von der Höhe von f abhängige Minimum der Stückkosten kleiner oder gleich dem Marktpreis ist. Dies bedeutet, daß insbesondere für kleine Werte von f das langfristige Gleichgewicht unverändert bleibt. Übersteigt f jedoch einen kritischen Wert, der das Minimum der Stückkosten über den langfristigen Marktpreis anhebt, so existiert danach kein Gleichgewicht mehr. Im Diagramm sind zwei kritische Werte p_1 und p_2 eingezeichnet. Für $p_2 = \min AC(x)$ existiert kein Gleichgewicht mehr.

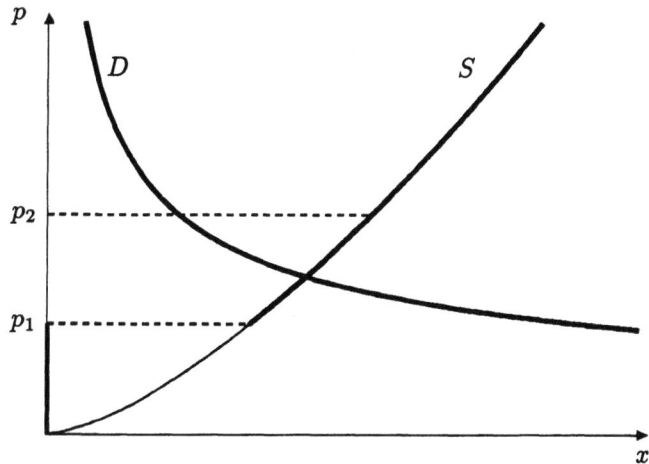

Abb. 3.6

Aufgabe 3.7

Interdependenzen von Partialmarktgleichgewichten
(*vollkommene Konkurrenz, Angebots- und Nachfragefunktion auf Güter- und Faktormärkten, Gewinnfunktion, Lemma von Hotelling*)

Bei vollkommener Konkurrenz auf Güter- und Faktormärkten produziere ein Unternehmen ein Gut mit Hilfe von zwei Inputfaktoren. Die Kostenfunktion des Unternehmens sei gegeben durch

$$C(y, w_1, w_2) = y^2 w_1^{1/2} w_2^{1/2},$$

wobei y die Menge des produzierten Gutes und w_1, w_2 die Preise der Faktoren 1 und 2 seien.

a) Bestimmen Sie die Angebotsfunktion $y(p, w_1, w_2)$ der Firma auf dem Gütermarkt und ihre Nachfragefunktionen $h_1(p, w_1, w_2)$ und $h_2(p, w_1, w_2)$ auf den Faktormärkten, wobei p der Preis auf dem Gütermarkt sei.

b) Die bisher betrachtete Firma ist eine von 40 identischen Firmen, die zusammen einen Industriesektor bilden. Bestimmen Sie die Gesamtangebots- und die Gesamtnachfragefunktionen des Sektors.

c) Der Faktor 2 werde gemäß der Funktion

$$V_2(w_2) = 5 w_2^{1/2}$$

angeboten. Der Gleichgewichtspreis auf dem Gütermarkt sei $p^* = 4$, und der Gleichgewichtspreis auf dem Faktormarkt 1 sei $w_1^* = 1$. Bestimmen Sie den gleichgewichtigen Preis w_2^* auf dem Faktormarkt 2, wenn die Firmen des Industriesektors die einzigen Nachfrager auf diesem Markt sind. Wie hoch ist das Güterangebot jeder einzelnen Firma?

Lösung:

a) Der Gewinn des Unternehmens ist gegeben durch

(i) $\quad Q(y) = py - y^2 w_1^{1/2} w_2^{1/2}.$

Im Maximum muß gelten

$p - 2y w_1^{1/2} w_2^{1/2} = 0.$

Daraus ergibt sich direkt die Angebotsfunktion

(ii) $y(p, w_1, w_2) = \dfrac{p}{2w_1^{1/2} w_2^{1/2}}$

und die Gewinnfunktion (durch Einsetzen von (ii) in (i))

$$\pi(p, w_1, w_2) = \dfrac{p^2}{4w_1^{1/2} w_2^{1/2}} \;.$$

Die Faktornachfragefunktionen lassen sich mit dem Lemma von Hotelling bestimmen, wenn $v_1 > 0$, $v_2 > 0$ und $p > 0$. Dann ist

$$h_1(p, w_1, w_2) = -\dfrac{\partial \pi(p, w_1, w_2)}{\partial w_1}$$

$$= \dfrac{p^2}{8 w_1^{3/2} w_2^{3/2}}$$

und

$$h_2(p, w_1, w_2) = \dfrac{p^2}{8 w_1^{1/2} w_2^{3/2}} \;.$$

b) Da die Firmen identisch sind, erhält man als Gesamtangebots-, bzw. Gesamtnachfragefunktionen

$$Y(p, w_1, w_2) = \dfrac{20p}{w_1^{1/2} w_2^{1/2}},$$

$$H_1(p, w_1, w_2) = \dfrac{5p^2}{w_1^{3/2} w_2^{1/2}},$$

$$H_2(p, w_1, w_2) = \dfrac{5p^2}{w_1^{1/2} w_2^{3/2}} \;.$$

c) Auf dem Faktormarkt 2 muß im Gleichgewicht die Bedingung

$$V_2(w_2) = H_2(p^*, w_1^*, w_2),$$

d.h.

$$5 w_2^{1/2} = \dfrac{80}{w_2^{3/2}}$$

gelten. Damit ist $w_2^* = 4$.

Durch Einsetzen der Gleichgewichtspreise in die Angebotsfunktionen der Unternehmen erhält man

$y_i^* = 1$ für alle $i = 1, ..., 40$.

Aufgabe 3.8
Langfristiges Gleichgewicht bei freiem Marktzutritt
(vollkommene Konkurrenz, Firmenzahl, abnehmende Skalenerträge)

Auf einem Gütermarkt mit vollkommener Konkurrenz bestehe freie Marktzutritts- und Marktaustrittsmöglichkeit für alle Anbieter. Die langfristige Kostenfunktion jedes Anbieters ist durch

$$C(x) = \frac{1}{b} x^b \qquad b > 1$$

beschrieben.

a) Ermitteln Sie die langfristige Angebotsfunktion und die Gewinnfunktion eines einzelnen Anbieters. Bestimmen Sie die aggregierte Angebotsfunktion, wenn n Firmen anbieten.

b) Die aggregierte Nachfragefunktion sei

$$D(p) = \frac{B}{p+a} \qquad B > 0, \ a > 0.$$

Welche langfristige Konstellation erhält man?

c) Welche Veränderungen unter b) ergeben sich, wenn der Parameter b den Wert eins annimmt?

Lösung:

a) Der Kostenfunktion liegt eine Technologie mit abnehmenden Skalenerträgen zugrunde, da $b > 1$ ist. Fixkosten liegen nicht vor, so daß aus der notwendigen Bedingung für ein Gewinnmaximum

$$p = MC(x) = x^{b-1}$$

als einzelwirtschaftliche Angebotsfunktion

$$s(p) = p^{1/(b-1)}$$

folgt. Die Gewinnfunktion $\pi(p)$ ist dann

$$\pi(p) = ps(p) - C(s(p))$$
$$= \frac{b-1}{b} p^{b/(b-1)}.$$

Diese nimmt für jeden positiven Preis einen positiven Wert an. Die aggregierte Angebotsfunktion für n Firmen lautet

$$S(p,n) = ns(p) = np^{1/(b-1)}.$$

b) Sind n Anbieter im Markt, so ergibt sich der Gleichgewichtspreis als Lösung der Gleichung

$$D(p) = S(p,n),$$

bzw.

$$\frac{B}{p+a} = np^{1/(b-1)}$$

oder

$$\frac{B}{n} = (p+a)p^{1/(b-1)}.$$

Da $a > 0$ und $b > 1$ ist, ergibt die rechte Seite dieser Gleichung eine streng monoton steigende Funktion in p, die für $p = 0$ den Wert Null annimmt. Daraus folgt, daß es für jedes positive n genau einen positiven Gleichgewichtspreis $p(n)$ gibt.

Für positives $p(n)$ ist jedoch der Gewinn jedes Anbieters positiv, so daß weitere Firmen in den Markt eintreten. Da diese Folgerung für jedes endliche n gilt, ergibt sich, daß bei langfristiger Betrachtung die Anzahl der Anbieter gegen unendlich strebt. Dies bedeutet, daß für $n \to \infty$ der Marktpreis, das individuelle Angebot und der individuelle Gewinn gegen Null streben, d.h.

$$p(n) \to 0,$$
$$s(p(n)) \to 0,$$
$$\pi(p(n)) \to 0.$$

Die Gesamtnachfrage ergibt jedoch für n gegen unendlich

$$\lim_{n \to \infty} D(p(n)) = B/a.$$

Langfristig bieten deshalb sehr viele Firmen je einen verschwindend geringen Teil der Gesamtnachfrage an, die gegen B/a strebt.

c) Ist $b = 1$, so hat die Kostenfunktion konstante Grenzkosten von eins. In diesem Fall ist ein Gleichgewicht mit jeder endlichen Firmenzahl ein langfristiges Gleichgewicht, da kurzfristig wie langfristig der Marktpreis gleich den Stückkosten ist und damit die Gewinne Null sind. D.h. die Anzahl der Anbieter ist unbestimmt ebenso wie die Aufteilung der Gesamtnachfrage von $D(1) = B/(1+a)$.

Aufgabe 3.9
Langfristiges Marktgleichgewicht
(*Marktzutritt, Marktaustritt, vollkommene Konkurrenz, steigende Grenzkosten, Fixkosten, Firmenzahl*)

Auf einem Gütermarkt mit vollkommener Konkurrenz bestehe freie Marktzutritts– und Marktaustrittsmöglichkeit. Die langfristigen Kosten eines jeden Produzenten seien durch die Funktion $c(y) = y^2 + 4$ beschreibbar.

a) Leiten Sie die langfristige Angebotsfunktion eines einzelnen Produzenten her. Welchen Preis müßte er am Markt mindestens erzielen, damit er langfristig nicht aus dem Markt ausscheidet?

b) Ermitteln Sie die aggregierte langfristige Angebotsfunktion, wenn sich n Firmen auf dem Markt befinden. Die aggregierte Nachfrage sei durch die Funktion $D(p) = \max\{0, 40 - 3p\}$ gegeben. Bestimmen Sie die Anzahl der Anbieter und den Preis im langfristigen Marktgleichgewicht.

c) Alle Unternehmen der Branche entschließen sich, zu einem kapitalintensiveren Verfahren überzugehen, das die langfristige Kostenfunktion

$$c(y) = \frac{1}{2}y^2 + 8$$

ergibt. Welche Änderungen ergeben sich gegenüber dem Fall b)?

Lösung:

a) Maximierung des Gewinns

$$Q(y) = py - y^2 - 4$$

jedes Unternehmens ergibt als notwendige Bedingung

$$p - 2y = 0$$

und damit als kurzfristige Angebotsentscheidung $y^* = p/2$. Um langfristig nichtnegative Gewinne zu erwirtschaften, muß der Preis so sein, daß

$$Q(y^*) = y^*(p - y^*) - 4 \geq 0$$

gilt. Dies ergibt $p \geq 4$, so daß das Unternehmen langfristig im Markt verbleibt, solange der Preis nicht unter 4 fällt. Dieser Wert ist gerade das Minimum der langfristigen Stückkosten, so daß als langfristige Angebotsfunktion eines einzelnen Produzenten

$$s(p) = \begin{cases} \frac{p}{2} & \text{falls} \quad p \geq 4 \\ 0 & \text{sonst} \end{cases}$$

folgt. b) Als langfristige Angebotsfunktion $S(p, n)$ mit n Firmen im Markt erhält man

$$S(p, n) = \begin{cases} \frac{1}{2}np & \text{falls} \quad p \geq 4 \\ 0 & \text{sonst}. \end{cases}$$

Für ein Gleichgewicht mit n Firmen und positiver Menge muß

$$D(p) = S(p, n) \quad \text{und} \quad p \geq 4$$

gelten. Dies ergibt

$$40 - 3p = \frac{1}{2}np,$$

bzw.

$$\begin{aligned} n &= \frac{80}{p} - 6 \\ &\leq 20 - 6 = 14. \end{aligned}$$

Diese Bedingung zeigt, daß höchstens 14 Firmen den Markt im Gleichgewicht beliefern können. Aufgrund des freien Marktzutritts werden ein Gleichgewichtspreis $p > 4$ und die damit verbundenen positiven Gewinne weitere Firmen anziehen, so daß im langfristigen Gleichgewicht $p^* = 4$ sein wird. In einem solchen Gleichgewicht können gerade $n^* = 14$ Anbieter ohne Verlust überleben und den Markt versorgen.

c) Analog zu a) läßt sich die einzelwirtschaftliche Angebotsfunktion als

$$s(p) = \begin{cases} p & \text{falls} \quad p \geq 4 \\ 0 & \text{sonst} \end{cases}$$

ermitteln. Im langfristigen Gleichgewicht gilt dann $p^* = 4$ und $n^* = 7$. Man erkennt, daß im vorliegenden Fall die Veränderung der Kosten (Grenzkosten) durch die Wahl eines anderen Verfahrens nicht das Minimum der Stückkosten verändert hat, wohl aber die Anzahl der Firmen, die im langfristig im Markt verbleiben können. Die Produktivitätssteigerung bewirkt also hier eine Verringerung der Firmenzahl, die die gleiche Gesamtmenge anbietet.

Aufgabe 3.10

Langfristiges Marktgleichgewicht bei freiem Marktzutritt
(vollkommene Konkurrenz, freier Marktzutritt, steigende Grenzkosten, Fixkosten, Firmenzahl, Mengensteuer, Steuerüberwälzung)

Auf dem Gütermarkt mit vollkommener Konkurrenz bestehe freie Marktzu- und -austrittsmöglichkeit. Die langfristigen Kosten eines jeden Produzenten seien durch die Funktion

$$C(x) = \frac{1}{3}x^3 + ax + b, \qquad a > 0, \ b > 0,$$

beschrieben.

a) Leiten Sie die langfristige Angebotsfunktion eines einzelnen Produzenten her. Geben Sie die aggregierte langfristige Angebotsfunktion an, wenn sich n Firmen auf dem Markt befinden.

b) Die aggregierte Nachfrage sei durch die Funktion

$$D(p) = \max\{0, B/(p-a)\} \qquad B > 0$$

gegeben. Bestimmen Sie die Anzahl der Anbieter und den Preis im langfristigen Marktgleichgewicht.

c) Bestimmen Sie das Gleichgewicht (Anzahl der Firmen, Preis), wenn die Konsumenten pro Einheit des Konsumgutes τ DM an Steuern bezahlen müssen. Wie verändert sich das Gleichgewicht, wenn die Unternehmen anstatt der Konsumenten die Steuer entrichten?

Lösung:

a) Das langfristige Angebot eines Produzenten ist nur dann positiv, wenn der Marktpreis p nicht kleiner als das Minimum der langfristigen Stückkosten $\min LAC(x)$ ist. Für die angegebene Kostenfunktion erhält man

$$\min LAC(x) = \min\left\{\frac{1}{3}x^2 + a + \frac{b}{x}\right\} = \left(\frac{3}{2}b\right)^{2/3} + a$$

an der Stelle $\bar{x} = (3b/2)^{1/3}$. Für $p \geq \min LAC(x)$ folgt als notwendige Bedingung für Gewinnmaximierung, daß der Preis gleich den Grenzkosten ist. d.h.

$p = x^2 + a$.

Damit ergibt sich als langfristige Angebotsfunktion

$$s(p) = \begin{cases} \sqrt{p-a} & \text{falls} \quad p \geq \left(\frac{3}{2}b\right)^{2/3} + a \\ 0 & \text{sonst.} \end{cases}$$

Die aggregierte langfristige Angebotsfunktion bei n Firmen lautet

$S(n,p) = ns(p)$.

b) Im langfristigen Marktgleichgewicht bei vollkommener Konkurrenz produzieren alle Anbieter im Minimum ihrer Stückkosten, so daß gilt

$$p = \left(\frac{3}{2}b\right)^{2/3} + a.$$

Aus der Gleichheit von Angebot und Nachfrage

$$n\sqrt{p-a} = \frac{B}{p-a}$$

folgt
$$n = B(p-a)^{-3/2} = \frac{2}{3}\frac{B}{b}.$$

c) Sei p^c der Preis, den die Konsumenten zahlen und p der Preis, den die Anbieter erzielen. Zahlen die Konsumenten die Steuer, so gilt $p^c = p + \tau$. Dann folgt als langfristige Gleichgewichtsbedingung

$$n\sqrt{p-a} = \frac{B}{p+\tau-a}, \quad \text{wobei} \quad p = \left(\frac{3}{2}b\right)^{2/3} + a.$$

Dies ergibt als Anzahl an Firmen

$$n = \frac{B}{\frac{3}{2}b + \tau\left(\frac{3}{2}b\right)^{1/3}}.$$

Zahlen die Produzenten die Steuer, so gilt

$$n\sqrt{p^c - \tau - a} = \frac{B}{p^c - a}, \quad \text{wobei} \quad p^c = \left(\frac{3}{2}b\right)^{2/3} + a + \tau.$$

Dies ergibt die gleiche Anzahl Firmen

$$n = \frac{B}{\frac{3}{2}b + \tau\left(\frac{3}{2}b\right)^{1/3}}.$$

Dies zeigt, daß die Zahlungsweise der Steuer keine Auswirkungen auf das langfristige Gleichgewicht hat. Ursache dafür ist, daß die langfristige Angebotsfunktion horizontal verläuft. Dies ermöglicht den Produzenten eine hundertprozentige Überwälzung der Steuer im Gleichgewicht.

Kapitel 4

Haushaltstheorie

Neben der Produktions- und Kostentheorie ist die Theorie des Haushalts ein wichtiger und umfangreicher Abschnitt in jeder Grundstudiumsvorlesung. Konzeptionell wie methodisch treten dabei neue wesentliche Aspekte hinzu, die bei aller formaler Parallelität zur Produktionstheorie eine sorgfältige eigene Analyse erfordern. Dies läßt es als sinnvoll erscheinen, Aufgaben dazu in entsprechendem Umfang an das Ende des Arbeitsbuches zu setzen, obwohl es sicherlich auch gute Gründe gibt, die Haushaltstheorie vor der Partialmarkttheorie anzusiedeln.
Die Aufgaben 4.1 und 4.2 widmen sich den Problemen der Beschreibung und Darstellung der Budgetrestriktion und der Präferenzen eines Haushalts. Die Aufgaben 4.3 bis 4.10 behandeln ausschließlich Situationen der Bestimmung der Nachfrage eines Haushalts im Zwei-Güter-Fall bei gegebenem Einkommen und Preisen, jedoch für unterschiedliche Nutzenfunktionen. Neben den traditionellen und allgemein behandelten Nutzenfunktionen, wie z.B. Cobb-Douglas, CES- und konkav separablen Nutzenfunktionen (4.3 bis 4.6), werden insbesondere auch sogenannte quasilineare und nicht monotone Funktionen sowie solche verwendet, die den Inferioritäts- und den Giffenfall erzeugen. Die Aufgaben 4.11 bis 4.14 analysieren im allgemeinen n-Güter-Fall die Nachfrage für homothetische sowie für die additiv logarithmische Nutzenfunktion. In den Aufgaben 4.15 bis 4.17 wird die Annahme eines festen Nominaleinkommens des Haushalts durch die Annahme einer gegebenen Anfangsausstattung an Gütern ersetzt und für den Zwei-Güter-Fall jeweils die offer curve ermittelt. Am Ende schließen sich drei Aufgaben (4.18 bis 4.20) an, die das Arbeitsangebotsverhalten und das Sparverhalten eines Haushalts untersuchen.

Aufgabe 4.1
Eigenschaften von Konsummengen und Budgetmengen
(*Konsummenge, Budgetmenge, Einkommenssteuer, Verkaufssubvention*)

Drei verschiedene Haushalte konsumieren jeweils zwei Güter in den Mengen (x_1, x_2). Ihre Konsummengen sind gegeben durch

$$X^1 = \{(x_1, x_2) \in \mathbb{R}^2 \mid x_1 \geq 0,\, x_2 \geq 0\}$$

$$X^2 = \{(x_1, x_2) \in \mathbb{R}^2_+ \mid x_1 + bx_2 \geq c,\, c > 0,\, b > 0\}$$

$$X^3 = \{(x_1, x_2) \in \mathbb{R}^2_+ \mid x_1 \geq d > 0\}.$$

a) Bestimmen Sie die Budgetmengen der drei Haushalte bei Preisen $p_1 > 0$, $p_2 > 0$ und einem verfügbaren Einkommen $m > 0$. Wie hoch muß das Einkommen der Haushalte 2 und 3 mindestens sein, so daß ein möglicher Konsumplan auch finanzierbar ist? Fertigen Sie eine Skizze an.

b) Für Haushalt 1 werde der Kauf von Gut 1 mit einer proportionalen Umsatzsteuer mit dem Steuersatz $0 \leq t \leq 1$ belegt. Haushalt 2 erhalte eine Subvention von Δ Mengeneinheiten von Gut 2, und Haushalt 3 werde mit einer proportionalen Einkommensteuer mit dem Steuersatz $0 \leq \tau \leq 1$ belegt. Geben Sie die entsprechenden Budgetmengen an, und fertigen Sie eine vergleichende Skizze an.

c) Ein vierter Haushalt erhalte kein exogenes Einkommen, er besitze jedoch eine Anfangsausstattung $(e_1, e_2) \gg 0$, aus der er durch Verkauf und Kauf andere Konsumpläne (x_1, x_2) realisieren kann. Seine Konsummenge sei die gleiche wie die von Haushalt 1. Bestimmen Sie die Budgetmenge des Haushalts, und untersuchen Sie alternativ die Auswirkungen

  (i) einer Erhöhung von p_1,

  (ii) einer Einführung einer Umsatzsteuer von t auf den Kauf von Gut 1,

  (iii) einer Einführung einer Verkaufssubvention von α pro Werteinheit von Gut 1.

Fertigen Sie eine vergleichende Skizze an.

Lösung:

a) Als Budgetmenge bezeichnet man diejenigen Pläne der Konsummenge, die nicht mehr als das gesamte verfügbare Einkommen kosten, d.h.

$$B^1(p_1, p_2, m) = \{(x_1, x_2) \in \mathbb{R}_+^2 \mid p_1 x_1 + p_2 x_2 \leq m\}$$

$$B^2(p_1, p_2, m) = \{(x_1, x_2) \in \mathbb{R}_+^2 \mid p_1 x_1 + p_2 x_2 \leq m,\, x_1 + bx_2 \geq c\}$$

$$B^3(p_1, p_2, m) = \{(x_1, x_2) \in \mathbb{R}_+^2 \mid p_1 x_1 + p_2 x_2 \leq m,\, x_1 \geq d\}.$$

Dies ergibt die folgenden graphischen Darstellungen.

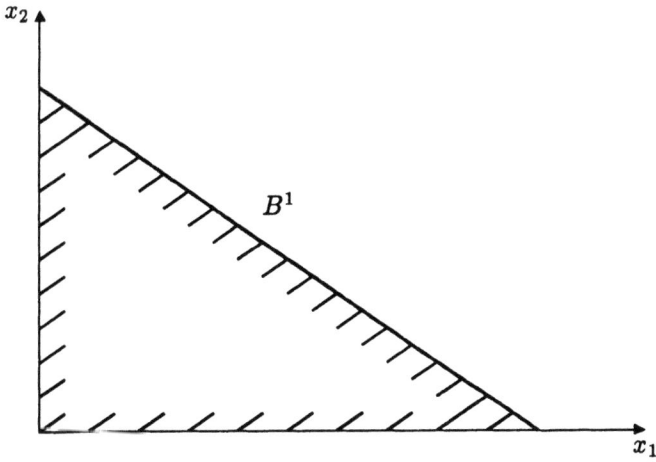

Abb. 4.1.1

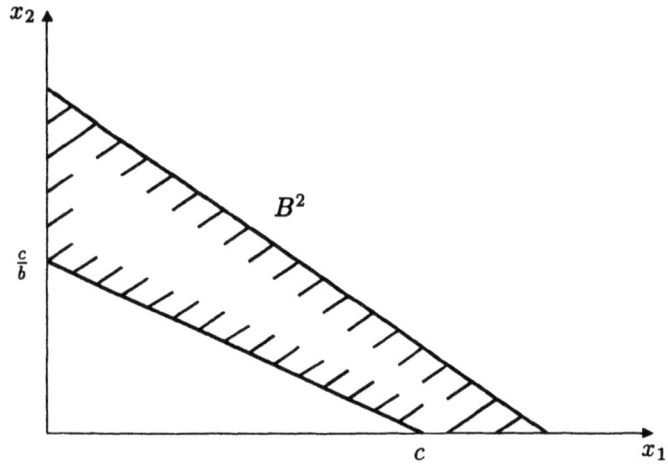

Abb. 4.1.2

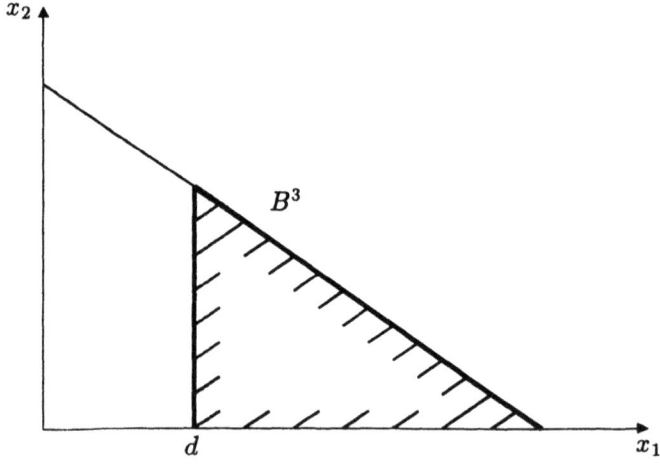

Abb. 4.1.3

Man erkennt, daß die Menge $B^2(p_1,p_2,m)$ leer ist, falls $m/p_2 < c/b$ und $m/p_1 < c$. Dies zeigt auch, daß die Bestimmung eines absoluten Einkommensniveaus allein nicht garantiert, daß auch ein möglicher Konsumplan finanzierbar ist. Vielmehr ist die reale Einkommenshöhe m/p_1 bzw. m/p_2 bezogen auf das jeweilige Gut entscheidend. Für $B^2(p_1,p_2,m)$ nicht leer muß deshalb $m/p_2 \geq c/b$ oder $m/p_1 \geq c$ gelten.

Entsprechend muß $m/p_1 \geq d$ gelten, damit $B^3(p_1,p_2,m)$ nicht leer ist. Hier muß das Realeinkommen bezüglich Gut 1 mindestens so hoch wie der Mindestkonsum d sein. Der Preis p_2 spielt dabei keine Rolle.

b) Die Umsatzsteuer $t > 0$ bei sonst gleichen Preisen und Einkommen führt zu der Budgetmenge

$$B^1(p_1(1+t),p_2,m) = \{(x_1,x_2) \in \mathbb{R}^2_+ \,|\, p_1(1+t)x_1 + p_2 x_2 \leq m\},$$

die man durch Drehung der ursprünglichen Budgetgeraden erhält.

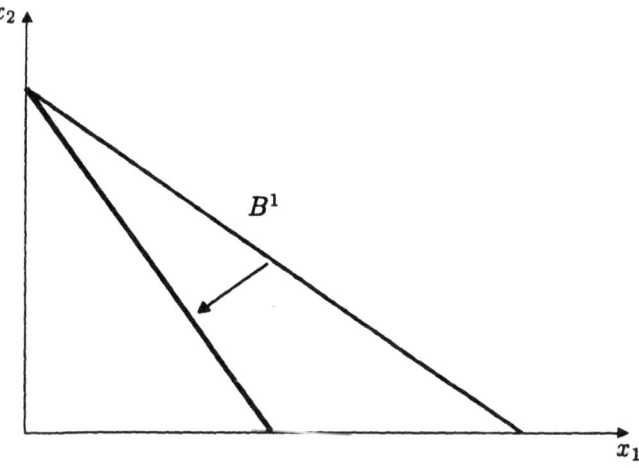

Abb. 4.1.4

Die Mengensubvention $\Delta > 0$ ergibt die Budgetmenge

$$B^2(p_1,p_2,m,\Delta) = \{(x_1,x_2) \in X^2 \,|\, p_1 x_1 + p_2(x_2 - \Delta) \leq m,$$
$$p_1 x_1 \leq m\},$$

und die Einkommensteuer $\tau > 0$ führt zu einem verfügbaren Einkommen $(1-\tau)m$ und damit zu

$$B^3\left(p_1, p_2, (1-\tau)m\right) = \{(x_1, x_2) \in X^3 \mid p_1 x_1 + p_2 x_2 \leq (1-\tau)m\}.$$

Dies ergibt die folgenden graphischen Darstellungen.

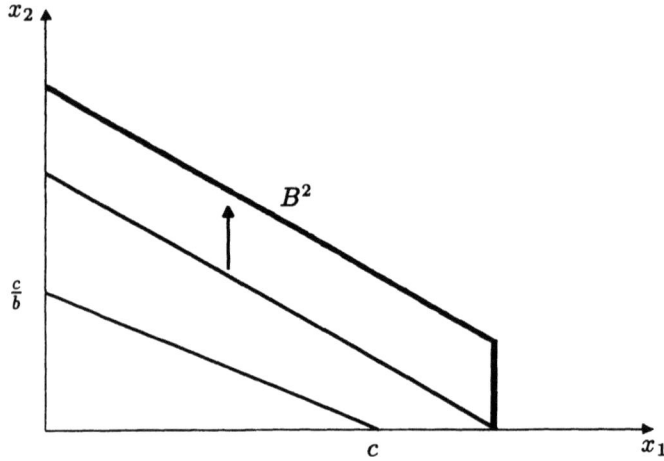

Abb. 4.1.5

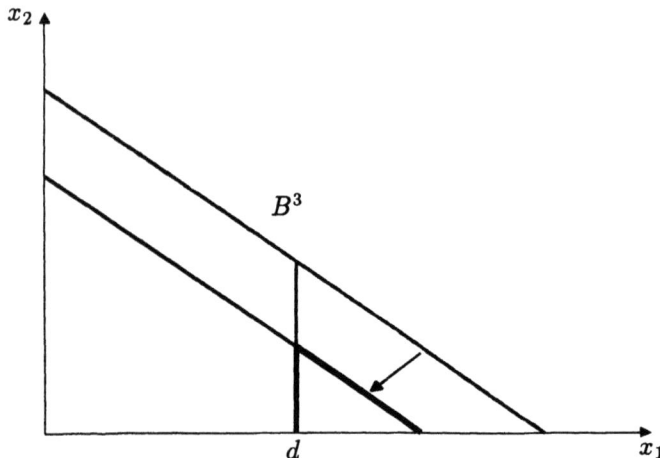

Abb. 4.1.6

c) Im Fall einer positiven Anfangsausstattung ohne exogenes Einkommen erhält man die Budgetmenge

$$B^4(p_1, p_2, e_1, e_2) = \{(x_1, x_2) \in \mathbb{R}_+^2 \mid p_1 x_1 + p_2 x_2 \leq p_1 e_1 + p_2 e_2\}.$$

Jede Preisveränderung läßt immer den Konsumplan $(x_1, x_2) = (e_1, e_2)$ zu, so daß sich die Budgetgerade um den Punkt (e_1, e_2) dreht. Eine Erhöhung von p_1 bewirkt natürlich eine Verringerung der maximal möglichen Konsummenge von Gut 1, aber sie erhöht simultan den Wert der Anfangsausstattung und damit bei gegebenem p_2 das Realeinkommen bezüglich Gut 2 (siehe Diagramm). Die Einführung einer Umsatzsteuer $t > 0$ auf den Kauf von Gut 1 bedeutet, daß der Haushalt für den Konsum von x_1 mit $x_1 > e_1$ den Betrag $p_1(1+t)(x_1 - e_1)$ zahlen muß. Für den Verkauf von Gut 1, d.h. für ein x_1 mit $x_1 < e_1$ erzielt er jedoch nur den Preis p_1. Für Verkäufe gilt damit die alte Preisrelation p_1/p_2, während für Käufe das ungünstigere Preisverhältnis $(1+t)p_1/p_2$ gilt. Dies ergibt die Budgetmenge

$$B^5(p_1, p_2, e_1, e_2, t) =$$
$$\left\{ (x_1, x_2) \in \mathbb{R}_+^2 \;\middle|\; \begin{array}{ll} p_1 x_1 + p_2 x_2 \leq p_1 e_1 + p_2 e_2 & \text{falls} \quad x_1 \leq e_1 \\ p_1(1+t)x_1 + p_2 x_2 \leq p_1(1+t)e_1 + p_2 e_2 & \text{sonst} \end{array} \right\}.$$

Die Einführung einer Verkaufssubvention $\alpha > 0$ bewirkt eine Erhöhung des Verkaufspreises auf $(1+\alpha)p_1$, falls $x_1 < e_1$ ist, unter Beibehaltung des Kaufpreises p_1 für $x_1 > e_1$. Damit steigt das Realeinkommen in Bezug auf Gut 1 und bei konstantem Preis p_2 auch bezüglich Gut 2. Als Budgetmenge ergibt dies

$$B^6(p_1, p_2, e_1, e_2, \alpha) =$$
$$\left\{ (x_1, x_2) \in \mathbb{R}_+^2 \;\middle|\; \begin{array}{ll} p_1 x_1 + p_2 x_2 \leq p_1 e_1 + p_2 e_2 & \text{falls} \quad x_1 \geq e_1 \\ p_1(1+\alpha)x_1 + p_2 x_2 \leq p_1(1+\alpha)e_1 + p_2 e_2 & \text{sonst} \end{array} \right.$$

Wie man am Diagramm erkennt, ist B^6 im Gegensatz zu B^5 keine konvexe Menge mehr.

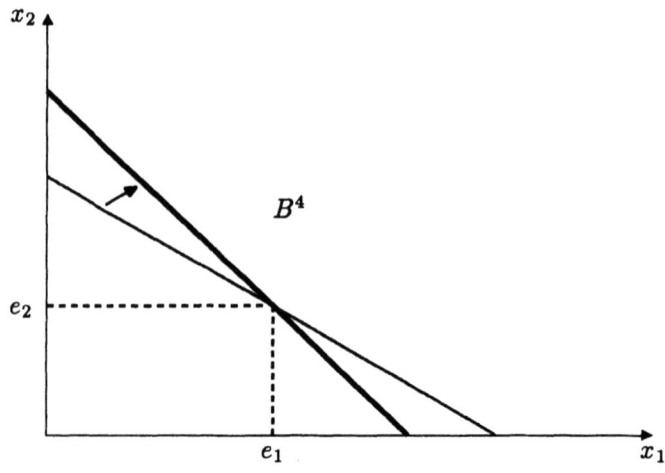

Abb. 4.1.7

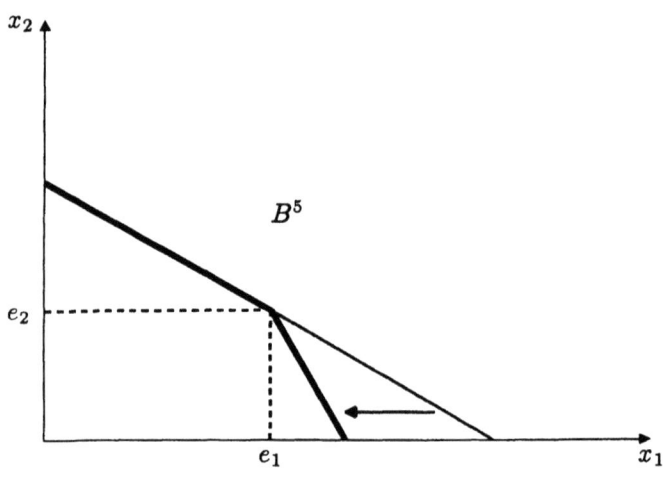

Abb. 4.1.8

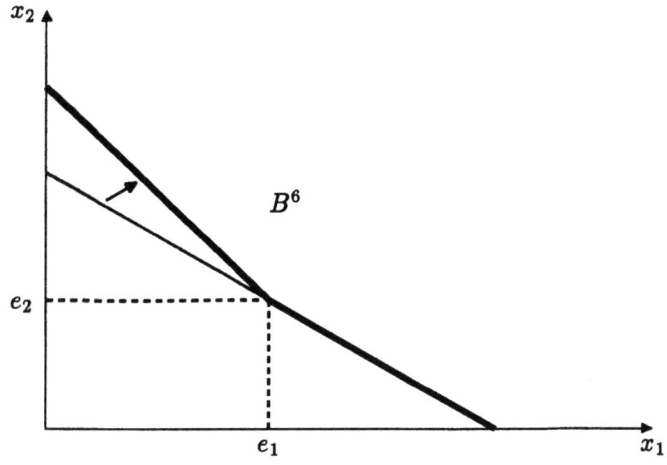

Abb. 4.1.9

Aufgabe 4.2

Eigenschaften von Präferenzen

(*Präferenzordnung, Indifferenzkurve, Monotonie, Nutzenfunktion*)

Die Aussagen a) – f) beschreiben die Präferenzordnungen von verschiedenen Haushalten. Unterstellen Sie, daß die Aussagen für alle $(x_1, x_2) \gg 0$ gelten und daß die Präferenzordnungen transitiv, vollständig und reflexiv sind. Bestimmen Sie das jeweils zugehörige Indifferenzkurvensystem, und fertigen Sie eine Skizze an. Überprüfen Sie, ob die Präferenzordnungen monoton sind. Geben Sie für jede Präferenzordnung eine Nutzenfunktion an.

a) Für alle $\epsilon > 0$ und $\delta > 0$ gilt:

$$(x_1 + \delta, x_2) \succ (x_1, x_2) \sim (x_1 + \epsilon, x_2 - \epsilon).$$

b) Für alle $\epsilon > 0$ und $\delta > 0$ gilt:

$$(x_1 + \delta, x_2) \succ (x_1, x_2 + \epsilon) \sim (x_1, x_2) \sim (x_1, x_2 - \epsilon).$$

c) Für alle $\epsilon > 0$ und $\delta > 0$ gilt:
$$(x_1 - \delta, x_2) \succ (x_1, x_2) \sim (x_1 - \epsilon, x_2 + \epsilon).$$

d) Für alle $\epsilon > 0$ und $\delta > 0$ gilt:
$$(x_1 + \epsilon, x_2 + 2\epsilon) \sim (x_1, x_2) \succ (x_1, x_2 + \delta).$$

e) Für konstantes $a > 0$ und alle $\epsilon > 0$ und $\delta > 0$ gilt:
$$(x_1 + \epsilon, ax_1 + \delta) \succ (x_1, ax_1) \sim (x_1 + \epsilon, ax_1) \sim (x_1, ax_1 + \delta).$$

f) Für alle $\alpha > 1$ gilt:
$$(\alpha x_1, x_2) \succ (x_1, x_2) \sim (\alpha x_1, \frac{1}{\alpha} x_2).$$

Lösung:

a) Aus der Indifferenzaussage ist erkennbar, daß jeweils indifferente Güterbündel entstehen, wenn ein beliebiger Betrag ϵ eines Gutes durch den gleichen Betrag des anderen Gutes ersetzt wird. Dies bedeutet, daß die zugehörige Indifferenzkurve linear mit der Steigung minus eins verläuft. Die Güter sind vollständige Substitute. Andererseits impliziert die erste Aussage der strikten Präferenz, daß mehr von Gut 1 eine Verbesserung bedeutet. Außerdem folgt aus

$$(x_1, x_2 + \delta) = (x_1 + \delta - \delta, x_2 + \delta) \sim (x_1 + \delta, x_2) \succ (x_1, x_2)$$

und aus der Transitivität, daß

$$(x_1, x_2 + \delta) \succ (x_1, x_2)$$

gilt. Damit ist die Präferenzordnung streng monoton, und eine zugehörige Nutzenfunktion ist

$$u(x_1, x_2) = x_1 + x_2.$$

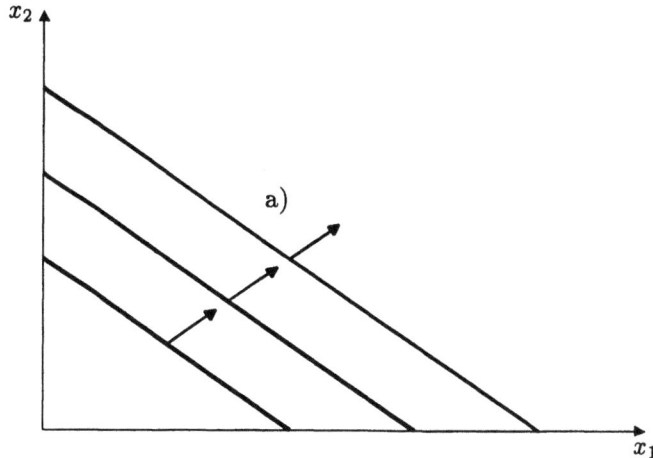

Abb. 4.2.1

b) Die Aussagen über die Präferenzrelation zeigen, daß jede Veränderung der Mengen von Gut 2 bei festem x_1 keine Verbesserung und keine Verschlechterung ergibt. Gut 2 ist damit neutral und die zugehörigen Indifferenzkurven müssen parallel zur x_2-Achse verlaufen. Aus der strikten Präferenzaussage folgt, daß Gut 1 erwünscht ist. Die Präferenzordnung ist damit schwach monoton. Eine mögliche Nutzenfunktion ist

$$u(x_1, x_2) = x_1.$$

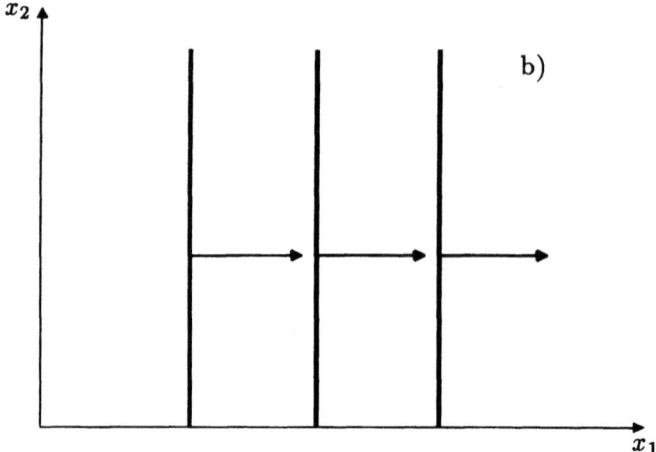

Abb. 4.2.2

c) Wie unter a) folgt aus der Indifferenzaussage, daß die Indifferenzkurven linear mit der Steigung minus eins verlaufen. Jedoch folgt aus der Präferenzaussage, daß weniger von Gut 1 eine Verbesserung bedeutet. Außerdem folgt aus

$$(x_1, x_2 - \delta) = (x_1 + \delta - \delta, x_2 - \delta) \sim (x_1 - \delta, x_2) \succ (x_1, x_2)$$

und der Transitivität, daß

$$(x_1, x_2 - \delta) \succ (x_1, x_2)$$

gilt. Jede Verringerung von Mengen von Gut 1 oder Gut 2 bedeutet eine Verbesserung. Die Präferenzordnung ist nicht monoton. Eine mögliche Nutzenfunktion ist

$$u(x_1, x_2) = -(x_1 + x_2).$$

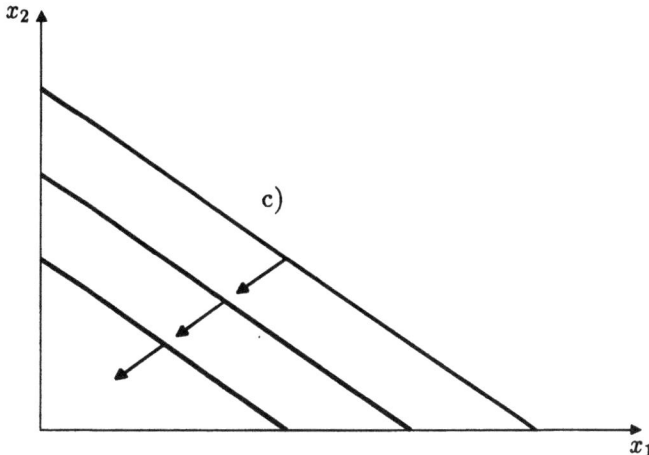

Abb. 4.2.3

d) An der Indifferenzaussage erkennt man, daß jede Erhöhung von Gut 1 um $\epsilon > 0$ durch eine Erhöhung von Gut 2 um $2\epsilon > 0$ zur Indifferenz ausgeglichen wird. Dies bedeutet, daß die Indifferenzkurven linear mit der Steigung plus zwei verlaufen. Aus der Präferenzaussage folgt, daß eine Erhöhung der Menge von Gut 2 zu einer Verschlechterung führt. Andererseits folgt unmittelbar aus

$$(x_1 + \epsilon, x_2) \sim (x_1, x_2 - 2\epsilon) \succ (x_1, x_2),$$

daß eine Erhöhung der Mengen von Gut 1 allein zu einer Verbesserung führt. Die Präferenzordnung ist somit monoton steigend in Gut 1 und monoton fallend in Gut 2. Eine mögliche Nutzenfunktion ist

$$u(x_1, x_2) = 2x_1 - x_2.$$

e) Die Indifferenzaussagen lassen erkennen, daß keine Substitution zwischen Gut 1 und 2 möglich ist, solange die beiden Gütermengen im Verhältnis $x_2/x_1 = a$ stehen. Die beiden Güter sind vollständig komplementär, und die Indifferenzkurven sind rechtwinklig entlang eines Ursprungsstrahls mit der Steigung a angeordnet. Andererseits folgt aus der Aussage der strikten Präferenz, daß

$$(\lambda x_1, \lambda a x_1) \succ (x_1, a x_1)$$

für alle $\lambda > 1$ und $x_1 > 0$ gilt. Daraus folgt, daß die Präferenzordnung schwach monoton ist und durch die Nutzenfunktion

$$u(x_1, x_2) = \min\{ax_1, x_2\}$$

dargestellt werden kann.

f) An der Indifferenzaussage erkennt man, daß

$$(x_1, x_2) \sim (x_1', x_2')$$

genau dann gilt, falls $x_1 x_2 = x_1' x_2'$ ist. Dies definiert bekanntermaßen im x_1–x_2–Koordinatensystem eine gleichseitige Hyperbel. Die Aussage zur strikten Präferenz zeigt, daß mehr von jedem Gut eine Verbesserung bedeutet. Damit ist die Präferenzordnung monoton. Sie ist durch die Nutzenfunktion

$$u(x_1, x_2) = x_1 x_2$$

darstellbar.

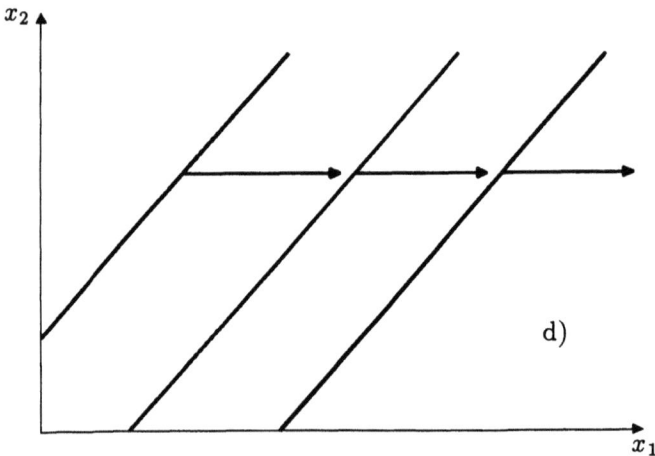

Abb. 4.2.4

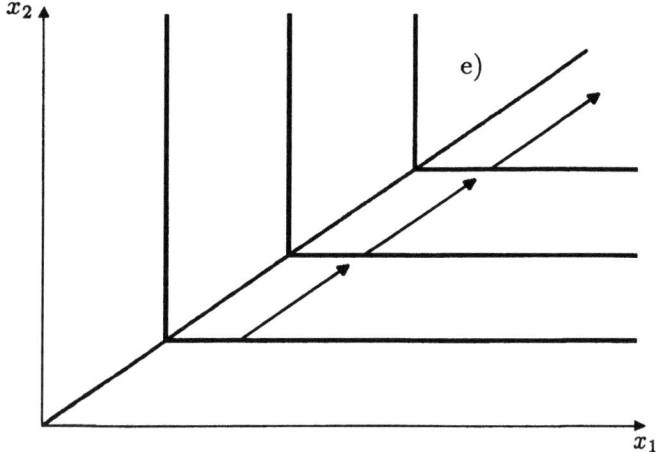

Abb. 4.2.5

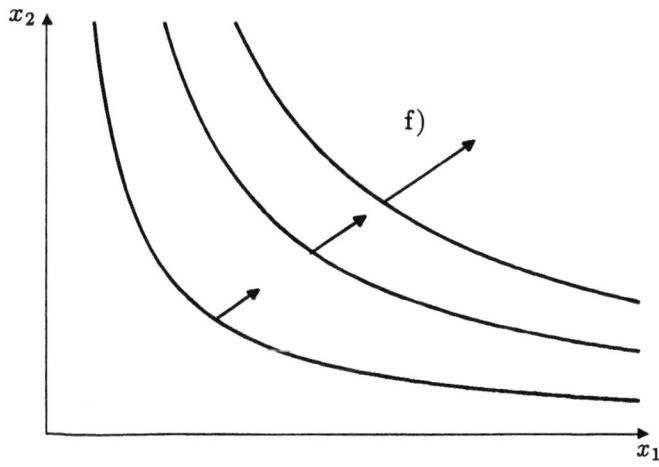

Abb. 4.2.6

Aufgabe 4.3
Nachfrage bei Cobb–Douglas–Nutzenfunktion
(*Marshall–Nachfrage, indirekte Nutzenfunktion, direkte Preiselastizität, Kreuzpreiselastizität*)

Die Nutzenfunktion $u : \mathbb{R}_+^2 \to \mathbb{R}$ eines Haushalts ist durch

$$u(x_1, x_2) = x_1^\alpha x_2^{(1-\alpha)} \qquad 0 < \alpha < 1$$

gegeben.

a) Bestimmen Sie für gegebene Preise $p_1 > 0$, $p_2 > 0$ und gegebenes Einkommen $m > 0$ die Marshall–Nachfragefunktionen und die indirekte Nutzenfunktion.

b) Zeigen Sie, daß die Einkommenselastizitäten beider Güter den Wert eins haben.

c) Zeigen Sie, daß die direkten Preiselastizitäten den Wert minus eins und die Kreuzpreiselastizitäten den Wert Null haben.

Lösung:

a) Für das Optimierungsproblem

$$\max\{x_1^\alpha x_2^{1-\alpha} \mid p_1 x_1 + p_2 x_2 \leq m\}$$

erhält man aus der Lagrangefunktion

$$\mathcal{L} = x_1^\alpha x_2^{1-\alpha} + \lambda[m - p_1 x_1 - p_2 x_2] + \beta_1 x_1 + \beta_2 x_2$$

als notwendige Bedingungen

$$\frac{\alpha}{1-\alpha} \frac{x_2}{x_1} = \frac{p_1}{p_2} \quad \text{bzw.} \quad \alpha p_2 x_2 = (1-\alpha) p_1 x_1$$

und

$$p_1 x_1 + p_2 x_2 = m.$$

Da u konkav ist, sind diese Bedingungen auch hinreichend. Als Lösung ergeben sich daraus der optimale Konsumplan (x_1^*, x_2^*) und damit die Marshall–Nachfragefunktionen

$$x_1^* = f_1(p_1, p_2, m) = \frac{\alpha m}{p_1}$$

$$x_2^* = f_2(p_1, p_2, m) = \frac{(1-\alpha) m}{p_2}.$$

Durch Einsetzen dieser Werte in die Nutzenfunktion erhält man

$$v(p_1, p_2, m) = \left[\frac{\alpha m}{p_1}\right]^{\alpha} \left[\frac{(1-\alpha)m}{p_2}\right]^{1-\alpha}$$

$$= m \left[\frac{\alpha}{p_1}\right]^{\alpha} \left[\frac{1-\alpha}{p_2}\right]^{1-\alpha}.$$

b) An den Nachfragefunktionen f_1 bzw. f_2 erkennt man unmittelbar, daß die Einkommenselastizitäten den Wert eins haben müssen, da die Nachfrage linear vom Einkommen m abhängt. Man erhält deshalb

$$E_{im} = \frac{\partial f_i}{\partial m} \frac{m}{f_i(p_1, p_2, m)} = 1 \qquad i = 1, 2.$$

c) Für die Preiselastizitäten

$$E_{ij} = \frac{\partial f_i}{\partial p_j} \frac{p_j}{f_i(p_1, p_2, m)} \qquad i, j = 1, 2$$

erhält man die Werte

$$E_{11} = E_{22} = -1$$

bzw.

$$E_{12} = E_{21} = 0.$$

Aufgabe 4.4

Nutzenmaxinierung und Ausgabenminimierung
(*Marshall–Nachfrage, Hicks–Nachfrage, indirekte Nutzenfunktion, Ausgabenfunktion*)

Die Nutzenfunktion $u : \mathbb{R}_+^2 \to \mathbb{R}$ eines Haushalts ist durch

$$u(x_1, x_2) = \sqrt{x_1} + \sqrt{x_2}$$

gegeben. Bestimmen Sie für gegebenes Einkommen $m > 0$ und positive Preise p_1 und p_2

a) die Marshall–Nachfragefunktionen und die indirekte Nutzenfunktion;

b) die Hicks–Nachfragefunktionen und die Ausgabenfunktion.

c) Überprüfen Sie die Zusammenhänge der Funktionen unter a) und b).

Lösung:

a) Aus der Lagrangefunktion

$$\mathcal{L} = \sqrt{x_1} + \sqrt{x_2} + \lambda[m - p_1 x_1 - p_2 x_2] + \alpha_1 x_1 + \alpha_2 x_2$$

erhält man als notwendige Bedingungen

$$x_2 p_2^2 = x_1 p_1^2 \quad \text{und} \quad p_1 x_1 + p_2 x_2 = m.$$

Diese sind aufgrund der Konkavität von u auch hinreichend. Als Lösung der beiden Gleichungen ergeben sich der optimale Konsumplan (x_1^*, x_2^*) und damit die Marshall–Nachfragefunktionen

$$x_i^* = f_i(p_1, p_2, m) = \frac{p_j}{p_i(p_1 + p_2)} m \quad i,j = 1,2 \quad \text{und} \quad i \neq j.$$

Einsetzen der Marshall–Nachfragefunktionen in die Nutzenfunktion ergibt die indirekte Nutzenfunktion

$$v(p_1, p_2, m) = \left[\frac{m}{p_1 p_2}(p_1 + p_2)\right]^{1/2}.$$

b) Die Hicks–Nachfragefunktionen sind die Lösung des Ausgabenminimierungsproblems bei festem Nutzenniveau u

$$\min\{p_1 x_1 + p_2 x_2 \mid \sqrt{x_1} + \sqrt{x_2} \geq u\}.$$

Aus der zugehörigen Lagrangefunktion

$$\mathcal{L} = -p_1 x_1 - p_2 x_2 + \lambda[\sqrt{x_1} + \sqrt{x_2} - u]$$

erhält man als notwendige Bedingungen

$$p_1 \sqrt{x_1} = p_2 \sqrt{x_2} \quad \text{und} \quad \sqrt{x_1} + \sqrt{x_2} = u.$$

Als Lösung ergibt sich

$$h_1(p_1, p_2, u) = \left[\frac{u p_2}{p_1 + p_2}\right]^2$$

und

$$h_2(p_1, p_2, u) = \left[\frac{up_1}{p_1 + p_2}\right]^2$$

sowie

$$e(p_1, p_2, u) = u^2 \frac{p_1 p_2}{p_1 + p_2}.$$

c) Ein Vergleich der Resultate aus a) und b) zeigt, daß $e(p_1, p_2, u)$ die inverse Funktion der indirekten Nutzenfunktion bezüglich m ist. Für den Zusammenhang zwischen $h_i(p_1, p_2, u)$ und $e(p_1, p_2, u)$ gilt:

$$h_i(p_1, p_2, u) = \frac{\partial e(p_1, p_2, u)}{\partial p_i} = \left[\frac{up_j}{p_1 + p_2}\right]^2$$

für $i, j = 1, 2$ und $i \neq j$. Außerdem erhält man die folgenden Identitäten:

$$h_i(p_1, p_2, u) = f_i(p_1, p_2, e(p_1, p_2, u)) = \left[\frac{up_j}{p_1 + p_2}\right]^2,$$

$$f_i(p_1, p_2, m) = h_i(p_1, p_2, v(p_1, p_2, m)) = \frac{p_j m}{p_i(p_1 + p_2)}.$$

Aufgabe 4.5
Nachfrage bei CES–Nutzenfunktion
(Marshall–Nachfrage, Nachfrageelastizitäten, Substitutionselastizität)

Die Nutzenfunktion eines Haushalts ist

$$u(x_1, x_2) = [x_1^\rho + x_2^\rho]^{1/\rho},$$

wobei $\rho \neq 0$ und $\rho < 1$ gilt.

a) Bestimmen Sie für gegebenes Einkommen $m > 0$ und positive Preise p_1 und p_2 die Marshall–Nachfragefunktionen.

b) Welchen Einfluß hat der Parameter ρ auf die Einkommens– und Preiselastizitäten der Nachfragefunktionen?

Lösung:

a) Zur Vereinfachung betrachte man die Nutzenfunktion

$$\begin{aligned} v(x_1, x_2) &= \ln[u(x_1, x_2)] \\ &= \frac{1}{\rho} \ln[x_1^\rho + x_2^\rho], \end{aligned}$$

die aus $u(x_1, x_2)$ durch eine positiv monotone Transformation entstanden ist. Aus der zugehörigen Lagrangefunktion

$$\mathcal{L} = \frac{1}{\rho} \ln[x_1^\rho + x_2^\rho] + \lambda[m - p_1 x_1 - p_2 x_2] + \alpha_1 x_1 + \alpha_2 x_2$$

ermittelt man als notwendige Bedingungen

(i) $\quad x_1^{\rho-1}[x_1^\rho + x_2^\rho]^{-1} - \lambda p_1 + \alpha_1 = 0$

(ii) $\quad x_2^{\rho-1}[x_1^\rho + x_2^\rho]^{-1} - \lambda p_2 + \alpha_2 = 0$

(iii) $\quad \lambda[m - p_1 x_1 - p_2 x_2] = 0$

(iv) $\quad \alpha_1 x_1 = 0, \quad \alpha_2 x_2 = 0$.

Da die Nutzenfunktion monoton steigend ist, muß $\lambda > 0$ sein, so daß aus (iii)

(v) $\quad m = p_1 x_1 + p_2 x_2$

folgt. Ferner läßt sich zeigen, daß weder $x_1 = 0$ noch $x_2 = 0$ eine Lösung sein kann. Um dies zu erkennen, betrachte man (i) und (ii) in der Form

(i)' $\quad \dfrac{1}{x_1 + x_2^\rho x_1^{1-\rho}} = \lambda p_1 - \alpha_1$

(ii)' $\quad \dfrac{1}{x_2 + x_1^\rho x_2^{1-\rho}} = \lambda p_2 - \alpha_2$.

Sei $x_1 > 0$. Dann folgt aus (ii)', daß $x_2 > 0$ sein muß. Umgekehrt folgt für $x_2 > 0$ gemäß (i)', daß $x_1 > 0$ sein muß. Dies ergibt $\alpha_1 = \alpha_2 = 0$ und damit

(vi) $\quad x_1^{\rho-1} p_2 = x_2^{\rho-1} p_1$,

das man aus (i) und (ii) erhält. Als Lösung des Gleichungssystems (v) und (vi) erhält man damit die Marshall–Nachfragefunktionen

$$x_1^* = f_1(p_1, p_2, m) = m \frac{p_1^{1/(\rho-1)}}{p_1^{\rho/(\rho-1)} + p_2^{\rho/(\rho-1)}}$$

$$x_2^* = f_2(p_1, p_2, m) = m \frac{p_2^{1/(\rho-1)}}{p_1^{\rho/(\rho-1)} + p_2^{\rho/(\rho-1)}}.$$

b) Da die Nachfragefunktionen linear im Einkommen sind, erkennt man sofort, daß die Einkommenselastizitäten den Wert eins für alle Preise und Einkommen annehmen, so daß sie auch unabhängig vom Parameter ρ sind.

Als direkte Preiselastizität E_{11} für die Nachfrage nach Gut 1 erhält man durch Differentiation und Umformung

$$E_{11} = \frac{1}{\rho - 1} \frac{(1-\rho)p_1^{\rho/(\rho-1)} + p_2^{\rho/(\rho-1)}}{p_1^{\rho/(\rho-1)} + p_2^{\rho/(\rho-1)}}.$$

Da $\rho < 1$ gilt, ist E_{11} immer negativ, und man erhält

$\|E_{11}\| > 1$	für	$\rho > 0$
$\|E_{11}\| = 1$	für	$\rho = 0$
$\|E_{11}\| < 1$	für	$\rho < 0$.

Da die Nutzenfunktion vom Typ CES ist, ist der Zusammenhang zwischen der Substitutionselastizität σ und dem Parameter ρ gegeben durch

$$\sigma = \frac{1}{\rho - 1}.$$

Für $\rho = 0$ liegt eine Cobb–Douglas Nutzenfunktion vor. Für die direkte Preiselastizität gilt somit, daß ihr Absolutbetrag umso größer ist, je größer die Substitutionselastizität ist. Für die Elastizität E_{22} gilt ein analoges Resultat.

Als Kreuzpreiselastizität E_{12} für Gut 1 erhält man

$$E_{12} = -\frac{\rho}{\rho - 1} \frac{p_2^{\rho/(\rho-1)}}{p_1^{\rho/(\rho-1)} + p_2^{\rho/(\rho-1)}},$$

so daß

$$E_{12} \gtreqless 0 \quad \text{für} \quad \rho \gtreqless 0$$

gilt. Für $\sigma = -1$ ($\rho = 0$) ist somit der Kreuzpreiseffekt Null, hohe Substitutionselastizität führt zu einem positiven Kreuzpreiseffekt, während eine niedrige Substitutionselastizität eine negative Kreuzpreiselastizität bedeutet. Das gleiche Resultat gilt für E_{21}.

Aufgabe 4.6
Nachfrage bei separabler Nutzenfunktion
(*Marshall–Nachfrage, indirekte Nutzenfunktion, Ausgabenfunktion*)

Die Nutzenfunktion eines Haushalts ist

$$u(x_1, x_2) = -\frac{1}{x_1} - \frac{1}{x_2},$$

wobei $x_1 > 0$ und $x_2 > 0$ gilt.

a) Ist die Funktion streng monoton? Ist sie konkav? Fertigen Sie eine möglichst maßstabsgetreue Skizze des Indifferenzkurvensystems an.

b) Bestimmen Sie für gegebenes Einkommen $m > 0$ und positive Preise p_1 und p_2 die Marshall–Nachfragefunktionen sowie die indirekte Nutzenfunktion und die Ausgabenfunktion.

Lösung:

a) Da die Funktionen $1/x_i$, $i = 1, 2$, streng monoton fallend sind, folgt unmittelbar, daß u streng monoton steigend in (x_1, x_2) ist. Ferner sind $1/x_i$, $i = 1, 2$, streng konvex, so daß die $-1/x_i$ streng konkav sind. Damit ist u als Summe zweier streng konkaver Funktionen selbst streng konkav. u nimmt jedoch für alle $(x_1, x_2) > 0$ nur negative Werte an.

b) Aus der Lagrangefunktion

$$\mathcal{L} = -\frac{1}{x_1} - \frac{1}{x_2} + \lambda[m - p_1 x_1 - p_2 x_2]$$

erhält man für das Maximierungsproblem des Haushalts als notwendige und hinreichende Bedingungen

$$\begin{aligned} x_2\sqrt{p_2} - x_1\sqrt{p_1} &= 0 \\ m - p_1 x_1 - p_2 x_2 &= 0. \end{aligned}$$

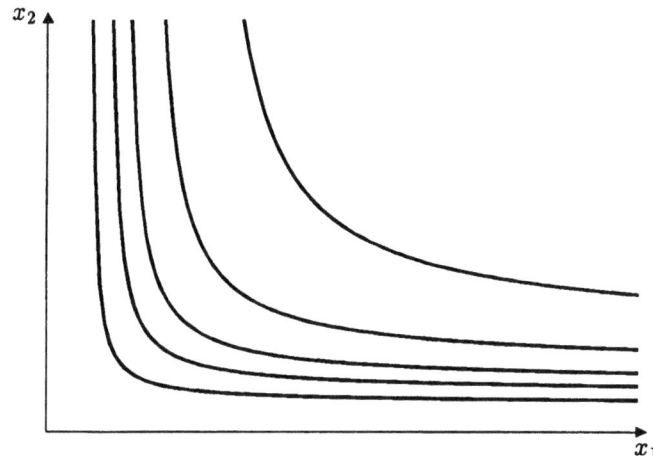

Abb. 4.6

Als Lösung (x_1^*, x_2^*) ergeben sich die Marshall–Nachfragefunktionen

$$x_1^* = f_1(p_1, p_2, m) = \frac{m}{p_1 + \sqrt{p_1 p_2}}$$

$$x_2^* = f_2(p_1, p_2, m) = \frac{m}{p_2 + \sqrt{p_1 p_2}}.$$

Einsetzen dieser Werte in die Nutzenfunktion und Umformung ergibt als indirekte Nutzenfunktion

$$v(p_1, p_2, m) = -\frac{1}{m}(\sqrt{p_1} + \sqrt{p_2})^2.$$

Die Ausgabenfunktion als Inverse der indirekten Nutzenfunktion bezüglich m lautet dann

$$e(p_1, p_2, u) = -\frac{1}{u}(\sqrt{p_1} + \sqrt{p_2})^2.$$

Aufgabe 4.7
Nachfrage bei quasilinearer Nutzenfunktion
(*Quasilinearität, Grenzrate der Substitution, Marshall–Nachfrage, Einkommenselastizität*)

Die Nutzenfunktion eines Haushalts ist

$$u(x_1, x_2) = 2\sqrt{x_1} + x_2.$$

a) Diskutieren Sie die Eigenschaften der Nutzenfunktion. Fertigen Sie eine möglichst maßstabsgetreue Skizze des Indifferenzkurvensystems an, in die Sie den Einkommensexpansionspfad für ein Preisverhältnis $p_2/p_1 > 0$ einzeichnen.

b) Bestimmen Sie in Abhängigkeit eines gegebenen Einkommens $m > 0$ und positiver Preise p_1 und p_2 die Marshall–Nachfragefunktionen und diskutieren Sie ihre Eigenschaften. Stellen Sie die Nachfragefunktion von Gut 1 in einem Diagramm dar.

Lösung:

a) Man erkennt, daß die Nutzenfunktion streng monoton steigend und konkav ist. Ferner ist sie additiv separabel mit der besonderen Eigenschaft, daß eine Variable, nämlich x_2, allein als linearer Term in der Funktion erscheint. Dies kennzeichnet eine sogenannte quasilineare Nutzenfunktion.
Betrachtet man für einen beliebigen positiven Konsumplan (x_1, x_2) die zugehörige Grenzrate der Substitution

$$MRS(x_1, x_2) = \frac{\partial u / \partial x_1}{\partial u / \partial x_2} = \frac{1}{\sqrt{x_1}},$$

so stellt man fest, daß diese allein durch den Wert von x_1 bestimmt ist und damit für alle x_2 den gleichen Wert annimmt. Dies zeigt, daß die Indifferenzkurven parallel zueinander verschoben sind, was auch aus der in diesem Fall möglichen expliziten Darstellung der Indifferenzkurven erkennbar ist. Für festes Nutzenniveau u gilt nämlich

$$x_2 = u - 2\sqrt{x_1}.$$

Ferner folgt aus der Tatsache, daß die Grenzrate der Substitution von x_2 unabhängig ist, daß für beliebiges positives Preisverhältnis der Einkommensexpansionspfad einen festen Wert von x_1 aufweisen muß, falls $x_2 > 0$ ist. Dies bedeutet, daß er für hinreichend großes Einkommen parallel zur x_2-Achse verlaufen muß. Damit ergibt sich die nachfolgende graphische Darstellung.

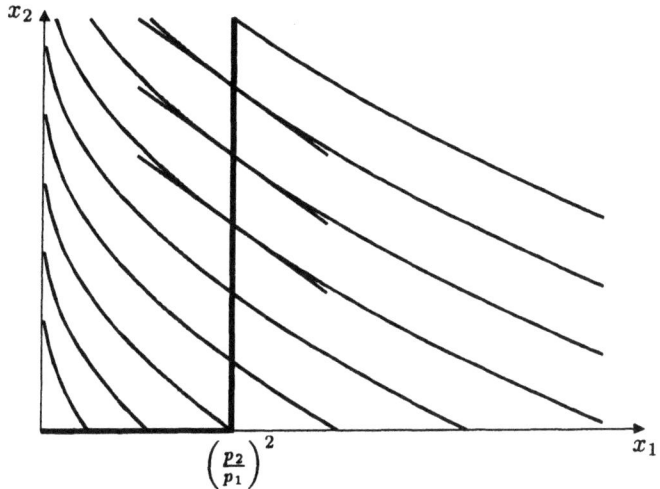

Abb. 4.7.1

b) Aus der Lagrangefunktion

$$\mathcal{L} = 2\sqrt{x_1} + x_2 + \lambda[m - p_1x_1 - p_2x_2] + \alpha_1x_1 + \alpha_2x_2$$

erhält man als notwendige (und hinreichende) Bedingungen

(i) $\quad x_1^{-1/2} - \lambda p_1 + \alpha_1 = 0$

(ii) $\quad 1 - \lambda p_2 + \alpha_2 = 0$

(iii) $\quad \alpha_1 x_1 = 0 \, , \, \alpha_2 x_2 = 0$

(iv) $\quad \lambda[m - p_1x_1 - p_2x_2] = 0$.

Da u streng monoton ist, muß für eine optimale Lösung $\lambda > 0$ sein, so daß

(v) $\quad p_1 x_1 + p_2 x_2 = m$

gelten muß. Außerdem kann $x_1 = 0$ keine Lösung der ersten Gleichung sein. Damit folgt aus (i) und (ii) und $\alpha_1 = 0$

$$x_1 = \left[\frac{p_2}{p_1(1+\alpha_2)}\right]^2.$$

Unter Verwendung von (iii) und (v) ergeben sich dann als Nachfragefunktionen

$$\begin{aligned} x_1^* = f_1(p_1, p_2, m) &= \min\left\{\frac{m}{p_1}, \left[\frac{p_2}{p_1}\right]^2\right\} \\ &= \frac{1}{p_1}\min\left\{m, \frac{p_2^2}{p_1}\right\} \end{aligned}$$

und

$$x_2^* = f_2(p_1, p_2, m) = \frac{1}{p_2}\max\left\{0, m - \frac{p_2^2}{p_1}\right\}.$$

An den beiden Funktionen erkennt man, daß das Nachfrageverhalten für Werte $m = p_2^2/p_1$ wechselt. Ist $m \leq p_2^2/p_1$, so wird von Gut 2 Null nachgefragt und das gesamte Einkommen für Gut 1 verwendet. Ist dagegen $m > p_2^2/p_1$, so gilt

$$x_1 = \left[\frac{p_2}{p_1}\right]^2,$$

d.h. die Nachfrage nach diesem Gut ist einkommensunabhängig. Dies läßt sich auch aus den notwendigen Bedingungen (i) und (ii) für den Fall $\alpha_1 = \alpha_2 = 0$ erkennen, die

$$x_1^{-1/2} = \frac{p_1}{p_2}$$

ergeben. Der Ausdruck auf der linken Seite dieser Gleichung ist der Grenznutzen des Gutes 1, der für p_1/p_2 allein die nachgefragte Menge bestimmt, falls $x_2 > 0$ bzw. das Einkommen hinreichend groß ist. Dies bedeutet, daß die inverse Nachfragefunktion für gegebenes p_2 in diesem Fall gleich der Grenznutzenfunktion ist. Die Einkommenselastizität der Nachfrage nach Gut 1 ist Null. Wie man erkennen kann, ergeben sich diese Eigenschaften als Konsequenz der Quasilinearität

und nicht aus der speziellen Form der Funktion $2\sqrt{x_1}$. Als graphische Darstellung erhält man das nachfolgende Diagramm.
Darin sind für gegebenes $(m, p_2) > 0$ die Grenznutzenfunktion multipliziert mit p_2, d.h. $p_2 \partial u/\partial x_1 = p_2 x_1^{-1/2}$, und die Preisobergrenze für den Kauf von Gut 1, $f(x_1) = m/x_1$, dargestellt. Die Nachfragefunktion von Gut 1 ist dick eingetragen.

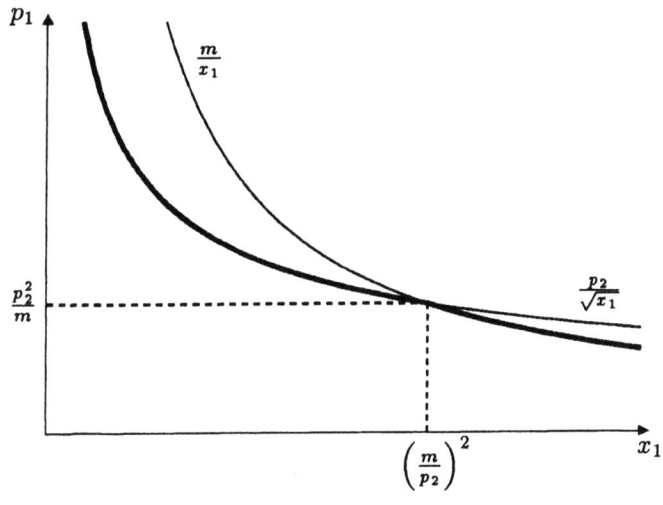

Abb. 4.7.2

Aufgabe 4.8*

Nachfrage bei einer nicht monotonen Nutzenfunktion

(*Monotonie, Konkavität, Einkommensexpansionspfad, Marshall–Nachfrage, Nichtsättigung*)

Die Nutzenfunktion $u : \mathbb{R}_+^2 \to \mathbb{R}$ eines Haushalts hat die Form

$$u(x_1, x_2) = x_1 - \frac{1}{2}(x_2 - x_1 + 1)^2.$$

a) Untersuchen Sie die Nutzenfunktion auf Monotonie und Konkavität, und fertigen Sie eine möglichst maßstabsgetreue Skizze des Indifferenzkurvensystems an. Markieren Sie den Bereich der möglichen optimalen Konsumpläne, falls positives Einkommen und positive Preise vorgegeben sind.

b) Bestimmen Sie die Marshall–Nachfragefunktionen. Stellen Sie den Einkommensexpansionspfad im Indifferenzkurvensystem dar.

Lösung:

a) Die Nutzenfunktion ist nicht überall monoton steigend. Um dies zu zeigen, betrachte man zum Beispiel $u(x_1, x_2)$ für die Werte $(2, 0)$, $(2, 1)$ und $(2, 2)$. Dies ergibt

$$u(2,0) = \frac{3}{2}, \quad u(2,1) = 2, \quad u(2,2) = \frac{3}{2}.$$

Sie besitzt jedoch kein globales Maximum, d.h. es existiert kein globaler Sättigungsplan. Die Nutzenfunktion ist konkav, da sie die Summe zweier konkaver Funktionen ist. Der erste Summand x_1 ist trivialerweise konkav. Für den zweiten Summanden

$$-\frac{1}{2}(x_2 - x_1 + 1)^2$$

gilt, daß das Quadrat einer linearen Funktion selbst eine konvexe Funktion ist. Damit ist der gesamte Ausdruck eine konkave Funktion. Abgesehen von möglichen Randlösungen gilt, daß bei positiven Preisen im optimalen Konsumplan $(x_1, x_2) > 0$ die Grenzrate der Substitution negativ sein muß. Dies ist gleichbedeutend mit der Aussage, daß nur solche Konsumpläne optimal sind, in denen der partielle Grenznutzen für beide Güter größer als Null ist. Für alle optimalen Pläne $(x_1, x_2) > 0$ muß deshalb

$$\frac{\partial u}{\partial x_1}(x_1, x_2) = 2 + x_2 - x_1 > 0$$

und

$$\frac{\partial u}{\partial x_2}(x_1, x_2) = -x_2 + x_1 - 1 > 0$$

gelten. Dies ergibt die beiden Ungleichungen

$$x_1 - 1 \geq x_2 \geq x_1 - 2,$$

die den schraffierten Bereich im Diagramm begrenzen. In diesem Bereich ist die Funktion monoton wachsend. Die genaue Form der Indifferenzkurven erhält man durch eine Diskussion der Gleichung

$$(x_2 - x_1 + 1)^2 = 2(x_1 - \bar{u})$$

bzw.

$$x_2 - x_1 + 1 = \pm\sqrt{2(x_1 - \bar{u})},$$

die für festes Nutzenniveau $\bar{u}$ die zugehörige Indifferenzkurve beschreibt.

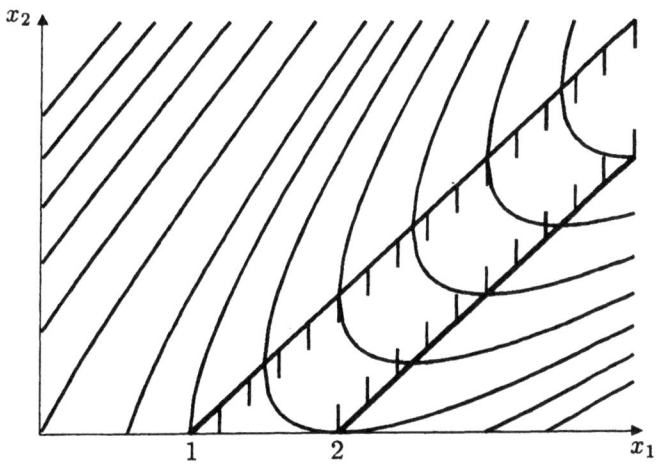

Abb. 4.8.1

b) Sei

$$\mathcal{L} = x_1 - \frac{1}{2}(x_2 - x_1 + 1)^2 + \lambda[m - p_1 x_1 - p_2 x_2] + \alpha_1 x_1 + \alpha_2 x_2$$

die Lagrangefunktion des Maximierungsproblems, aus der sich die notwendigen und hinreichenden Bedingungen

(i) $\quad \dfrac{\partial \mathcal{L}}{\partial x_1} = x_2 - x_1 + 2 - \lambda p_1 + \alpha_1 = 0$

(ii) $\quad \dfrac{\partial \mathcal{L}}{\partial x_2} = x_1 - x_2 - 1 - \lambda p_2 + \alpha_2 = 0$

(iii) $\lambda[m - p_1 x_1 - p_2 x_2] = 0, \quad \alpha_1 x_1 = \alpha_2 x_2 = 0$

ergeben.
Man macht sich leicht klar, daß bei positivem Einkommen $x_1 = x_2 = 0$ keine optimale Lösung sein kann. Ferner muß im Optimum die Budgetbeschränkung bindend und $\lambda > 0$ sein, da die Nutzenfunktion lokal nichtgesättigte (aber nicht monotone) Präferenzen repräsentiert. Um dies zu zeigen, nehmen wir für festes $(p_1, p_2, m) \gg 0$ an, es existiert ein nutzenmaximales $(\bar{x}_1, \bar{x}_2) \gg 0$ mit der Eigenschaft

$$m - p_1 \bar{x}_1 - p_2 \bar{x}_2 = \epsilon(p_1 + p_2), \quad \epsilon > 0.$$

Sei $(\tilde{x}_1, \tilde{x}_2) = (\bar{x}_1 + \epsilon, \bar{x}_2 + \epsilon)$. Dann gilt $p_1 \tilde{x}_1 + p_2 \tilde{x}_2 = m$ und

$$\begin{aligned} u(\bar{x}_1, \bar{x}_2) &= \bar{x}_1 - \frac{1}{2}(\bar{x}_2 - \bar{x}_1 + 1)^2 < \bar{x}_1 + \epsilon - \frac{1}{2}(\bar{x}_2 - \bar{x}_1 + 1)^2 \\ &= u(\tilde{x}_1, \tilde{x}_2). \end{aligned}$$

Das bedeutet aber, daß $(\bar{x}_1, \bar{x}_2)$ nicht die Präferenzen bei gegebenem Budget maximiert.
Schließlich muß $x_1 > 0$ und $\alpha_1 = 0$ gelten, da für $x_1 = 0$ und $\lambda > 0$ die Bedingung (ii) nicht erfüllt werden kann. Damit erhält man aus (i) und (ii)

$$\lambda = \frac{1 + \alpha_2}{p_1 + p_2}.$$

Aus (i) ergibt sich dann für x_2

$$\begin{aligned} x_2 &= x_1 + \lambda p_1 - 2 \\ &= \frac{1}{p_1}(m - p_2 x_2) + \lambda p_1 - 2 \\ &= \frac{1}{p_1 + p_2}\left[m - \frac{p_1(p_1 + 2p_2) - \alpha_2 p_1^2}{p_1 + p_2}\right]. \end{aligned}$$

Da gleichzeitig $\alpha_2 x_2 = 0$ gelten muß, folgt als Nachfragefunktion für Gut 2

$$x_2^* = f_2(p_1, p_2, m) = \frac{1}{p_1 + p_2} \max\left\{0, m - \frac{p_1(p_1 + 2p_2)}{p_1 + p_2}\right\}.$$

Aus der Budgetgleichung ergibt sich für Gut 1

$$\begin{aligned} x_1 &= \frac{m}{p_1} - \frac{p_2}{p_1} x_2 \\ &= \frac{m}{p_1} - \max\left\{0, \frac{p_2 m}{(p_1+p_2)p_1} - \frac{p_2(p_1+2p_2)}{(p_1+p_2)^2}\right\} \\ &= \frac{m}{p_1} + \min\left\{0, \frac{p_2(p_1+2p_2)}{(p_1+p_2)^2} - \frac{p_2 m}{(p_1+p_2)p_1}\right\} \end{aligned}$$

und damit die Nachfragefunktion

$$x_1^* = f_1(p_1, p_2, m) = \min\left\{\frac{m}{p_1}, \frac{1}{p_1+p_2}\left[m + \frac{p_2(p_1+2p_2)}{p_1+p_2}\right]\right\}.$$

Man erkennt an der Nachfragefunktion für Gut 2, daß $x_2 = 0$ ist für $m \leq [p_1(p_1 + 2p_2)]/(p_1 + p_2)$. Bis zu diesem Wert wird allein Gut 1 nachgefragt. Danach steigt die Nachfrage beider Güter linear mit dem Einkommen an. Daraus folgt, daß der Einkommensexpansionspfad stückweise linear verlaufen muß. Für $x_2 > 0$ ergibt sich der ansteigende Teil des Einkommensexpansionspfades aus (i) und (ii), d.h.

$$p_2(x_2 - x_1 + 2) = p_1(x_1 - x_2 - 1)$$

bzw.

$$x_2 = x_1 - \frac{p_1 + 2p_2}{p_1 + p_2}.$$

Insgesamt erhält man als funktionale Darstellung des Einkommensexpansionspfades

$$x_2 = \max\left\{0, x_1 - \frac{p_1 + 2p_2}{p_1 + p_2}\right\}.$$

Man erkennt, daß die Steigung für alle Preise gleich eins ist, Preisveränderungen jedoch Parallelverschiebungen bewirken.

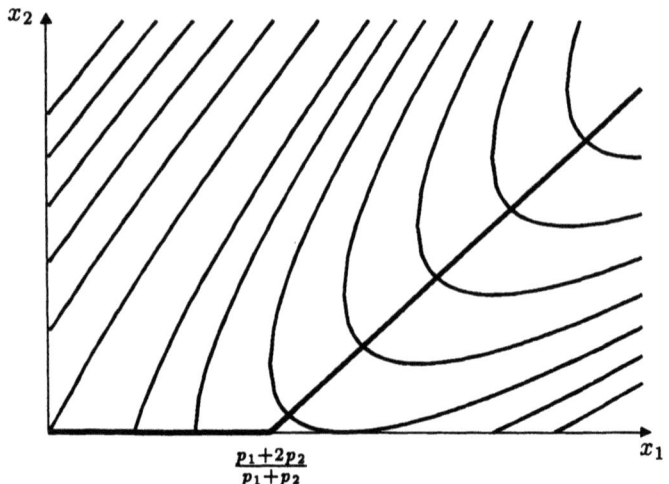

Abb. 4.8.2

Aufgabe 4.9*
Nachfrage bei quasikonkaver Nutzenfunktion
(*Quasikonkavität, Konvexität, Einkommensexpansionspfad, Marshall–Nachfrage, Einkommenseffekt, Einkommenselastizität der Nachfrage*)

Die Nutzenfunktion $u : \mathbb{R}_+^2 \to \mathbb{R}$ eines Haushalts ist durch

$$u(x_1, x_2) = x_1 x_2 + \frac{1}{3} x_2^3$$

gegeben.

a) Diskutieren Sie die Eigenschaften der Nutzenfunktion, bestimmen Sie die Form der Indifferenzkurven, und fertigen Sie eine möglichst maßstabsgetreue Skizze des Indifferenzkurvensystems an.

b) Bestimmen Sie den Einkommensexpansionspfad, und zeichnen Sie ihn in das Diagramm in a) ein. Diskutieren Sie seine Eigenschaften.

c) Ermitteln Sie die Marshall–Nachfragefunktionen, und untersuchen Sie den Einfluß von Einkommensänderungen. Bestimmen Sie für die Preise $p_1 = 1$, $p_2 = 4$ und ein Einkommen von $m = 15$ die nachgefragten Mengen und die Einkommenselastizitäten.

Lösung:

a) Die Nutzenfunktion ist streng monoton wachsend, jedoch nicht konkav. x_2 ist dabei ein wesentliches Gut, so daß bei positivem Einkommen die Nachfrage nach Gut 2 immer positiv sein wird. Für gegebenes Nutzenniveau $\bar{u} > 0$ erhält man als zugehörige Indifferenzkurve

$$I(\bar{u}) = \left\{ (x_1, x_2) \in \mathbb{R}_+^2 \;\middle|\; x_1 = \frac{\bar{u}}{x_2} - x_2^2 \,,\, (3\bar{u})^{1/3} \geq x_2 > 0 \right\}.$$

Man erkennt, daß jede Indifferenzkurve an der x_2-Achse beginnt und tangential zur x_1-Achse für $x_2 \to 0$ verläuft. Durch die Bildung der ersten und zweiten Ableitung überprüft man zum Beispiel auch, daß jede Indifferenzkurve streng monoton fallend und streng konvex verläuft. Somit ist die Nutzenfunktion quasikonkav. Das nachfolgende Diagramm zeigt einige typische Indiffernzkurven.

b) Für $x_1 > 0$ und $x_2 > 0$ wird der Einkommensexpansionspfad durch die Bedingung

$$MRS(x_1, x_2) = \frac{\partial u / \partial x_1}{\partial u / \partial x_2} = \frac{p_1}{p_2}$$

bestimmt, d.h.

$$\frac{x_2}{x_1 + x_2^2} = \frac{p_1}{p_2}.$$

Dies ergibt

$$\left\{ (x_1, x_2) \in \mathbb{R}_+^2 \;\middle|\; x_1 = \max\left\{ 0, x_2 \left[\frac{p_2}{p_1} - x_2 \right] \right\} ,\, x_2 \geq 0 \right\}.$$

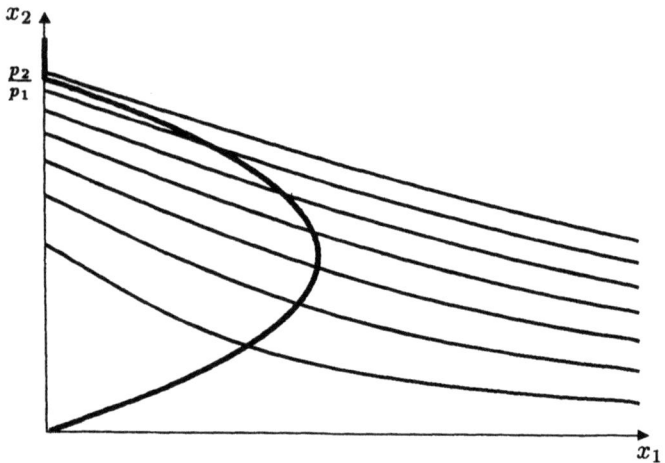

Abb. 4.9.1

Man erkennt, daß x_1 nur dann positiv ist, solange $0 < x_2 < p_2/p_1$ ist. Für $x_2 = (p_2/p_1)/2$ nimmt x_1 ein Maximum an und ist zunächst monoton steigend und dann monoton fallend als Funktion von x_2. Daran erkennt man, daß für kleine Einkommen beide Güter normal sind, jedoch für hohe Einkommen Gut 1 inferior ist und schließlich nicht mehr nachgefragt wird.

c) Aus der Lagrangefunktion

$$\mathcal{L} = x_1 x_2 + \frac{1}{3} x_2^3 + \lambda[m - p_1 x_1 + p_2 x_2] + \alpha_1 x_1 + \alpha_2 x_2$$

erhält man die notwendigen Bedingungen

$$x_2 - \lambda p_1 + \alpha_1 = 0$$

$$x_1 + x_2^2 - \lambda p_2 + \alpha_2 = 0$$

$$\lambda[m - p_1 x_1 - p_2 x_2] = 0, \quad \alpha_1 x_1 = 0, \quad \alpha_2 x_2 = 0.$$

Aus den Überlegungen unter a) folgt, daß $x_2 > 0$, $\alpha_2 = 0$ sowie $\lambda > 0$ und $m = p_1 x_1 + p_2 x_2$ gelten muß. Für x_2 erhält man damit

$$\begin{aligned} x_2 &= \lambda p_1 - \alpha_1 \\ &= \frac{x_1 + x_2^2}{p_2} p_1 - \alpha_1. \end{aligned}$$

$\alpha_1 > 0$ gilt genau dann, wenn $x_1 = 0$ und $x_2 = m/p_2$. Damit folgt aus

$$0 < \alpha_1 = \frac{x_1 + x_2^2}{p_2} p_1 - x_2$$

$$= \frac{x_2(p_1 x_2 - p_2)}{p_2}$$

die Bedingung

$$m > p_2^2/p_1 .$$

Für $m \leq p_2^2/p_1$ ist deshalb $\alpha_1 = 0$ und x_2 ergibt sich als Lösung von

$$p_2 x_2 = m - p_2 x_2 + p_1 x_2^2 ,$$

d.h.

$$x_2 = \frac{p_2}{p_1} - \frac{1}{p_1}(p_2^2 - p_1 m)^{1/2} .$$

Insgesamt erhält man damit die Marshall–Nachfragefunktionen

$$x_1^* = f_1(p_1, p_2, m)$$

$$= \begin{cases} \dfrac{m}{p_1} - \left[\dfrac{p_2}{p_1}\right]^2 + \dfrac{p_2}{p_1^2}(p_2^2 - p_1 m)^{1/2} & \text{falls} \quad p_1 m \leq p_2^2 \\ 0 & \text{sonst} \end{cases}$$

$$x_2^* = f_2(p_1, p_2, m)$$

$$= \begin{cases} \dfrac{p_2}{p_1} - \dfrac{1}{p_1}(p_2^2 - p_1 m)^{1/2} & \text{falls} \quad p_1 m \leq p_2^2 \\ \dfrac{m}{p_2} & \text{sonst} . \end{cases}$$

Zur Analyse von Einkommensänderungen betrachte man die Einkommenseffekte für $p_1 m \leq p_2^2$

$$\frac{\partial f_1}{\partial m} = \frac{1}{p_1} - \frac{1}{2}\frac{p_2}{p_1}(p_2^2 - p_1 m)^{-1/2}$$

$$\frac{\partial f_2}{\partial m} = \frac{1}{2}(p_2^2 - p_1 m)^{-1/2} .$$

$\partial f_2/\partial m$ ist positiv für alle m, hingegen ist $\partial f_1/\partial m$ nur für kleine Werte von m positiv und ist für Werte m nahe bei p_2^2/p_1 negativ. Damit ist Gut 1 für solche Werte von m inferior, d.h. mit steigendem Einkommen fällt die Nachfrage.

Für die angegebenen Zahlenwerte ermittelt man für die Nachfrage

$$x_1 = f_1(1,4,15) = 3, \quad x_2 = f_2(1,4,15) = 3$$

und für die Einkommenselastizitäten

$$E_{1m} = \frac{\partial f_1}{\partial m} \cdot \frac{m}{f_1} = (-1)\frac{15}{3} = -5$$

$$E_{2m} = \frac{\partial f_2}{\partial m} \cdot \frac{m}{f_2} = \frac{1}{2}\frac{15}{3} = \frac{5}{2}.$$

Im Diagramm sind beide Nachfragefunktionen in Abhängigkeit vom Einkommen für festes (p_1, p_2) dargestellt.

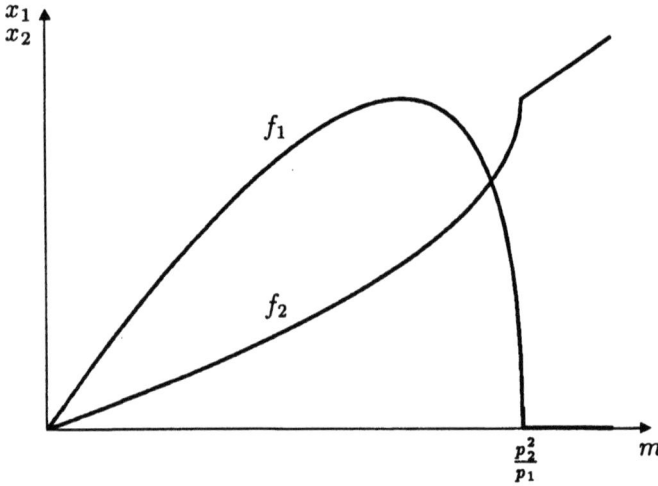

Abb. 4.9.2

Aufgabe 4.10*

Nachfrage bei quasikonkaver Nutzenfunktion

(*Quasikonkavität, Monotonie, Einkommensexpansionspfad, Marshall–Nachfrage, Inferiorität, Giffen Gut, offer curve*)

Die Nutzenfunktion $u : D \to \mathbb{R}$ eines Haushalts ist durch

$$u(x_1, x_2) = (x_1 - 1)(x_2 - 3)^{-2}$$

gegeben, wobei

$$D = \{(x_1, x_2) \mid x_1 \geq 1,\, 0 \leq x_2 \leq 2\}$$

gilt.

a) Überprüfen Sie, ob die Nutzenfunktion im Definitionsbereich D monoton und konkav ist, und fertigen Sie eine möglichst maßstabsgetreue Skizze des Indifferenzkurvensystems an. Bestimmen Sie den Einkommensexpansionspfad, und tragen Sie ihn in das Diagramm ein.

b) Bestimmen Sie die Marshall–Nachfragefunktionen in Abhängigkeit des Einkommens m und streng positiver Preise (p_1, p_2).

c) Für welche Werte (p_1, p_2, m) ist Gut 1 inferior? Für welche Werte ist es ein Giffen Gut?

d) Bestimmen Sie die offer curve (Preis–Konsum–Pfad) für gegebenen Wert von m/p_2, und skizzieren Sie ihren Verlauf für $m/p_2 = 4, 3, 5/2$.

Lösung:

a) Die Nutzenfunktion ist monoton, denn für alle $x_1 \geq 1$ und $0 \leq x_2 \leq 2$ gilt

$$\frac{\partial u}{\partial x_1} = \frac{1}{(x_2 - 3)^2} > 0, \quad \frac{\partial u}{\partial x_2} = -2\frac{x_1 - 1}{(x_2 - 3)^3} \geq 0.$$

Die Nutzenfunktion ist nicht konkav, denn es ist zum Beispiel

$$\frac{\partial^2 u}{\partial x_2^2}(x_1, x_2) = 6(x_1 - 1)(x_2 - 3)^{-4} \geq 0.$$

Sie ist jedoch quasikonkav, d.h. die Indifferenzkurven haben einen konvexen Verlauf. Dies bedeutet, daß sich jede Indifferenzkurve durch eine monoton fallende und konvexe Funktion darstellen läßt. Bei festem Nutzenniveau $\bar{u}$ lautet die zugehörige Indifferenzkurve

$$I(\bar{u}) = \{(x_1, x_2) \in D \mid x_1 = \bar{u}(x_2 - 3)^2 + 1\}.$$

Man erkennt, daß die Bestimmungsgleichung eine konvexe Funktion und damit u quasikonkav ist.

Zur Bestimmung des Einkommensexpansionspfades sind einige zusätzliche Überlegungen hilfreich. Die Beschränkung für x_1 und die Form der Nutzenfunktion impliziert, daß ein optimaler Konsumplan für $(p_1, p_2) \gg 0$ notwendig voraussetzt, daß $m \geq p_1$ gilt, da im anderen Fall die Budgetmenge leer ist. Ist $m > p_1$, so ist immer $x_1 > 1$, x_2 ist aber möglicherweise gleich Null oder 2. Damit folgt als Bedingung für den Einkommensexpansionspfad, daß

$$\frac{\partial u/\partial x_1}{\partial u/\partial x_2} = \frac{3 - x_2}{2(x_1 - 1)} > \frac{p_1}{p_2} \quad \text{für} \quad x_2 = 0 \quad , \quad x_1 > 1$$

$$\frac{\partial u/\partial x_1}{\partial u/\partial x_2} = \frac{3 - x_2}{2(x_1 - 1)} = \frac{p_1}{p_2} \quad \text{für} \quad 0 < x_2 < 2, \quad x_1 > 1$$

$$\frac{\partial u/\partial x_1}{\partial u/\partial x_2} = \frac{3 - x_2}{2(x_1 - 1)} < \frac{p_1}{p_2} \quad \text{für} \quad x_2 = 2 \quad , \quad x_1 > 1.$$

Dies ergibt als Einkommensexpansionspfad

$$\left\{ (x_1, x_2) \in \mathbb{R}_+^2 \;\middle|\; \begin{array}{ll} 1 \leq x_1 \leq \dfrac{3p_2 + 2p_1}{2p_1} & , \quad x_2 = 0 \\ x_1 = \dfrac{3p_2 + 2p_1}{2p_1} - \dfrac{p_2}{2p_1} x_2 & , \quad 0 < x_2 < 2 \\ x_1 \geq \dfrac{p_2 + 2p_1}{2p_1} & , \quad x_2 = 2 \end{array} \right\}.$$

Man erkennt, daß dieser für $0 < x_2 < 2$ eine negative Steigung hat, d.h. mit steigendem Einkommen wird mehr von Gut 2, aber weniger von Gut 1 nachgefragt. Damit ist Gut 1 in diesem Bereich ein inferiores Gut.

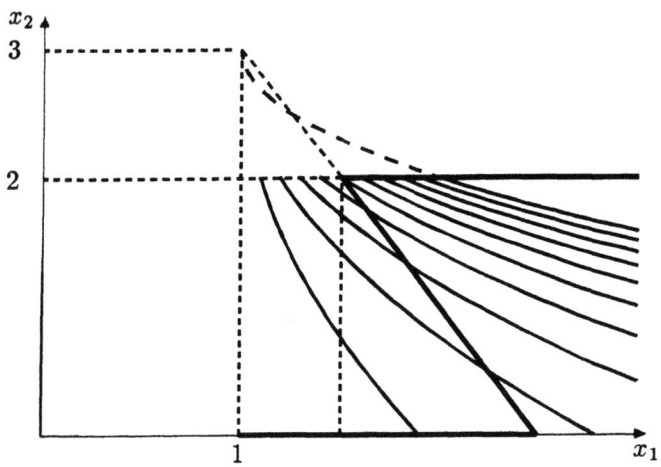

Abb. 4.10.1

b) Für das Optimierungsproblem

$$\max u(x_1, x_2) = \max(x_1 - 1)(x_2 - 3)^{-2}$$

unter den Nebenbedingungen

$$p_1 x_1 + p_2 x_2 \leq m, \quad x_1 \geq 1, \quad 2 \geq x_2 \geq 0$$

ergibt sich die Lagrangefunktion

$$\begin{aligned}\mathcal{L} &= (x_1 - 1)(x_2 - 3)^{-2} + \lambda(m - p_1 x_1 - p_2 x_2) \\ &\quad + \alpha(x_1 - 1) + \beta x_2 + \delta(2 - x_2).\end{aligned}$$

Als notwendige Bedingungen erhält man

(i) $\quad \dfrac{\partial \mathcal{L}}{\partial x_1} = (x_2 - 3)^{-2} - \lambda p_1 + \alpha = 0$

(ii) $\quad \dfrac{\partial \mathcal{L}}{\partial x_2} = -2(x_1 - 1)(x_2 - 3)^{-3} - \lambda p_2 + \beta - \delta = 0$

(iii) $\quad \lambda(y - p_1 x_1 - p_2 x_2) = 0, \quad \alpha(x_1 - 1) = 0,$

$\qquad \beta x_2 = 0, \quad \delta(2 - x_2) = 0.$

Aufgrund der Überlegungen zu a) sei $m > p_1$. Dann muß für eine optimale Lösung

$x_1 > 1$ und $\alpha = 0$
$\lambda > 0$ und $p_1 x_1 + p_2 x_2 = m$

gelten. Aus (i) erhält man

$$\lambda = \frac{1}{p_1(x_2 - 3)^2},$$

so daß (ii) als

$$-2(x_1 - 1)(x_2 - 3)^{-3} - \frac{p_2}{p_1}(x_2 - 3)^{-2} + \beta - \delta = 0$$

bzw.

$$-(x_2 - 3)^{-3}\left[\frac{2p_1(x_1 - 1) + p_2(x_2 - 3)}{p_1}\right] + \beta - \delta = 0$$

geschrieben werden kann. Nach Verwendung der Budgetrestriktion ergibt dies

$$-(x_2 - 3)^{-3}\left[\frac{2m - (2p_1 + 3p_2) - p_2 x_2}{p_1}\right] + \beta - \delta = 0.$$

Da $0 \leq x_2 \leq 2$ und $\beta x_2 = 0$ und $\delta(2 - x_2) = 0$ gelten muß, können β und δ nie gleichzeitig positiv sein. Berücksichtigt man dies, so erhält man aus dieser Gleichung die Nachfrage von Gut 2 als

$$x_2 = \begin{cases} 0 & m \leq \frac{2p_1 + 3p_2}{2} \\ \frac{2m - (2p_1 + 3p_2)}{p_2} & \frac{2p_1 + 3p_2}{2} \leq m \leq \frac{2p_1 + 5p_2}{2} \\ 2 & \frac{2p_1 + 5p_2}{2} \leq m \end{cases}$$

Mit Hilfe der Budgetrestriktion läßt sich damit die Nachfrage für Gut 1 ermitteln.

$$x_1 = \begin{cases} \frac{m}{p_1} & m \leq \frac{2p_1 + 3p_2}{2} \\ 2 + \frac{1}{p_1}[3p_2 - m] & \frac{2p_1 + 3p_2}{2} \leq m \leq \frac{2p_1 + 5p_2}{2} \\ \frac{1}{p_1}[m - 2p_2] & \frac{2p_1 + 5p_2}{2} \leq m \end{cases}$$

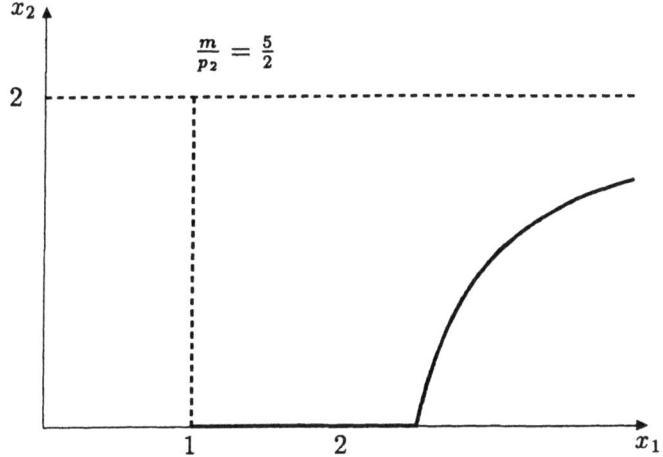

Abb. 4.10.2

c) An der Nachfragefunktion erkennt man, daß Gut 1 für alle (p_1, p_2, m) inferior ist, für die

$$\frac{2p_1 + 3p_2}{2} \leq m \leq \frac{2p_1 + 5p_2}{2}$$

gilt. Nur in diesem Bereich kann das Gut auch ein Giffen Gut sein. Der direkte Preiseffekt ist

$$\frac{\partial x_1}{\partial p_1} = -\frac{1}{p_1^2}[3p_2 - m].$$

wenn $m > 3p_2$ und gleichzeitig $2p_1 + 3p_2 \leq 2m \leq 2p_1 + 5p_2$ gilt. In etwas anderer Form geschrieben muß deshalb

$$\frac{m}{p_2} > 3 \quad \text{und} \quad \frac{p_1}{p_2} + \frac{3}{2} \leq \frac{m}{p_2} \leq \frac{p_1}{p_2} + \frac{5}{2}$$

gelten. Beide Bedingungen sind zum Beispiel durch $p_1/p_2 = 3/2$ und $m/p_2 = 7/2$ erfüllt.

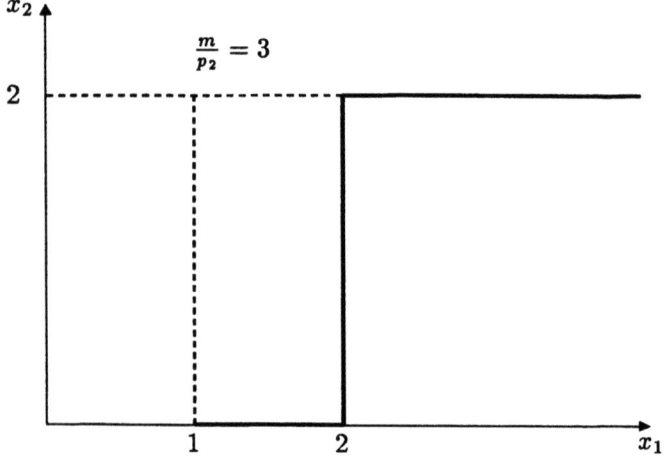

Abb. 4.10.3

d) Aus der Budgetbedingung

$$\frac{p_1}{p_2}x_1 + x_2 = \frac{m}{p_2}$$

und der notwendigen Bedingung

$$\frac{\partial u/\partial x_1}{\partial u/\partial x_2} = \frac{3-x_2}{2(x_1-1)} = \frac{p_1}{p_2}$$

für ein inneres Maximum, d.h. $x_1 > 1$ und $0 < x_2 < 2$, erhält man als Gleichung für die offer curve

$$x_1 = \frac{2[(m/p_2) - x_2]}{2(m/p_2) - x_2 - 3}.$$

Man erkennt, daß x_1 für alle $0 < x_2 < 2$ den Wert 2 annimmt, falls $m/p_2 = 3$ ist. Ferner gilt

$$\frac{\partial x_1}{\partial x_2} > 0 \quad \text{falls} \quad m/p_2 < 3$$

und

$$\frac{\partial x_1}{\partial x_2} < 0 \quad \text{falls} \quad m/p_2 > 3,$$

d.h. im ersten Fall ist die offer curve steigend, im zweiten hingegen fallend. Letzteres bestätigt, daß Gut 1 ein Giffen Gut ist, falls $m/p_2 > 3$ gilt. Für $x_2 = 0$ bzw. $x_2 = 2$ setzt sich die offer curve auf dem jeweiligen Rand fort.

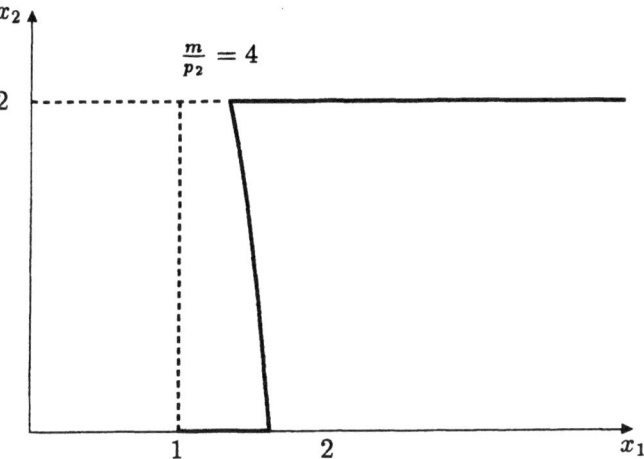

Abb. 4.10.4

Aufgabe 4.11
Nachfrage bei Cobb–Douglas Nutzenfunktion

(*Marshall–Nachfrage, indirekte Nutzenfunktion, Ausgabenquote, Einkommenselastizität, Preiselastizitäten*)

Die Nutzenfunktion $u : \mathbb{R}_+^n \to \mathbb{R}$ eines Haushalts hat die Form

$$u(x_1, ..., x_n) = \prod_{i=1}^{n} x_i^{\alpha_i},$$

wobei $\alpha_i > 0$ für alle $i = 1, ..., n$ gilt.

a) Bestimmen Sie die Marshall–Nachfragefunktionen und die indirekte Nutzenfunktion.

b) Zeigen Sie, daß die Ausgabenquote für jedes Gut bei allen Preisen und Einkommen konstant ist, und bestimmen Sie die Einkommens- und Preiselastizitäten der Nachfrage.

Lösung:

a) Die Nutzenfunktion ist vom Cobb–Douglas–Typ. Durch eine streng monotone Transformation jeder Nutzenfunktion dieses Typs, läßt sich jederzeit sicherstellen, daß für die Exponenten $0 < \alpha_i < 1$, $i = 1, ..., n$ und

$$\sum_{i=1}^{n} \alpha_i = 1$$

gilt. Dabei stellt die transformierte Funktion die gleichen zugrundeliegenden Präferenzen dar. Für eine optimale Lösung bei $m > 0$ und $p_i > 0$, $i = 1, ..., n$, muß $x_i > 0$, $i = 1, ..., n$, und $m = \sum p_i x_i$ gelten (vgl. Aufgabe 4.3). Damit erhält man aus der Lagrangefunktion

$$\mathcal{L} = \prod_{i=1}^{n} x_i^{\alpha_i} + \lambda[m - \sum_{i=1}^{n} p_i x_i]$$

als notwendige Bedingungen

(i) $\quad \alpha_j x_j^{-1} \prod_{i=1}^{n} x_i^{\alpha_i} = \lambda p_j \quad j = 1, ..., n$

(ii) $\quad m - \sum p_i x_i = 0$.

Aus (i) ergibt sich nach Elimination von λ

(iii) $\quad p_i x_i = \frac{\alpha_i}{\alpha_1} p_1 x_1 \quad i = 1, ..., n$.

Aus (ii) und unter Verwendung von (iii) ergibt sich dann für die Bestimmung von x_1

$$\begin{aligned} m &= p_1 x_1 + \sum_{i=2}^{n} p_i x_i \\ &= p_1 x_1 + \sum_{i=2}^{n} \alpha_i \frac{p_1 x_1}{\alpha_1} \\ &= \frac{p_1 x_1}{\alpha_1} \left[\alpha_1 + \sum_{i=2}^{n} \alpha_i \right] = \frac{p_1 x_1}{\alpha_1}. \end{aligned}$$

Man erhält als Marshall–Nachfragefunktion f_1 für Gut 1 daraus

$$x_1^* = f_1(p_1, ..., p_n, m) = \frac{\alpha_1 m}{p_1}$$

und damit für alle $i = 1, ..., n$

$$x_i^* = f_i(p_1, ..., p_n, m) = \frac{\alpha_i m}{p_i}.$$

Die indirekte Nutzenfunktion lautet

$$v(p_1, ..., p_n, m) = m \prod_{i=1}^{n} \left[\frac{\alpha_i}{p_i}\right]^{\alpha_i}.$$

b) Man erkennt unmittelbar, daß die Ausgabenquote

$$a_i(p_1, ..., p_n, m) = \frac{p_i f_i(p_1, ..., p_n, m)}{m} = \alpha_i \quad i = 1, ..., n$$

preis- und einkommensunabhängig ist. Für die Elastizitäten erhält man

$$E_{im} = \frac{\partial f_i}{\partial m} \frac{m}{f_i(p_1, ..., p_n, m)} = 1$$

$$E_{ii} = \frac{\partial f_i}{\partial p_i} \frac{p_i}{f_i(p_1, ..., p_n, m)} = -1$$

$$E_{ij} = \frac{\partial f_i}{\partial p_j} \frac{p_j}{f_i(p_1, ..., p_n, m)} = 0.$$

Wie man sich leicht überzeugen kann, folgen diese Elastizitätseigenschaften direkt aus der Preis- und Einkommensunabhängigkeit der Ausgabenquoten. Diese Eigenschaften kennzeichnen damit vollständig die Menge aller Präferenzen, die durch Nutzenfunktionen vom Cobb-Douglas-Typ darstellbar sind (vgl. auch Aufgabe 4.13).

Aufgabe 4.12
Nachfrage bei homothetischer Nutzenfunktion
(*Quasikonkavität, Homogenität, homothetische Nutzenfunktion, Einkommenselastizität der Nachfrage, Hicks–Nachfrage, Ausgabenfunktion, indirekte Nutzenfunktion*)

Die Präferenzen eines Haushalts seien durch eine streng monoton wachsende, streng quasikonkave, homothetische Nutzenfunktion

$$u : \mathbb{R}_+^n \to \mathbb{R}$$

darstellbar. Zeigen Sie allgemein, daß die Einkommenselastizitäten der Nachfrage den Wert eins bei allen Preisen und Einkommen haben.

Lösung:

Eine Funktion $u : \mathbb{R}_+^n \to \mathbb{R}$ ist genau dann homothetisch, wenn es eine linear homogene Funktion $v : \mathbb{R}_+^n \to \mathbb{R}$ und eine streng monoton wachsende Funktion $h : \mathbb{R} \to \mathbb{R}$ gibt, so daß

$$u(x) = h(v(x))$$

für alle $x \in \mathbb{R}_+^n$ gilt. Daraus folgt natürlich sofort, daß die linear-homogene Funktion v auch eine Nutzendarstellung für die gleichen Präferenzen ist. Und schließlich folgt damit, daß die Marshall–Nachfragefunktionen für v und für u identisch sind. Die Eigenschaft konstanter Einkommenselastizitäten vom Wert eins ist bewiesen, wenn die Nachfragefunktionen $f_i(p_1, ..., p_n, m)$ für alle $i = 1, ..., n$ von der Form

$$f_i(p_1, ..., p_n, m) = m \cdot k_i(p)$$

sind. Dabei ist $p = (p_1, ..., p_n)$ der Preisvektor. Dies bedeutet, daß jede Nachfragefunktion als Produkt des Einkommens m mit einer Funktion, die allein von den Preisen abhängt, geschrieben werden kann.
Für den Beweis bestimme man zunächst die Ausgabenfunktion und die Hicks–Nachfragefunktionen. Aufgrund der Homogenität von v hat die Ausgabenfunktion

$$E(p, \bar{v}) = \min\{p \cdot x \mid v(x) \geq \bar{v}\}$$

die spezielle Form

$$E(p, \bar{v}) = \bar{v} \cdot g(p).$$

Damit hat jede Hicks-Nachfragefunktion für $i = 1, ..., n$

$$h_i(p_1, ..., p_n, \bar{v}) = \frac{\partial E}{\partial p_i}(p, \bar{v})$$

die spezielle Form

(i) $\quad h_i(p_1, ..., p_n, \bar{v}) = \bar{v} \frac{\partial g}{\partial p_i}(p)$.

Aus der Ausgabenfunktion erhält man durch Inversion bezüglich $\bar{v}$ die indirekte Nutzenfunktion

(ii) $\quad V(p_1, ..., p_n, m) = \frac{m}{g(p)}$.

Zusätzlich gilt generell die Identität

$$f_i(p_1, ..., p_n, m) = h_i(p_1, ..., p_n, V(p_1, ..., p_n, m))$$

für alle $i = 1, ..., n$. Durch Verwendung der Gleichungen (i) und (ii) ergibt sich dann

$$\begin{aligned} f_i(p_1, ..., p_n, m) &= h_i(p, \frac{m}{g(p)}) \\ &= m \cdot \frac{\partial g / \partial p_i}{g(p)} \end{aligned}$$

für alle $i = 1, ..., n$. Damit ist gezeigt, daß die Marshall-Nachfragefunktionen linear im Einkommen sind und damit eine konstante Einkommenselastizität von eins besitzen.

Aufgabe 4.13

Marshall-Nachfrage und Ausgabenquoten

(*marginale Ausgabenneigung, Preiselastizitäten der Nachfrage, Einkommenselastizität der Nachfrage, Substitutionselastizität*)

Für die Marshall-Nachfragefunktionen eines Haushalts sei bekannt, daß die Ausgabenquote für jedes Gut $i = 1, ..., n$ bei allen Preisen und Einkommen einen festen Wert c_i annimmt, wobei $\sum c_i = 1$ gilt. Welche weiteren Eigenschaften der Nachfragefunktionen in Bezug auf

a) die marginale Ausgabenneigung,

b) die Preiselastizitäten,

c) die Einkommenselastizität,

d) die Substitutionselastizität

kann man daraus ableiten?

Lösung:

Für ein Einkommen m und einen Preisvektor $p = (p_1, ..., p_n)$ ist die Ausgabenquote für ein Gut definiert als

$$a_i(p,m) = \frac{p_i f_i(p,m)}{m}, \qquad i = 1,...,n.$$

Da für Gut i, $i = 1,...,n$,

$$a_i(p,m) = c_i$$

gilt, folgt für die Form der Nachfragefunktion

$$f_i(p,m) = \frac{c_i m}{p_i}.$$

a) Die marginale Ausgabenneigung für Gut i ist definiert als

$$b_i(p,m) = p_i \frac{\partial f_i}{\partial m}.$$

Dann gilt im vorliegenden Spezialfall

$$b_i = c_i \quad i = 1,...,n,$$

d.h. die marginalen Ausgabenneigungen sind ebenfalls konstant.

b) Die direkte Preiselastizität lautet

$$E_{ii} = \frac{\partial f_i(p,m)}{\partial p_i} \frac{p_i}{f_i(p,m)} = -1 \quad i = 1,...,n.$$

Alle Kreuzpreiselastizitäten sind Null, da

$$\frac{\partial f_i}{\partial p_j} = 0 \quad i,j = 1,...,n \quad \text{und} \quad i \neq j.$$

c) Die Einkommenselastizität ist konstant, denn es gilt

$$E_{im} = \frac{\partial f_i}{\partial m} \frac{m}{f_i(p,m)} = 1.$$

d) Zunächst stellt man fest, daß für das Verhältnis der Mengen zweier Güter zueinander

$$\frac{f_i(p,m)}{f_j(p,m)} = \frac{c_i}{c_j} \frac{p_j}{p_i} \quad i,j = 1,...,n \quad \text{und} \quad i \neq j$$

gilt. Die Substitutionselastizität ist als

$$\sigma = \frac{\partial\left(\frac{f_i(p,m)}{f_j(p,m)}\right)}{\partial\left(\frac{p_i}{p_j}\right)} \frac{\frac{p_i}{p_j}}{\frac{f_i(p,m)}{f_j(p,m)}} \quad i,j = 1,...,n \quad \text{und} \quad i \neq j$$

definiert. Daraus erhält man

$$\sigma = -\frac{c_i}{c_j}\left(\frac{p_i}{p_j}\right)^{-2} \frac{c_j}{c_i}\left(\frac{p_i}{p_j}\right)^{+2} = -1.$$

Aufgabe 4.14
Nachfrage bei additiv separabler Nutzenfunktion
(Separabilität, monotone Transformation, Ausgabenquote, Elastizitäten)

Die Nutzenfunktion $u: D \to \mathbb{R}$ eines Haushalts sei

$$u(x_1,...,x_n) = \sum_{i=1}^{n} \beta_i \ln(x_i - \gamma_i),$$

wobei $D = \{(x_1,...,x_n) \in \mathbb{R}^n_+ \,|\, x_i \geq \gamma_i, \, i=1,...,n\}$ und $\beta_i \geq 0$, $i = 1,...,n$, mit $\sum \beta_i = 1$ sowie $\gamma_i \geq 0$, $i = 1,...,n$, gilt.

a) Bestimmen Sie die Marshall–Nachfragefunktionen bei den Preisen $p = (p_1,...,p_n)$ und dem Einkommen $m \geq 0$. Zeigen Sie, daß die Ausgaben für jedes Gut eine lineare Funktion in den Preisen und dem Einkommen sind.

b) Vergleichen Sie die hier verwendete Nutzenfunktion und die Eigenschaften der Nachfragefunktionen mit der allgemeinen Cobb–Douglas–Nutzenfunktion und den zugehörigen Nachfragefunktionen (siehe Aufgabe 4.11). Geben Sie eine ökonomische Interpretation der Parameter γ_i, $i = 1,...,n$.

Lösung:

a) Die Nutzenfunktion ist streng monoton wachsend und streng konkav. Ferner erkennt man, daß für eine optimale Lösung des Problems

$$\max u(x_1,...,x_n)$$

unter den Nebenbedingungen

$$(x_1,...,x_n) \in D \quad \text{und} \quad \sum_{i=1}^{n} p_i x_i \leq m$$

$x_i > \gamma_i$ für alle $i = 1,...,n$ gelten muß. Damit ist es hinreichend, die Lagrangefunktion

$$\mathcal{L} = \sum_{i=1}^{n} \beta_i \ln(x_i - \gamma_i) + \lambda[m - \sum_{i=1}^{n} p_i x_i]$$

zu betrachten. Als notwendige Bedingungen erhält man

(i) $\quad \dfrac{\beta_i}{x_i - \gamma_i} = \lambda p_i \quad i = 1,...,n$

(ii) $\quad \sum_{i=1}^{n} p_i x_i = m$.

Aus (i) ergibt sich nach Elimination von λ für ein festes i und jedes $j \neq i$

(iii) $\quad x_j - \gamma_j = \dfrac{p_i}{p_j} \dfrac{\beta_j}{\beta_i}(x_i - \gamma_i).$

Aus (ii) folgt

$$p_i x_i = m - \sum_{j \neq i} p_j x_j$$

und durch sukzessives Einsetzen von (iii) ergibt sich

$$p_i x_i = m - \sum_{j \neq i}[p_j \gamma_j + p_i \frac{\beta_j}{\beta_i}(x_i - \gamma_i)]$$

$$= m - \sum_{j \neq i} p_j \gamma_j - \frac{p_i x_i}{\beta_i} \sum_{j \neq i} \beta_j + \frac{p_i \gamma_i}{\beta_i} \sum_{j \neq i} \beta_j.$$

Auflösung nach x_i unter Verwendung von $\sum_{k=1}^{n} \beta_k = 1$ ergibt die Nachfragefunktionen für $i = 1, ..., n$ als

$$x_i^* = f_i(p_1, ..., p_n, m) = \frac{\beta_i}{p_i}(m - \sum_{j \neq i} p_j \gamma_j) + \gamma_i \sum_{j \neq i} \beta_j.$$

Die Ausgaben für Gut i sind

$$p_i x_i = \beta_i (m - \sum_{j \neq i} p_j \gamma_j) + p_i \gamma_i \sum_{j \neq i} \beta_j.$$

Diese sind für alle $i = 1, ..., n$ lineare Funktionen im Einkommen und in den Preisen.

b) Ein Vergleich der beiden Nutzenfunktionen läßt sich am besten durchführen, nachdem die Cobb–Douglas Nutzenfunktion

$$\tilde{u}(x_1, ..., x_n) = \prod_{i=1}^{n} x_i^{\beta_i}$$

mit $\beta_i > 0$ und $\sum \beta_i = 1$ in die Form

$$v(x_1, ..., x_n) = \sum_{i=1}^{n} \beta_i \ln x_i$$

transformiert worden ist. Man erkennt, daß die Nutzenfunktion u dieser Aufgabe und die Cobb–Douglas Funktion jeweils gewichtete Summen der Logarithmen sind, mit dem Unterschied, daß in u die Variablen x_i um γ_i translatiert sind. Dies ist die Klasse der sogenannten additiven logarithmischen Nutzenfunktionen, innerhalb der die Cobb–Douglas Funktion einen wichtigen Spezialfall darstellt. Die Parameter $\gamma_i \geq 0$ legen für jedes Gut einen Mindestkonsum fest. Ist dieser Null für alle i, so liegt die Cobb–Douglas Nutzenfunktion vor.
Ein Vergleich der Nachfragefunktionen läßt erkennen, daß die Ausgabenquoten im allgemeinen Fall nicht mehr preis- und einkommensunabhängig sind. Insbesondere variiert die Einkommenselastizität bei

festen Preisen mit dem Einkommen, obwohl der reine Einkommenseffekt gleich ist. Dies ist auch daran zu erkennen, daß u nicht homogen ist. Auch ist die direkte Preiselastizität der Güter im allgemeinen nicht gleich minus eins, da negative Kreuzpreiseffekte auftreten. Generell ist festzuhalten, daß die meisten der speziellen Eigenschaften der Nachfragefunktionen im Fall Cobb–Douglas bei Einführung von Mindestkonsum und der entsprechenden Translation der Nutzenfunktion nicht erhalten bleiben, bis auf die im Teil a) nachgewiesene Linearität der Ausgaben für alle Güter.

Aufgabe 4.15
Offer curve bei Cobb–Douglas–Nutzenfunktion
(*Anfangsausstattung, offer curve*)

Die Nutzenfunktion $u : \mathbb{R}_+^2 \to \mathbb{R}$ eines Haushalts sei

$$u(x_1, x_2) = x_1^\alpha x_2 \quad \alpha > 0$$

und er besitze eine Anfangsausstattung $e = (e_1, e_2) \geq 0$.

a) Bestimmen Sie die offer curve (Tauschkurve) des Haushalts.

b) Geben Sie eine graphische Darstellung der offer curve für die Situationen, in denen der Haushalt einen positiven Betrag beider Güter als Anfangsausstattung besitzt, sowie für diejenigen, in denen er jeweils nur von einem Gut einen positiven Betrag besitzt.

Lösung:

a) Die Nutzenfunktion ist vom Cobb–Douglas Typ. Im Vergleich zu Aufgabe 4.3 ist jedoch das Einkommen des Haushalts preisabhängig, so daß das Problem

$$\max x_1^\alpha x_2$$

unter der Nebenbedingung

$$p_1 x_1 + p_2 x_2 \leq p_1 e_1 + p_2 e_2$$

zu lösen ist. Als notwendige Bedingungen erhält man

(i) $\quad \dfrac{\partial u/\partial x_1}{\partial u/\partial x_2} = \alpha \dfrac{x_2}{x_1} = \dfrac{p_1}{p_2}$

(ii) $\quad x_1 + \dfrac{p_2}{p_1} x_2 = e_1 + \dfrac{p_2}{p_1} e_2$.

Nach Elimination von p_2/p_1 erhält man aus (i) und (ii) die Bestimmungsgleichung für die offer curve

$$\frac{x_1}{x_2} = \alpha \frac{e_1 - x_1}{x_2 - e_2} \quad x_1 > 0,\, x_2 > 0$$

bzw.

$$x_1(x_2 - e_2) + \alpha x_2(x_1 - e_1) = 0.$$

Die offer curve ist damit

$$\{(x_1, x_2) \,|\, x_1(x_2 - e_2) + \alpha x_2(x_1 - e_1) = 0,\, x_1 > 0,\, x_2 > 0\}.$$

b) Sei $e_1 > 0$ und $e_2 > 0$. Dann läßt sich die offer curve explizit als Funktion

$$x_2 = \frac{e_2 x_1}{(1+\alpha)x_1 - \alpha e_1}, \quad x_1 > \frac{\alpha e_1}{1+\alpha}$$

schreiben. Man erkennt, daß die offer curve O einen hyperbelähnlichen Verlauf mit den Asymptoten $\alpha e_1/(1+\alpha)$ bzw. $e_2/(1+\alpha)$ hat.

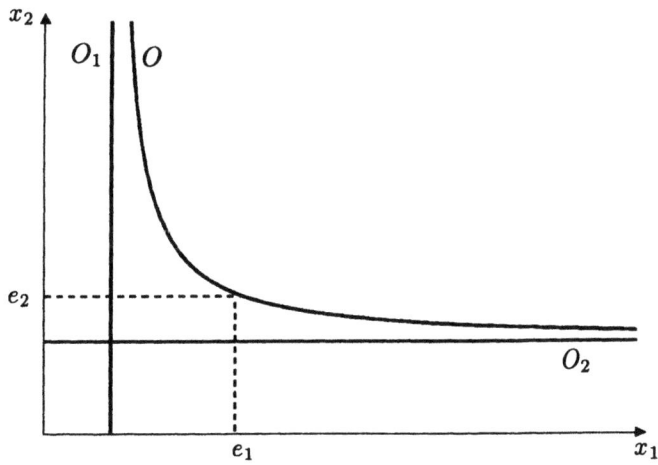

Abb. 4.15

Für $e_2 = 0$ und $e_1 > 0$ erhält man aus der Bestimmungsgleichung für alle $x_2 > 0$

$$x_1 = \alpha(e_1 - x_1),$$

d.h.

$$x_1 = \frac{\alpha}{1+\alpha} e_1.$$

In diesem Fall wird der konstante Anteil $\alpha/(1+\alpha)$ von e_1 konsumiert, der Rest zum Kauf angeboten und vom erzielten Einkommen Gut 2 nachgefragt. Die offer curve ist damit die senkrechte Linie O_1 im Diagramm.

Im umgekehrten Fall mit $e_1 = 0$ und $e_2 > 0$ erhält man aus der Bestimmungsgleichung als preisunabhängigen Konsum von Gut 2

$$x_2 = \frac{e_2}{1+\alpha}$$

und damit ein preisunabhängiges Angebot von Gut 2 in Höhe von $[\alpha/(1+\alpha)]e_2$. Dies ergibt die horizontale offer curve O_2 im Diagramm.

Aufgabe 4.16*

Offer curve bei CES–Nutzenfunktion

(Anfangsausstattung, offer curve, Substitutionselastizität)

Gegeben ist die CES–Nutzenfunktion in der Form

$$u(x_1, x_2) = [x_1^\rho + x_2^\rho]^{1/\rho} \quad \rho \neq 0,\, \rho < 1.$$

a) Bestimmen Sie für beliebige strikt positive Anfangsausstattungen $e = (e_1, e_2) \gg 0$ des Haushalts die zugehörige offer curve.

b) Zeigen Sie, daß die offer curve streng monoton fallend verläuft, solange $0 < \rho < 1$ ist. Analysieren Sie den Verlauf für $\rho < 0$ und fertigen Sie eine Skizze an.

Lösung:

a) Für das Problem

$$\max[x_1^\rho + x_2^\rho]^{1/\rho}$$

unter der Nebenbedingung

$$p_1 x_1 + p_2 x_2 \leq p_1 e_1 + p_2 e_2$$

ergeben sich die notwendigen Bedingungen

$$\left(\frac{x_1}{x_2}\right)^{\rho-1} = \frac{p_1}{p_2}$$

$$\frac{p_1}{p_2}(x_1 - e_1) + (x_2 - e_2) = 0.$$

Eliminiert man das Preisverhältnis p_1/p_2, so erhält man die Bestimmungsgleichung für die offer curve

$$(x_1 - e_1)x_1^{\rho-1} + (x_2 - e_2)x_2^{\rho-1} = 0.$$

Alle Wertepaare $(x_1, x_2) \gg 0$, die diese Gleichung erfüllen, gehören somit zur offer curve. Man erkennt insbesondere, daß $(x_1, x_2) = (e_1, e_2)$ eine Lösung ist. Dies bedeutet, daß die offer curve immer durch den Ausstattungspunkt verläuft, falls $e_1 > 0$ und $e_2 > 0$ gilt.

b) Um den Verlauf der offer curve zu analysieren, bestimmt man die Ableitung dx_2/dx_1 der impliziten Funktion aus a)

$$\frac{dx_2}{dx_1} = -\frac{x_1^{\rho-1} + (\rho-1)(x_1 - e_1)x_1^{\rho-2}}{x_2^{\rho-1} + (\rho-1)(x_2 - e_2)x_2^{\rho-2}}$$

$$= -\frac{x_1^{\rho-2}[x_1 + (\rho-1)(x_1 - e_1)]}{x_2^{\rho-2}[x_2 + (\rho-1)(x_2 - c_2)]}$$

$$= -\left[\frac{x_1}{x_2}\right]^{\rho-2} \frac{x_1 - \dfrac{\rho-1}{\rho}e_1}{x_2 - \dfrac{\rho-1}{\rho}e_2}.$$

Sei $1 > \rho > 0$. Dann erkennt man unmittelbar, daß die Ableitung negativ ist, da $x_1 > e_1$ genau dann gilt, wenn $x_2 < e_2$ ist. Die offer curve ist somit streng monoton fallend für $1 > \rho > 0$, d.h. für Werte der

Substitutionselastizität $\sigma = 1/(\rho - 1)$ kleiner minus eins, d.h. $|\sigma| > 1$. Für dem Betrag nach hohe Substitutionselastizitäten, d.h. bei relativ gering gekrümmten Indifferenzkurven, ist die offer curve im gesamten Bereich fallend.

Sei $\rho < 0$. Dann gilt $|\sigma| < 1$ und $(\rho - 1)/\rho > 1$. Ist $x_1 > e_1$, so ist $x_2 - [(\rho - 1)/\rho]e_2 < x_2 - e_2 < 0$, und das Vorzeichen der Ableitung der offer curve wird durch den Ausdruck im Zähler bestimmt. Man erkennt jedoch, daß dieser an der Stelle $x_1 = e_1[(\rho - 1)/\rho]$ das Vorzeichen von minus nach plus wechselt. Die offer curve hat also zunächst eine negative und danach eine positive Steigung. An dieser Stelle liegt auch das maximale Angebot von Gut 2. Für den weiteren Verlauf der offer curve erkennt man an der Bestimmungsgleichung, daß x_2 gegen e_2 konvergiert wenn x_1 nach $+\infty$ strebt.

Symmetrisch zur Situation der Nachfrage nach Gut 1 und Angebot von Gut 2, d.h. $x_1 > e_1$ und $x_2 < e_2$, ist der entgegengesetzte Fall $x_2 > e_2$ und $x_1 < e_1$. Für $x_2 = e_2[(\rho - 1)/\rho]$ wechselt auch die Steigung der offer curve im Nachfragebereich von Gut 2. An dieser Stelle liegt ebenfalls das maximale Angebot von Gut 1 und für $x_2 \to \infty$ strebt x_1 gegen e_1. Insgesamt erhält man damit die nachfolgende Darstellung im Diagramm.

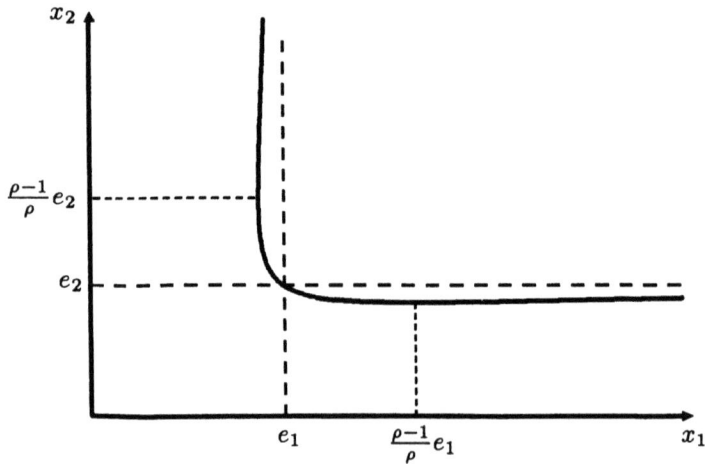

Abb. 4.16

Aufgabe 4.17*

Offer curve bei einer nichtkonkaven Nutzenfunktion

(*Quasikonkavität, Anfangsausstattung, offer curve, Grenzrate der Substitution, Marshall–Nachfrage*)

Die Nutzenfunktion $u : \mathbb{R}_+^2 \to \mathbb{R}$ eines Haushalts ist von der Form

$$u(x_1, x_2) = x_1 x_2 + \frac{1}{2} x_2^2.$$

a) Analysieren Sie die Eigenschaften der Nutzenfunktion, und fertigen Sie eine möglichst maßstabsgetreue Skizze des Indifferenzkurvensystems an. Bestimmen Sie den Einkommensexpansionspfad.

b) Sei $e = (e_1, e_2) \in \mathbb{R}_+^2$ die Anfangsausstattung des Haushalts. Bestimmen Sie die offer curve (Tauschkurve). Diskutieren Sie den Einfluß von Veränderungen der Anfangsausstattung, und fertigen Sie eine Skizze für den Fall $e \gg 0$ an.

c) Bestimmen Sie die Marshall–Nettonachfragefunktionen bzw. -angebotsfunktionen in Abhängigkeit von den Güterpreisen und der Anfangsausstattung. Unter welchen Bedingungen ist der Haushalt Anbieter bzw. Nachfrager auf dem jeweiligen Markt?

Lösung:

a) Die Nutzenfunktion ist streng monoton steigend und homogen vom Grade 2, wobei Gut 2 ein wesentliches Gut ist, das bei jedem positiven Einkommen nachgefragt wird. u ist jedoch nur quasikonkav und nicht konkav. Für festes Nutzenniveau $\bar{u}$ erhält man als Indifferenzkurve

$$I(\bar{u}) = \left\{ (x_1, x_2) \,\middle|\, x_1 = -\frac{1}{2} x_2 + \frac{\bar{u}}{x_2}, \, x_2 > 0 \right\}.$$

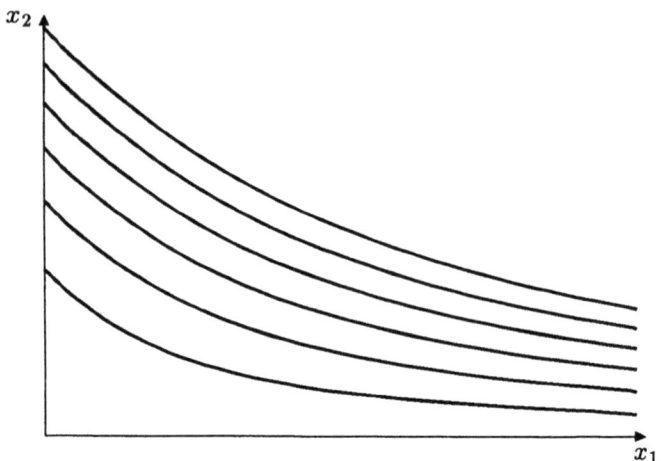

Abb. 4.17.1

Man erkennt, daß die Indifferenzkurven fallend und streng konvex sind. Ferner folgt auch aus der Beschränkung $x_2 > 0$, daß alle Indifferenzkurven tangential zur x_1-Achse für $x_2 \to 0$ verlaufen, d.h. die Grenzrate der Substitution dx_1/dx_2 strebt gegen minus unendlich. Dies bestätigt in anderer Form, daß Gut 2 wesentlich ist und nicht durch Gut 1 bei positivem Nutzenniveau ersetzt werden kann.

Aus der Homogenität von u folgt, daß jeder Einkommensexpansionspfad linear sein muß. Für gegebenes Preisverhältnis p_1/p_2 erhält man für $x_1 > 0$, $x_2 > 0$ den Einkommensexpansionspfad aus

$$\frac{\partial u/\partial x_1}{\partial u/\partial x_2} = \frac{x_2}{x_1 + x_2} = \frac{p_1}{p_2}.$$

Dies gilt jedoch nur für $p_1/p_2 < 1$, d.h. $p_2 > p_1$. Ist hingegen $p_1 \leq p_2$, so muß $x_1 = 0$ sein. Als Einkommensexpansionspfad ergibt sich deshalb

$$\left\{ (x_1, x_2) \in \mathbb{R}_+^2 \;\middle|\; \begin{array}{ll} x_1 = \dfrac{p_2 - p_1}{p_1} x_2 & \text{für } p_2 > p_1 \\ x_1 = 0\,,\, x_2 \geq 0 & \text{sonst} \end{array} \right\}.$$

b) Das Haushaltsmaximierungsproblem lautet

$$\max x_1 x_2 + \frac{1}{2} x_2^2$$

unter der Nebenbedingung

$$p_1 x_1 + p_2 x_2 \leq p_1 e_1 + p_2 e_2 \, .$$

Die Überlegungen in a) haben bereits gezeigt, daß x_2 immer positiv, x_1 für $p_1 \geq p_2$ hingegen Null ist. Dies läßt auch erkennen, daß die offer curve für einen Teilbereich für Gut 1 Werte mit $x_1 = 0$ annehmen wird. Für $x_1 > 0$ und $x_2 > 0$ ergibt sich die offer curve aus den beiden Gleichungen

$$\frac{x_2}{x_1 + x_2} = \frac{p_1}{p_2}$$

und

$$\frac{p_1}{p_2}(x_1 - e_1) + (x_2 - e_2) = 0$$

durch Eliminierung von p_1/p_2. Im vorliegenden Fall läßt sich die offer curve explizit als Funktion

$$x_1 = \max \left\{ \frac{x_2[e_1 + e_2 - x_2]}{2x_2 - e_2}, 0 \right\}$$

für $x_2 > e_2/2$ angeben. Man erkennt, daß $x_1 > 0$ ist, solange $e_2/2 < x_2 < e_1 + e_2$ gilt. Die offer curve verläuft in diesem Bereich streng monoton fallend, da

$$\frac{dx_1}{dx_2} = -\frac{x_2^2 + e_1 e_2 + (x_2 - e_2)^2}{(2x_2 - e_2)^2} < 0$$

ist. Dies ergibt die Darstellung im nachfolgenden Diagramm.
Bei manchen Nutzenfunktionen (z.B. Cobb–Douglas oder CES) ändert sich der Verlauf der offer curve drastisch, wenn der Haushalt nur von einem Gut eine positive Menge besitzt (vgl. Aufgabe 4.15, 4.16). Dies tritt im vorliegenden Fall nicht ein. Da nur $e_1 + e_2 > 0$ gelten muß, um dem Haushalt ein positives Einkommen und damit positiven Konsum zu ermöglichen, behält die offer curve hier den qualitativ gleichen fallenden Verlauf, wenn e_1 oder e_2 gleich Null sind. Für $e_2 = 0$ ist die offer curve linear.

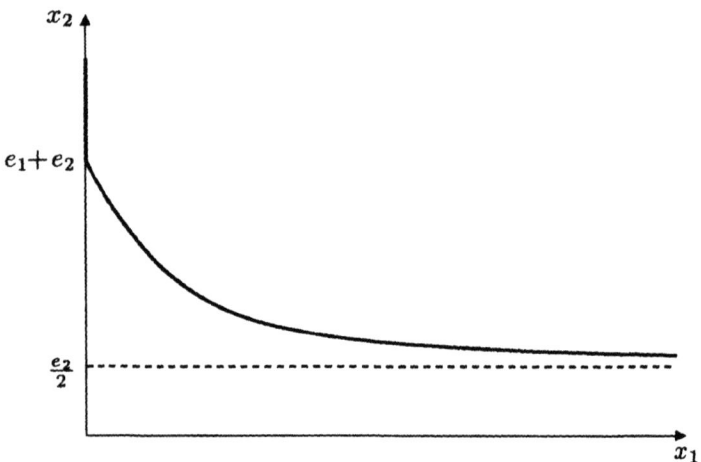

Abb. 4.17.2

c) Aus der Lagrangefunktion

$$\mathcal{L} = x_1 x_2 + \frac{1}{2}x_2^2 + \lambda[p_1(e_1 - x_1) + p_2(e_2 - x_2)] + \alpha x_1$$

für das Optimierungsproblem erhält man die notwendigen Bedingungen

(i) $\quad x_2 - \lambda p_1 + \alpha = 0$

(ii) $\quad x_1 + x_2 - \lambda p_2 = 0$

(iii) $\quad p_1 x_1 + p_2 x_2 - p_1 e_1 - p_2 e_2 = 0$

(iv) $\quad \alpha x_1 = 0$.

Aus (i) ergibt sich

$$\lambda = \frac{x_2 + \alpha}{p_1}$$

und damit aus (ii)

$$p_1 x_1 + p_1 x_2 - p_2 x_2 = \alpha p_2$$

und unter Verwendung von (iii)

$$p_1 x_1 [2p_2 - p_1] + (p_1 - p_2)(p_1 e_1 + p_2 e_2) = \alpha p_2^2.$$

Da $\alpha_1 x_1 = 0$ sein muß, ist $x_1 > 0$ genau dann, wenn $p_2 > p_1$ ist. Dies ergibt den optimalen Konsumplan (x_1^*, x_2^*)

$$x_1^* = \begin{cases} 0 & \text{falls } p_1 > p_2 \\ \dfrac{(p_2 - p_1)}{p_1(2p_2 - p_1)}(p_1 e_1 + p_2 e_2) & \text{sonst} \end{cases}$$

$$x_2^* = \begin{cases} \dfrac{p_1 e_1 + p_2 e_2}{p_2} & \text{falls } p_1 > p_2 \\ \dfrac{p_1 e_1 + p_2 e_2}{2p_2 - p_1} & \text{sonst}. \end{cases}$$

Als Nettonachfragefunktionen erhält man

$$z_1(p_1, p_2, e_1, e_2) = x_1^* - e_1$$

$$z_2(p_1, p_2, e_1, e_2) = x_2^* - e_2.$$

Aufgrund der Budgetbeschränkung gilt

$$p_1 z_1(p_1, p_2, e_1, e_2) = -p_2 z_2(p_1, p_2, e_1, e_2).$$

Daher ist es ausreichend, nur das Vorzeichen von z_1 zu untersuchen. Aus dem optimalen Konsumplan erkennt man bereits, daß $x_1^* = 0$ gilt für $p_1 \geq p_2$, so daß der Haushalt in dieser Situation nie Nettonachfrager, sondern Nettoanbieter von Gut 1 sein wird, falls $e_1 > 0$. Für $p_2 > p_1$ ergibt sich

$$z_1(p_1, p_2, e_1, e_2) = \frac{p_2 - p_1}{p_1(2p_2 - p_1)}(p_1 e_1 + p_2 e_2) - e_1,$$

$$= \frac{p_2^2 e_2 - p_1 p_2 (e_1 + e_2)}{p_1(2p_2 - p_1)}.$$

Daraus folgt, daß der Haushalt Nettonachfrager von Gut 1 (und damit Nettoanbieter von Gut 2) ist, genau dann wenn

$$1 \geq \frac{e_2}{e_1 + e_2} > \frac{p_1}{p_2}$$

gilt. Dies bedeutet, daß das Preisverhältnis p_1/p_2 kleiner als der Anteil des Gutes 2 an der Gesamtausstattung sein muß. Andernfalls fragt der Haushalt immer nur Gut 2 nach.

Aufgabe 4.18
Arbeitsangebot eines Haushaltes
(*Arbeitsangebotsfunktion, Anfangsvermögen, Güternachfragefunktion, Arbeitsmarktgleichgewicht*)

a) Ein Haushalt, der Arbeitsleistungen $l \geq 0$ (in Stunden) anbietet und Mengen $x \geq 0$ eines Konsumgutes nachfragt, besitzt die Nutzenfunktion

$$u(x, l) = x(T - l).$$

Dabei ist $T > 0$ die für ihn maximal mögliche Arbeitsleistung. Bei einem gegebenen Anfangsvermögen $m \geq 0$, gegebenem Preis $p \geq 0$ des Konsumgutes und gegebenem Lohnsatz $w \geq 0$ maximiert der Haushalt seinen Nutzen. Bestimmen Sie die Arbeitsangebotsfunktion und die Güternachfragefunktion des Haushalts.

b) Für zwei Haushalte gelte die gleiche unter a) angegebene Nutzenfunktion, jedoch besitze Haushalt 1 ein Anfangsvermögen von $m_1 = 0$ und Haushalt 2 ein Anfangsvermögen von $m_2 > 0$. Bestimmen Sie die aggregierte Arbeitsangebotsfunktion, und fertigen Sie eine Skizze an.

c) Welche Beschäftigungssituationen ergeben sich auf dem Arbeitsmarkt im Fall b), falls die Arbeitsnachfrage durch die Funktion

$$l = D(w) = \max\left\{0, \frac{1}{2}\left(T - \frac{w}{m_1 + m_2}\right)\right\}$$

gegeben ist? Fertigen Sie eine Skizze an.

Lösung:

a) Das Maximierungsproblem des Haushaltes lautet

$$\max x(T - l)$$

unter den Nebenbedingungen

$$px \leq m + wl, \quad x \geq 0, \quad 0 \leq l \leq T.$$

Sei

$$\mathcal{L} = x(T - l) + \lambda[m + wl - px] + \alpha x + \beta l + \gamma(T - l).$$

Aus der Form der Nutzenfunktion folgt, daß für eine optimale Lösung $x > 0$ und $T > l \geq 0$ gelten muß. Deshalb erhält man als notwendige Bedingungen

(i) $\quad T - l - \lambda p = 0$

(ii) $\quad -x + \lambda w + \beta = 0$

(iii) $\quad px = m + wl$

(iv) $\quad \beta l = 0$

als Bestimmungsgleichungen für λ, β, x und l. Aus (i), (ii), (iii) und (iv) ergibt sich

$$wT - m + \beta p = 2wl.$$

Da $\beta l = 0$ gelten muß, erkennt man, daß das Arbeitsangebot l^* genau dann positiv ist, wenn $wT - m > 0$ gilt. Daraus folgt als Arbeitsangebotsfunktion

$$l^*(w,m) = \max\left\{0, \frac{1}{2}\left[T - \frac{m}{w}\right]\right\}$$

und als Güternachfragefunktion

$$x^*(p,w,m) = \frac{1}{p}\max\left\{m, \frac{1}{2}(wT + m)\right\}.$$

Das Arbeitsangebot ist also unabhängig vom Güterpreis p und steigend im Lohnsatz w, falls das Anfangsvermögen positiv ist. Andernfalls bietet der Haushalt gerade die Hälfte seiner gesamten Zeit T als Arbeit an.

b) Die Arbeitsangebotsfunktionen der beiden Haushalte sind

$$l_1^*(w) = \frac{T}{2}$$
$$l_2^*(w) = \max\left\{0, \frac{1}{2}\left[T - \frac{m_2}{w}\right]\right\}.$$

Die aggregierte Arbeitsangebotsfunktion $S(w) = l_1^*(w) + l_2^*(w)$ lautet damit

$$S(w) = \begin{cases} \dfrac{T}{2} & \text{falls} \quad w \leq \dfrac{m_2}{T} \\ T - \dfrac{m_2}{2w} & \text{sonst}. \end{cases}$$

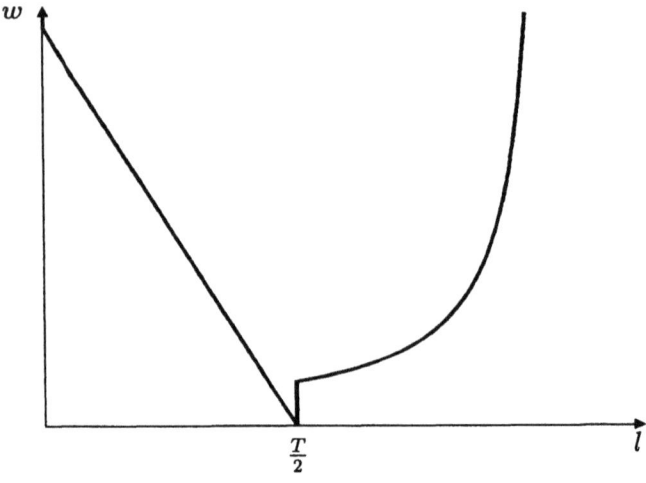

Abb. 4.18

c) Die Arbeitsnachfragefunktion ist streng monoton fallend in w. Da $m_1 = 0$ und $m_2 > 0$ gilt, ist der Arbeitsmarkt bei einem Lohnsatz von $w = 0$ und einer Beschäftigung von $l = T/2$ im Gleichgewicht.

Aufgabe 4.19*
Arbeitsangebot und Konsumnachfrage bei Unterbeschäftigung

(*optimaler Konsum- und Arbeitsplan, Substitutionswirkungen und Einkommenswirkungen bei Unterbeschäftigung*)

Ein Haushalt konsumiert zwei Güter in den Mengen $x_1 \geq 0$ und $x_2 \geq 0$ und bietet Arbeit $l \geq 0$ an. Seine Präferenzen sind durch die Nutzenfunktion

$$u(x_1, x_2, l) = x_1^\beta x_2^{1-\beta} - \delta l^2$$

darstellbar, wobei $0 < \beta < 1$ und $\delta > 0$ ist. Der Lohnsatz w und die Güterpreise (p_1, p_2) seien strikt positiv. Seine Konsumausgaben finanziert der Haushalt durch Verkäufe eines positiven Bestandes e_2 von Gut 2 und durch Arbeitseinkommen.

a) Bestimmen Sie seinen optimalen Konsum– und Arbeitsplan in Abhängigkeit von (p_1, p_2, w). Zeigen Sie dabei insbesondere, daß die Arbeitsangebotsentscheidung unabhängig von seiner Anfangsausstattung ist.

b) Unter welchen Bedingungen ist der Haushalt ein Nettoanbieter für das Gut 2?

c) Aufgrund von Unterbeschäftigung auf dem Arbeitsmarkt wird der Haushalt nur zu einem Teil α, $0 \leq \alpha \leq 1$, seines gewünschten Arbeitsangebots beschäftigt. Bestimmen Sie seine Konsumentscheidungen in Abhängigkeit von α.

Lösung:

a) Das Optimierungsproblem lautet

$$\max x_1^\beta x_2^{1-\beta} - \delta l^2$$

unter den Nebenbedingungen

$$p_1 x_1 + p_2 x_2 \leq p_2 e_2 + wl$$
$$x_1 \geq 0, \quad x_2 \geq 0, \quad l \geq 0.$$

Weder $x_1 = 0$ noch $x_2 = 0$ kann eine Lösung sein, so daß es hinreichend ist, die **Lagrangefunktion**

$$\mathcal{L} = x_1^\beta x_2^{1-\beta} - \delta l^2 + \lambda(p_2 e_2 + wl - p_1 x_1 - p_2 x_2) + \mu l$$

zu betrachten. Daraus ergeben sich die notwendigen Bedingungen

(i) $\quad \beta x_1^{\beta-1} x_2^{1-\beta} - \lambda p_1 = 0$

(ii) $\quad (1-\beta) x_1^\beta x_2^{-\beta} - \lambda p_2 = 0$

(iii) $\quad -2\delta l + \lambda w + \mu = 0$

(iv) $\quad \lambda(p_2 e_2 + wl - p_1 x_1 - p_2 x_2) = 0$

(v) $\quad \alpha l = 0$.

Aus der Monotonie des ersten Terms der Nutzenfunktion folgt $\lambda > 0$, so daß die Budgetbedingung bindend ist. Dann folgt jedoch $l > 0$ aus (iii) und damit $\mu = 0$. (iii) ergibt somit

$$\lambda = \frac{2\delta l}{w}.$$

Eingesetzt in (i) und (ii) erhält man

$$\beta \left(\frac{x_2}{x_1}\right)^{1-\beta} = \frac{2\delta l}{w} p_1$$

$$(1-\beta) \left(\frac{x_1}{x_2}\right)^{\beta} = \frac{2\delta l}{w} p_2,$$

die als Lösung für das Arbeitsangebot

$$l^*(p_1, p_2, w) = \left(\frac{1-\beta}{p_2}\right)^{1-\beta} \left(\frac{\beta}{p_1}\right)^{\beta} \frac{w}{2\delta}$$

ergeben. Man erkennt, daß diese Funktion unabhängig von der Anfangsausstattung ist. Als optimaler Konsumplan folgt daraus

$$x_1^*(p_1, p_2, w, e_2) = \frac{\beta}{p_1}[p_2 e_2 + w l^*(p_1, p_2, w)]$$

$$x_2^*(p_1, p_2, w, e_2) = \frac{1-\beta}{p_2}[p_2 e_2 + w l^*(p_1, p_2, w)].$$

b) Der Haushalt ist genau dann Nettoanbieter für Gut 2, wenn $e_2 > x_2^*(p_1, p_2, w)$ gilt. Dies ist äquivalent dazu, daß

$$e_2 > \frac{1-\beta}{\beta} \frac{w}{p_2} l^*(p_1, p_2, w).$$

c) Sei $\bar{l} = \alpha l^*(p_1, p_2, w)$, $0 \leq \alpha \leq 1$, die tatsächliche Beschäftigung des Haushalts. Das Maximierungsproblem lautet dann

$$\max x_1^{\beta} x_2^{1-\beta} - \delta \bar{l}^2$$

unter der Nebenbedingung

$$p_1 x_1 + p_2 x_2 \leq p_2 e_2 + w \bar{l}.$$

Die Konsumentscheidungen sind

$$x_1^*(p_1, p_2, w, e_2, \alpha) = \frac{\beta}{p_1}[p_2 e_2 + w \alpha l^*(p_1, p_2, w)]$$

$$x_2^*(p_1, p_2, w, e_2, \alpha) = \frac{1-\beta}{p_2}[p_2 e_2 + w \alpha l^*(p_1, p_2, w)].$$

Man erkennt, daß die Konsumentscheidungen linear vom Beschäftigungsgrad α abhängen. Es treten also keine Substitutionswirkungen, sondern nur Einkommenswirkungen bei Unterbeschäftigung auf.

Aufgabe 4.20*

Sparverhalten und Arbeitsangebot bei Lohnsteuer
(proportionale Lohnsteuer, Arbeitsangebot, optimale Kassenhaltung, Sparfunktion, Steuersatzänderung)

Es wird vielfach behauptet, daß eine Erhöhung einer proportionalen Lohnsteuer bei den Haushalten zu einer Verringerung des Arbeitsangebots und des geplanten Sparens führt. Betrachten Sie zur Untersuchung dieser Aussage einen Konsumenten, dessen Präferenzen bezüglich Konsum c, Arbeitseinsatz l und Kasse m durch die Funktion

$$v(c, l, m) = c^2(\bar{l} - l)m$$

beschrieben sind, wobei $\bar{l}$ den maximal möglichen Arbeitseinsatz bezeichnet. Der Haushalt muß beachten, daß die Summe aus seinen Konsumausgaben pc (p = Preis des Konsumgutes) und aus der von ihm am Ende der Periode gewünschten Kassenhaltung m nicht die Summe aus seiner Anfangskasse m_0 und seinem Nettolohneinkommen überschreiten darf.

a) Bestimmen Sie das optimale Arbeitsangebot in Abhängigkeit des Steuersatzes t. Wie reagiert der Konsument auf eine Erhöhung des Steuersatzes, wenn seine Anfangskasse positiv bzw. Null ist?

b) Wie beeinflußt eine Erhöhung des Steuersatzes die Sparentscheidung $m - m_0$, wenn seine Anfangskasse positiv bzw. Null ist?

Lösung:

a) Sei $0 \leq t \leq 1$ der proportionale Steuersatz der Lohnsteuer. Dann lautet das Optimierungsproblem des Haushalts

$$\max c^2(\bar{l} - l)m$$

unter den Nebenbedingungen

$$pc + m \leq (1-t)wl + m_0$$

$$c \geq 0, \quad m \geq 0, \quad \bar{l} \geq l \geq 0.$$

Die Nutzenfunktion des Haushalts ist quasikonkav, streng monoton steigend in (c, m) und streng monoton fallend in l. Konsum c und Kasse m sind beides wesentliche Güter, so daß jede optimale Lösung

$c > 0$ und $m > 0$ aufweisen wird. Aus dem gleichen Grund wird $l < \bar{l}$ sein. Damit ist die Lagrangefunktion

$$\mathcal{L} = c^2(\bar{l} - l)m + \lambda[m_0 + (1-t)wl - pc - m] + \alpha l$$

hinreichend. Dies ergibt die notwendigen Bedingungen

(i) $\quad 2c(\bar{l} - l)m - \lambda p = 0$

(ii) $\quad -c^2 m + \lambda(1-t)w + \alpha = 0$

(iii) $\quad c^2(\bar{l} - l) - \lambda = 0$

(iv) $\quad m_0 + (1-t)wl - pc - m = 0, \quad \alpha l = 0.$

Eliminiert man λ in (i) und (ii) mit Hilfe von (iii), so erhält man

(v) $\quad 2m - pc = 0$

(vi) $\quad -c^2 m + c^2(\bar{l} - l)(1-t)w + \alpha = 0.$

(iv) – (vi) ergeben dann

$$c^2 \left[-\frac{m_0 + (1-t)wl}{3} + (1-t)w(\bar{l} - l) + \frac{\alpha}{c^2} \right] = 0$$

bzw.

$$\frac{c^2}{3} \left[3(1-t)w\bar{l} - m_0 - 4(1-t)wl + \frac{3\alpha}{c^2} \right] = 0.$$

Da $\alpha l = 0$ sein muß, folgt daraus als Arbeitsangebotsfunktion

$$l^*(w, t, m_0) = \max\left\{ 0, \frac{1}{4}\left[3\bar{l} - \frac{m_0}{(1-t)w} \right] \right\}.$$

Ist die Anfangskasse $m_0 = 0$, so ist das Arbeitsangebot positiv, aber sowohl lohn- als auch steuerunabhängig. Andererseits ist für $3(1-t)w\bar{l} > m_0 > 0$ das Arbeitsangebot positiv und

$$\frac{\partial l^*}{\partial t} = -\frac{m_0}{4w(1-t)^2} < 0.$$

Eine Erhöhung des Steuersatzes t führt daher bei positiver Anfangskasse m_0 zu einem Sinken des Arbeitsangebots.

b) Als optimale Kassenhaltung ergibt sich

$$\begin{aligned} m^* &= \frac{1}{3}[m_0 + (1-t)wl^*] \\ &= \frac{m_0}{3} + \max\left\{0, \frac{(1-t)w\bar{l}}{4} - \frac{m_0}{12}\right\} \\ &= \max\left\{\frac{m_0}{3}, \frac{m_0 + (1-t)w\bar{l}}{4}\right\} \end{aligned}$$

und damit als Sparfunktion

$$\begin{aligned} s(w,t,m_0) &= m^* - m_0 \\ &= \max\left\{-\frac{2}{3}m_0, \frac{1}{4}[(1-t)w\bar{l} - 3m_0]\right\}. \end{aligned}$$

In etwas anderer Schreibweise erhält man

$$s(w,t,m_0) = \begin{cases} -\dfrac{2}{3}m_0 & \text{falls} \quad m_0 \geq 3(1-t)w\bar{l} \\ \dfrac{1}{4}[(1-t)w\bar{l} - 3m_0] & \text{sonst}. \end{cases}$$

Die Bedingung $m_0 \geq 3(1-t)w\bar{l}$ ist genau dann erfüllt, wenn das Arbeitsangebot gleich Null ist. Daraus erkennt man, daß von einer Veränderung des Steuersatzes t auf die Ersparnis eine negative Auswirkung genau dann ausgeht, wenn das Arbeitsangebot positiv ist, denn in diesem Fall ist

$$\frac{\partial s}{\partial t} = -\frac{w\bar{l}}{4}.$$

Dieses Resultat gilt jedoch gleichermaßen für $m_0 = 0$ als auch für $m_0 > 0$.

Index

A
Amoroso–Robinson–Relation 81, 82
Anfangsausstattung ....
... 138, 188, 190, 193, 201
Angebotsfunktion 60, 114
  aggregierte 125, 130, 132, 134
  auf Faktormärkten 128
  kurzfristige 62, 65
  langfristige ....
  62, 65, 86, 122, 130, 132, 134
  lineare 106, 109, 119
Arbeitsangebot 203
  gewünschtes 201
  optimales 203
Arbeitsangebotsfunktion .....
  100, 102, 114, 198, 203, 204
  aggregierte 198
Arbeitseinkommen 200
Arbeitseinsatz 101
  maximal möglicher 203
Arbeitsmarkt 100–102, 114
Arbeitsmarktgleichgewicht 114, 198
Arbeitsnachfragefunktion 114, 198
Arbeitszeitverkürzung 74
Ausgabenfunktion ....
  153–155, 158, 159, 182, 183
Ausgabenneigung, marginale ..
  .... 183, 184
Ausgabenquote 179, 180, 183–185

B
Beschäftigung 74, 114, 202
Beschäftigungseffekt 74
Besteuerung 99
Budgetmenge 138, 139

C
CES
  Nutzenfunktion 155, 190
  Produktionsfunktion ... 32, 38

Cobb–Douglas
  Nutzenfunktion 150,
  152, 157, 179, 181, 186–188
  Produktionsfunktion ......
  .... 25, 35, 36, 41, 60

D
Durchschnittsproduktfunktion .
  ..... 11, 12, 20, 22, 29, 30

E
effiziente Substitution 5, 9
effizienter Produktionsplan . 6, 15
effizienter Rand 15, 24
Einkommenseffekt 168, 171
Einkommenselastizität der Nachfrage 152,
  155, 160, 168, 180, 182–184
Einkommensexpansionspfad 160,
  163, 164, 168, 169, 173, 193
Einkommenssteuer 138
Einkommenswirkungen .. 200, 202
ertragsgesetzliche Produktionsfunktion 11, 15

F
Faktorbedarf 42
Faktoreinsatzverhältnis 9, 33
Faktorentlohnung 38, 41
Faktorexpansionspfad .. 37, 45, 47
Faktorintensität 41
Faktornachfragefunktion .....
  . 37, 38, 41, 45, 48, 60, 129
Faktorpreisverhältnis 38
Fixkosten 50, 62, 65, 67, 83, 97, 126
Funktionseigenschaften
  additiv logarithmisch 187
  additiv separabel ... 160, 185
  homogen 2, 17, 18, 194
  homothetisch 182
  implizit 20, 23, 54

konkav 2, 11, 56, 62, 74, 153, 158, 163, 173, 185
konvex 2, 11, 56
linear 33, 41
linear homogen 5, 182
monoton ....
158, 168, 173, 182, 185, 193
quasikonkav ....
... 168, 173, 182, 193, 203
quasilinear 160, 163

G

Güterangebot 128
maximales 111
Güternachfragefunktion 198
Gesamtangebotsfunktion 128
Gesamtbeschäftigungsstunden . 74
Gesamtnachfragefunktion 128
Gesamttechnologie 6, 7
Gewinnfunktion 60, 128
gewinnmaximaler Output .. 68, 83
Gewinnmaximierung 83
Gewinnmaximum 81, 99
kurzfristiges 66
langfristiges 67
Gleichgewicht 106, 119, 135
Eindeutigkeit 114, 125
Eindeutigkeit des langfristigen 125
Existenz 106, 109, 114, 123, 125
Existenz des langfristigen ..
.... 121, 122
langfristiges ....
85, 122, 125, 132, 134, 135
monopolistisches ....
..... 80, 81, 85, 87, 97, 99
monopsonistisches ... 100, 102
Gleichgewichtspreis 106, 109
Grenzausgaben 100, 102
Grenzkostenfunktion ....
36, 50, 52, 54, 62, 65, 67, 84
Grenzprodukt der Arbeit 76
Grenzproduktelastizität 74

Grenzproduktentlohnung 74
Grenzproduktfunktion ....
.... 11, 12, 20, 29, 30
Grenzproduktivitätsentlohnung 74
Grenzrate der Substitution ...
.... 32, 160, 193
Gut
erwünschtes 147
Giffen 173
inferiores 170, 172, 173
neutrales 147
normales 170
vollständig komplementäres 149
wesentliches ... 169, 193, 203

H

Hicks-Nachfragefunktion 154, 182
Homogenität,
siehe Funktionseigenschaften
Homogenitätsgrad 17, 18, 37, 125
marginale Erhöhung 125
Homothesie,
siehe Funktionseigenschaften

I

Indifferenzkurve 145, 158, 160, 164, 168, 173, 193
indirekte Nutzenfunktion .....
152-154, 158, 159, 179, 182
Inputerfordernismenge 2, 6
Isokostenlinie 41
Isoquante 2, 6, 23, 32, 45

K

Kassenhaltung
gewünschte 203
optimale 203, 205
Konkavität,
siehe Funktionseigenschaften
Konkurrenz, vollkommene ....
. 83, 85, 128, 130, 132, 134
Konsummenge 138, 139
Konsumplan, optimaler .....
.... 164, 200, 201

Konvexität,
siehe Funktionseigenschaften
Kostenfunktion 36, 38,
   41, 45, 48, 50, 52, 54, 56,
   60, 62, 65, 67, 80, 81, 84,
   85, 87, 97–99, 121, 128, 130
   kurzfristige 56
   langfristige . 56, 130, 132, 134
Kreuzpreiseffekt 158
Kreuzpreiselastizität 152

L

Lemma von Hotelling ....
   .... 60, 61, 128, 129
Lemma von Shephard 48, 58
Leontief
   Nutzenfunktion 150
   Produktionsfunktion 5, 35, 41
Linearität,
   siehe Funktionseigenschaften
Lohnausgleich 74
Lohndifferenzierung 102
Lohnsteuer, proportionale ... 203

M

Marktaustritt 130, 132
Marktgleichgewicht,
   siehe Gleichgewicht
Marktzutritt 130–132
   freier 85, 87, 130, 134
Marshall-Nachfragefunktion 152,
   153, 155, 158, 160, 164,
   168, 173, 179, 183, 185, 193
Mengenanpasser 67
Mengeneffekt 121, 124, 125
Mengensteuer 134
Mengensubvention 141
Mindestangebot 113
Mindestkonsum 141, 187
Minimallohn 72
Monopol ... 80, 81, 83–85, 87, 97
Monopson 101, 102
monotone Transformation ....
   .... 33, 156, 180, 185

Monotonie,
siehe Funktionseigenschaften

N

Nachfrageelastizität(en) 81, 82, 155
Nachfragefunktion ... 97, 99, 114
   aggregierte ....
   ... 122, 125, 130, 132, 134
   auf Faktormärkten 128
   inverse 162
   lineare 106, 109, 119
Nachfrageschock 124

O

offer curve (Preis–Konsum–Pfad,
   Tauschkurve) ....
   .... 173, 188, 190, 193

P

Partialmarktgleichgewicht,
   siehe Gleichgewicht
Polypol 97
Präferenzen,
   siehe Präferenzordnung
Präferenzordnung 145
Preis–Absatz–Funktion ......
   .... 80, 83–85, 87
Preis–Konsum–Pfad,
   siehe offer curve
Preisdifferenzierung ... 84, 87, 88
Preiseffekt 121, 123, 125, 126
   direkter 177
Preiselastizität, direkte 152
Preiselastizitäten der Nachfrage
   ...... 155, 180, 183, 184
Preiserhöhung 124
Produktionselastizität 17, 32

Q

Quasikonkavität,
   siehe Funktionseigenschaften
Quasilinearität,
   siehe Funktionseigenschaften

R

Regel von de l'Hôpital 13, 32, 34, 52

S

Satz über implizite Funktionen
.... 20, 21, 123, 126
Schattenpreis 72, 73
Separabilität,
 siehe Funktionseigenschaften
Skalenelastizität 15,
 16, 18, 19, 32, 45, 48, 49, 56
Skalenerträge 2,
 15, 18, 36, 38, 45, 48, 54, 55
 abnehmende 15, 45, 56, 112, 130
 konstante 5
 zunehmende ... 15, 49, 56, 62
Sparfunktion 203, 205
Stückkosten 62, 67
 Minimum der 112, 127
 Minimum der langfristigen 135
 Minimum der totalen . 50, 122
 Minimum der variablen ... 50
 totale 50
 variable 50
Stückkostenfunktion ....
 ..... 36, 50, 52, 54, 65, 67
 kurzfristige 56, 57
 langfristige 56, 57
 variable 83
Steuerüberwälzung 134, 136
Steueraufkommen 99
 maximales 99
Steuersatz 99, 119, 203

Substitute, vollständige 146
Substitutionselastizität ....
 .... 32, 33, 38,
 48, 49, 155, 158, 183–185, 190
Subvention 97, 138

T

Tauschkurve,
 siehe offer curve
technischer Fortschritt 125
Technologie 2, 5, 15, 23
 mit Fixkosten 112
Theorem von Euler 17

U

Überschußangebot 114
Überschußnachfragefunktion ..
 .... 106, 109, 114
Umsatzmaximierung 83
Umsatzsteuer 99, 119, 138
Umweltabgabe 125
Unterbeschäftigung 201

V

Verkaufssubvention 138

W

Wertgrenzprodukt .. 72, 100–102
 der Arbeit 72

Z

Zwischenwertsatz 67,
 106, 109, 110, 113, 114, 126

A. Stobbe
Mikroökonomik
2., rev. Aufl. 1991. XV, 598 S. 100 Abb., 12 Tab.
Brosch. **DM 39,80**; öS 310,50; sFr 39,80
ISBN 3-540-54136-5

Das Buch liefert die Grundzüge der Theorie des privaten Haushaltes, des Produktionsunternehmens und des Marktes. Weiterführende Überlegungen über Grenzen und Mängel des marktwirtschaftlichen Systems sowie staatliche Eingriffe auf einzelwirtschaftlicher Ebene sind ebenfalls enthalten.

G. Dieckheuer
Makroökonomik
Theorie und Politik
2., verb. Aufl. 1995. XVI, 454 S. 123 Abb., 24 Tab. Brosch. **DM 45,-**; öS 351,- sFr 45,-
ISBN 3-540-58385-8

Dieses Buch analysiert die wichtigsten ökonomischen Probleme moderner, international verflochtener Volkswirtschaften und diskutiert die Wirkungen der staatlichen Beschäftigungs- und Konjunkturpolitik, der Geldpolitik sowie der Lohnpolitik.

G. Dieckheuer
Übungen und Problemlösungen zur Makroökonomik
1994. X, 244 S. 33 Abb., 43 Tab.
Brosch. **DM 25,-**; öS 195,-; sFr 25,-
ISBN 3-540-58195-2

Preisänderungen vorbehalten

B. Felderer, S. Homburg
Makroökonomik und neue Makroökonomik
6., verb. Aufl. 1994. XV, 455 S. 97 Abb.
Brosch. **DM 39,80**; öS 310,50; sFr 39,80
ISBN 3-540-57553-7

Nach Vermittlung von Grundlagen wird der Leser schrittweise mit der Klassisch-Neoklassischen und der Keynesianischen Theorie bekannt gemacht. Anschließend werden die Portfoliotheorie, der Monetarismus sowie die Theorie der Rationalen Erwartungen abgehandelt.

W. Franz
Arbeitsmarktökonomik
2., verb. Aufl. 1994. XXII, 410 S. 32 Abb.,
58 Tab. Brosch. **DM 55,-**; öS 429,-; sFr 55,-
ISBN 3-540-58046-8

Das Buch analysiert den Stand der wissenschaftlichen Diskussion in den 90er Jahren, wobei ein besonderes Gewicht auf eine Verzahnung von theoretischen mit empirischen Aspekten gelegt wird.

H. Wiese
Mikroökonomik
Eine Einführung in 203 Fragen
1994. X, 203 S. 79 Abb. Brosch. **DM 29,80**
öS 232,50; sFr 29,80 ISBN 3-540-58231-2

Springer

Tm.BA95.01.19

H. Lampert
Lehrbuch der Sozialpolitik
3., überarb. Aufl. 1994. XXVIII, 496 S. 7 Abb.
Brosch. **DM 55,-**; öS 429,-; sFr 55,-
ISBN 3-540-58248-7

Dieses Standardwerk der Sozialpolitik bietet mit der dritten Auflage eine aktuelle und verständliche Einführung in Praxis und Theorie der Sozialpolitik und in die Leistungen und Probleme des Sozialstaates.

A. Stobbe
Volkswirtschaftliches Rechnungswesen
8., neubearb. u. erw. Aufl. 1994. XV, 468 S.
Brosch. **DM 39,80**; öS 310,50; sFr 39,80
ISBN 3-540-57851-X

Dieses Werk ist ein Klassiker in der Wirtschaftsliteratur. Das Lehrbuch ist für Studienanfänger der Wirtschafts- und Sozialwissenschaften und andere Interessenten geschrieben. Von einfachsten wirtschaftlichen Grundbegriffen führt es über makroökonomische Probleme bis hin zu schwierigen Zahlungsbilanzfragen.

J. Schumann
Grundzüge der mikroökonomischen Theorie
6., überarb. und erw. Aufl. 1992. XVIII, 498 S. 217 Abb. Brosch. **DM 36,-**; öS 280,80; sFr 36,-
ISBN 3-540-55600-1

Dieses Buch vermittelt solide Kenntnisse der mikroökonomischen Theorie und schafft Verständnis für das Funktionieren einer Marktwirtschaft. Es behandelt eingehend auch Faktormärkte, einschließlich erschöpfbarer Ressourcen. Besondere Aufmerksamkeit gilt neueren Entwicklungen in der mikroökonomischen Theorie, vor allem der Transaktionskostenökonomik, aber auch der Agency-Theorie, der Ungleichgewichtstheorie und den externen Effekten.

S. Wied-Nebbeling
Markt- und Preistheorie
2., verb. Aufl. 1994. X, 240 S. 65 Abb.
Brosch. **DM 36,-**; öS 280,80; sFr 36,-
ISBN 3-540-57796-3

Das vorliegende Lehrbuch für das Hauptstudium umfaßt Modelle der Preisbildung bei Monopol, Monopson, bilateralem Monopol, monopolitischer Konkurrenz und Oligopol. Es werden sowohl Standardmodelle der Preistheorie behandelt als auch neuere Ergebnisse der industrieökonomischen Literatur einschließlich der Spieltheorie einbezogen.

Tm.BA95.01.19

Preisänderungen vorbehalten

MIX
Papier aus verantwortungsvollen Quellen
Paper from responsible sources
FSC® C105338

If you have any concerns about our products,
you can contact us on
ProductSafety@springernature.com

In case Publisher is established outside the EU,
the EU authorized representative is:
**Springer Nature Customer Service Center GmbH
Europaplatz 3, 69115 Heidelberg, Germany**

Printed by Libri Plureos GmbH
in Hamburg, Germany